中教百花论丛

◎教育部人文社会科学研究项目"百年中学作文命题发展变革研究（1904—2010）"(11YJA880060)资助成果

◎湖南省社会科学规划基金项目"百年中学作文命题研究"(2010JL06)资助成果

◎湖南师范大学博士启动基金项目"百年中学作文命题发展变革研究"(2013BQ12)资助成果

◎湖南师范大学出版基金资助成果

百年中学作文命题发展变革研究

BAINIAN ZHONGXUE ZUOWEN MINGTI
FAZHAN BIANGE YANJIU

刘光成 著

湖南师范大学出版社

图书在版编目（CIP）数据

百年中学作文命题发展变革研究／刘光成著. —长沙：湖南师范大学出版社，2017.4

ISBN 978 - 7 - 5648 - 2668 - 0

Ⅰ. ①百…　Ⅱ. ①刘…　Ⅲ. ①作文课—教学研究—中学　Ⅳ. ①G633.342

中国版本图书馆 CIP 数据核字（2016）第 227418 号

百年中学作文命题发展变革研究

刘光成　著

◇策划组稿：李　阳
◇责任编辑：胡　静　颜李朝
◇责任校对：张晓芳
◇出版发行：湖南师范大学出版社
　　　　　　地址：长沙岳麓山　邮编：410081
　　　　　　电话：0731 - 88873070　88873071　传真：0731 - 88872636
　　　　　　网址：http：//press. hunnu. edu. cn
◇经销：新华书店
◇印刷：长沙宇航印刷有限公司
◇开本：710 mm×1000 mm　1/16
◇印张：17.75
◇字数：300 千字
◇版次：2017 年 4 月第 1 版　2017 年 4 月第 1 次印刷
◇书号：ISBN 978 - 7 - 5648 - 2668 - 0
◇定价：48.00 元

凡购本书，如有缺页、倒页、脱页，由本社发行部调换。
本社购书热线：13873190464　0731 - 88873070　88872256
投稿热线：0731 - 88872256　13975805626　QQ：1349748847

目 录

引 论

> 现在的根，深扎在过去，而对于寻求理解现在之所以成为现在这样子的人们来说，过去的每一事件都不是无关的。
>
> ——莫里斯·克莱因

一、研究缘起

中国是很早就使用书面语言进行思想交流和社会交际的文明古国，在古人的心目中，书面语言文字不仅具有历史记载的功能，而且具有"惊天地、泣鬼神"的艺术感染力，更具有实现生命永恒的价值。春秋先哲提出"立德、立言、立功"三大人生目标，认为一个人写的文章和崇高的道德人生、政治人生同等重要。三国曹丕在《典论·论文》中说："文章乃经国之大业，不朽之盛事。"把作文上升到关乎家国大业、人生不朽的大事的高度。科举时代"以文取仕"，更是把作文的功能和价值人为地推向登峰造极的程度。近代以来开始分科教学，培养学生作文能力、提高学生作文素养一直是语文学科的根本任务之一，亦是语文教学与考试中社会关注的焦点。

从 1904 年语文独立设科算起，中学作文教学的历程已逾百年。百余年来，作文教学紧跟时代的步伐波澜起伏，积累了许多经验，也有沉痛的教训，但总的趋势是冲腾前行的。然而，无可讳言，时至今日，作文教学"老大难"的状况并未得到根本上的改变，作文教学还是令人关注、令人无奈甚至令人尴尬的话题。对当下许多中学生来说，作文似乎正成为一件困难和痛苦的事情。在多少个日月里，他们艰难地发表着与心智不甚吻合的见解，生涩地抒发着与年龄不甚契合的情感，谨小慎微地演练着自己从未有过的体验。他们久经"操练"，写出的文章却兴味索然；他们手攥数部考场作文"秘籍",作文水平却总在低谷徘徊。中学作文教学的症结到底在哪里?这不能不发人深省。

作文教学是一项复杂的系统工程,本人无意也无力探讨作文教学的全部问题,即便是对于作文训练、作文测评这样一些教学过程,要想深入研究亦非易事。本研究拟以"作文命题"为考察对象,冀以按迹寻踪、识微知著。

作文命题是作文教学中具体而微却十分重要的环节。在我国传统作文训练模式中,作文的命题、指导、批改和讲评是作文教学的主要环节。这四个环节不是彼此孤立的,而是一个相互联系、紧密结合的有机整体。作文命题不仅是作文训练的起点,而且对其他三个环节产生直接和间接的影响。作文命题体现命题者的教育思想,命题的科学与否,反映了在作文教学中教师是否发挥了主导作用,很大程度上影响着一次作文的成败,关系到学生作文能力提高的快慢,并最终决定学生作文素养的高低。在语文能力测评中,作文命题的质量还关系到它的甄别选拔和教学导向功能的有效发挥。

关于作文命题,尤其是命题作文(给题作文或标题作文),语文教育界历来就有争议。一种意见认为,命题作文带有指令性,写作者是被动的,有为作文而作文的弊端,甚至有人预言这种作文方式"终究是要被废止的"。①但多数认为,命题作文固然有先天不足的毛病,可不能否认,它确实不可缺少。它的重要性不仅在于满足和适应学生作文训练、各级各类考试的需要,更重要的是,这种命题作文还是生活的需要,工作的需要。在生活中,作为社会成员,人们常常要互相交流,需要按照一定的题目和要求作文,以完成"命题作文"。②还有一个不争的事实是,命题作文作为一种传统的作文训练方式,它经历了漫长的历史考验。从古代私塾的个别教授到学校教育的班级授课制,命题作文一直得到普遍采用而又经久不衰。这说明,命题作文具有强大的生命力,有其存在和发展的理由。

我们也应该看到,生活中的文章往往是自由自觉的生命活动产物,是应需而作,缘情而发,往往是先文后题,据文而题。而命题作文却是由师者出题,由学生据题而成文,学生作文时可能并没有实际需要。这与一般意义上的写作规律有了某种程度上的抵触,有点本末倒置,可又是必需的。如何打消这种抵触、怎样才能使学生的每次作文都能成为他们实际需要呢?这就要求我们认真研究作文命题。长期以来,作文命题存在着很大的盲目性和随意

---

① 潘新和. 命题作文:伪作文·伪能力·伪问题 [J]. 作文成功之路, 2005 (4): 1.
② 范守纲. 作文题型研究 [M]. 上海:华东师范大学出版社, 1988: 24.

性，要么空洞抽象，要么虚无缥缈，往往让学生无所适从。叶苍岑教授一语中的："作文教学存在的弊病，主要原因是出题不当""命题作文的关键在于出好题目"。① 由此看来，研究作文命题，拟定科学的作文题目，对中学作文教学、实现作文教学的目标而言，具有特殊意义。正如周庆元先生所言："重视写作教学的设计和训练，努力提高学生的写作能力，无论过去、现在和将来，都是语文教学无可推卸的责任。"②

作文命题不同于写作时给文章拟个标题，也并非意味着出个题目而已。作为一门科学，作文命题是为实现某一作文训练或考核目的而拟定或设计的，有其自身特有的一些规律和要求。那么，又该如何把握作文命题的规律和要求呢？我们当然可以做一些"我以为""我主张"式的应然性"构建"。可是，构建的理念或方案又从哪里来呢？是凭空想象，还是把国外的东西移植过来？我们知道，作文是一种最具民族性的精神创造活动，它不仅受一个民族语言文字特点的制约，而且还受这个民族文化传统，包括民族心理特点的影响。我国作文命题历史悠久，从古代的《赋得古草原送别》到新中国成立初的《一年来我在努力地工作》，再到今天的新材料作文命题，虽然内容和形式因时代不同而不同，可命题这种训练与考核方式并没有根本变化。传统是割裂不断的，是无法改变的历史，是川流不息的时光之河。无论我们今天有了怎样的国际视野，也无论我们的作文教学有了多少现代化的发展，都无法抛开作文教学的传统经验，另辟一个全新的文化生存空间。如果我们拒绝承传，不重视在批判中继承、在继承中发展，我国中学作文教学的许多宝贵的传统经验，也会在时代新潮的冲刷下，由淡化而至消亡。并且，那些所谓的"构建"也会成为空中楼阁，缥缈虚无。著名教育家王森然先生曾说："一国的言语文字，是国民思想感情所传达的媒介；一国的文学，是国家精神生活的结晶——其他各科的教材教法，内容工具，似乎都还可以有借鉴与他国先例的地方，独有国文，非由我们自己探索不可。"③ 从这种历史使命和学科规律出发，对作文命题作纵向考察，整理百年中学作文命题正反两方面的经验，探索具有中国特色的作文命题之路，是必然的，也是很有意义的。

---

① 叶苍岑. 中学语文教学通论［M］. 北京：北京教育出版社，1984：154.
② 周庆元. 语文教育研究概论［M］. 长沙：湖南人民出版社，2006：243.
③ 王森然. 中学国文教学概要［M］. 上海：商务印书馆，1929：3.

二、研究意义及理论基础

（一）研究意义

1. 理论意义

全面梳理百年中学作文命题发展演变过程，揭示其变革发展基因，探寻其未来走向，无论从课程与教学论的角度，抑或从写作学的视域来讲，都是一项值得尝试的工作。这项研究的顺利进行，有利于学术研究向原创性发展。

百年中学作文命题涉及教育学、心理学、语言学、文学、政治学、社会学、历史学等诸多学科知识和题材，此研究的开展必然要对这些学科有所旁骛，这有助于打开作文教学研究的新视野，在方法论上具有启迪思维的作用。

2. 实践意义

作文命题是作文教学的重要环节，讲究作文命题艺术，做到命题恰当是作文成功的关键。好的作文命题不仅可以激活学生思路，激发学生对作文的激情和兴趣，而且可以引发学生创造的欲望和冲动，可以有意识地发展学生的作文思维能力，提高学生的作文素养。研究作文命题，有助于提高作文教学水平，对当下实施的新一轮语文课程改革具有积极的推动作用。

我国是考试的故乡，也是考试的大国，有着深远而厚重的考试文化。现行一年一度的高考更是牵动全社会的神经，不断地向我们提出重大的理论和现实问题。研究百年中学作文命题，必然要研究包括高考在内的考试作文命题，这有助于发掘我国的考试文化，提高考试作文命题水平，从而丰富我国的考试理论宝库。

（二）理论基础

1. 马克思主义人的全面发展学说

马克思、恩格斯根据社会发展的客观规律，创立了人的全面发展学说，它是马克思主义的重要组成部分。这一理论阐明了人的全面发展的科学含义，以及人的全面发展与社会发展的关系，揭示了人的全面发展实现的道路。人的全面发展包括人的体力和智力的全面发展、社会关系的全面发展、人的需求的全面发展等。人的全面发展与社会发展互为条件和基础，相互促进，辩证统一。要实现人的全面发展，必须大力发展生产力，消灭私有制和不合理的旧式分工，积极发展教育事业。马克思主义的全面发展学说启示我们，作文教学要从人的发展和社会发展的实际需要出发，以全面提高人的写作素养为目的，作文命题时要尊重人的主体性和主观能动性，注重开发人的智慧潜能，注重形成人的健全人格和个性。

2. 人本主义教育思想

人本主义作为一种教育的哲学思想出现在 20 世纪 50 年代的美国，是以马斯洛、罗杰斯等为代表的人本主义心理学家的理论观点扩展到教育领域而逐渐兴起的，后成为引人注目的教育理论流派。它以传统人本主义哲学思想为基础，摄取人本主义心理学的观点，重视人的尊严、价值和情感，相信人具有责任感和使命感，人是自我实现者，人性是社会化过程中的文化产物。在教育中，受教育者首先是人，然后是学习者。教育的任务在于如何帮助学习者满足"自我实现"这一最高需要，强调课堂教学与实际生活的统一、外在的科学知识与内在的经验和情感的统一。人本主义教育思想启示我们，在作文教学中要尊重"我"，爱护"我"，张扬"我"，鼓励学生自由表达；同时，要引导学生走进生活，使生活成为作文的内容，使作文成为生活的载体。在作文命题时要注意唤醒学生本真的言说欲望，创设语境，倡导情境作文和自由作文，走向真实化写作。

3. 当代写作学理论

中国传统写作学理论"以文为本"，立足于文章作品各个要素（材料、主题、结构、语言）的静态研究，缺乏对实际处于写作活动主导和中心地位的人及其写作行为过程的观照，对与写作相关的其他诸种因素关注不够。当代写作学理论克服了传统写作学理论的缺陷，并呈现出两个鲜明特点：一是"以人为本"，注重写作中人的中心地位和主导作用，注重人作为写作主体的建构之道；二是把写作看成一个动静结合、立体开放的总体系统或母系统，认为写作不但有感知、运思和表述等纵向联系的过程性子系统，而且包括写作主体、写作客体、文章载体和读者受体等横向联系的要素子系统。当代写作学理论启示我们，作文教学要突出学生的主体地位，采用开放式教学模式，重视学生作文的过程指导。

4. 语用学理论

语用学是 20 世纪初中期兴起的一门新型语言学。它是以语言意义为研究对象的新兴学科领域，是专门研究语言的理解和使用的学问，它研究在特定情景中的特定话语，研究如何通过语境来理解和使用语言。人们的正常语言交流总离不开特定的语境，即交际的场合（时间、地点等）、交际的性质

（话题）、交际的参与者（相互间的关系、对客观世界的认识和信念、过去的经验、当时的情绪等）以及上下文。语境直接影响着人们对话语的理解和使用。《义务教育语文课程标准（2011 年版）》指出："写作是运用语言文字进行表达和交流的重要方式，是认识世界、认识自我、创造性表述的过程。写作能力是语文素养的综合体现。"学生的作文过程其实就是运用语用能力，创设语用意义，表达思想情感，实现生命成长的过程。这启示我们，作文教学要善于创设语用意义，引导学生敢于作文、爱上作文并善于作文。

心理学、教育哲学、课程社会学、教育测量与评价等理论对作文命题的研究同样具有重要指导意义。限于篇幅，姑且不再展开论述。

三、文献综述

参天之木，必有其根；绕山之水，必有其源。尽管迄今为止还没有以百年中学作文命题为研究对象的专著面世，但百年来人们从未中断过对中学作文命题及相关问题的探索，其中不少见解和经验足资启发。现择要作回顾述论：

（一）国外作文命题研究

作文教学是一个世界性难题，各国都在艰难地探索。针对学生书面语言表达能力下降的作文教学危机，从 20 世纪 80 年代开始国外重新审视了作文教学的作用和训练内容，建构了作文课程的目标。1997 年加拿大新安大略课程标准强调了与书面语言习惯用法及形式有关的基本技能，该课程标准指出，条理清楚、表达正确、拼写和文法准确是训练学生作文的目标之一。澳大利亚一所中学的《校本语文课程概要》对 1~8 年级的作文教学目标规定得尤其详细。美国《马萨诸塞州英语语言艺术课程框架》要求 K–12 年级所有学生的作文有明确的重点，连贯的组织结构以及有效的细节，并要求作文要考虑听众（读者）和目的。[①] 2000 年，英国政府提出每一个进入义务教育阶段的学生必须掌握包括读写、计算、信息计算在内的基本技能。英国高中生的作文技能分为准确表情达意、内容结构严谨、能根据场合的正式程度和主题的性质选择不同的风格、用丰富的词汇和多种语法手段达到更好的效果、能发展自己对信息的阐释能力等 5 级水平。[②] 思维训练和语言训练成为国外作文教学最重要的内容。如韩国语文课程标准指出，写作能力是需要

---

① 王爱娣. 美国语文教育 [M]. 桂林：广西师范大学出版社，2007：144–145.
② 汪霞. 高中生应有怎样的技能素养 [J]. 课程·教材·教法，2003 (2)：74–78.

有逻辑性又有创造性思考力、合情合理的判断力和问题解决力的高等精神能力；这种能力的发展离不开语言水平的提高。美国《英语教学纲要》提出了语言训练与思维训练并重的教学理念。苏联在对传统语文教育批评的基础上，提出了发展智力的教育改革主张，他们认为传统的文体训练偏重培育写作技能，而忽视了智力发展，因而不可能从根本上提高作文质量。由于注入了发展智力的内容，文体训练就不再成为一种机械的文体形式的训练。①

为了实现上述目标，各国在作文训练中，特别是在命题上采取了相应的策略。主要有以下特色：

1. 贴近生活

这以日本的"生活作文"最为典型。早在明治维新时期，日本的有识之士就提出了作文不仅是表达能力的培养，也是人的形成过程的观点，进而提出"生活作文"的教学思想，即"通过以生活世界为对象的写作，在培养语言能力的同时，通过以作品内容为中心的讨论活动，使学生深化对生活的认识，使学生形成主体性的人格。"② "生活作文"提倡以科学的态度去观察、研究生活，它以单元学习的形式展开，其中包括自我定题、收集材料（观察、记录）、查阅资料、以作文形式总结和班级组讨论等步骤，以及做笔记的项目，查阅资料的方法，图、表的应用，内容归纳的条理化等方法上的学习。"这一教育理论和方法超越了教育理论中对'舶来品'的全盘接受和模仿的肤浅，以大量的教师实践为基础，形成了既是现实的，又具有教育思想深度的作文教学法。"③ 苏联的一批著名教育家也非常重视生活化作文。赞可夫认为，只有在深刻、全面地认识现实生活的基础上，使学生头脑里形成的不是支离破碎的片断，而是事物之间的内部联系，使学生能把所感知的、想象的各个方面有机地结合起来，才会有认识与感受的系统性，写出来的东西才有条理。在帕夫雷什中学，苏霍姆林斯基为学生设计的233个作文题目中，有近一半属观察类作文，其中一类是艺术性的描写文，如《晚霞》《学校附近的花》；另一类是科学性的描写文，如《蚂蚁的生活》《小麦是怎样抽穗的》。苏霍姆林斯基认为，观察作文能培养学生抽象思维的兴趣和能力，能让学生获得有关大自然变化规律的科学基础知识。此外，如德国的作文教学要求学生写自我经历的作文、写理解日常生活用语内涵的作文、发表

---

① 倪文锦，欧阳汝颖 . 语文教育展望［M］. 上海：华东师范大学出版社，2002：347 - 348.
② 方明军 . 日本教育中的"生活作文"教学思想［J］. 外国教育资料，1996（5）：59.
③ 方明军 . 日本教育中的"生活作文"教学思想［J］. 外国教育资料，1996（5）：59.

对生活中的思想行为的理解和评论、写应用文体的文章等，都是有意识地将作文根植于学生的生活之中。①

2. 注重实用

根据现代社会交际特点安排作文教学越来越受到各国的重视。一般认为，能力源于活动，通过结合实际活动进行写作，培养的作文能力才能真正适应社会。一些国家把作文分成两类：一类是表现自己的文章，即表达学生自己所见所闻所思所感，包括生活文、日记、书信、感想等。这类文章以学生自己的生活为基础，要求写出真情实感，以培植学生的个性和创造性思维。另一类是传达社会信息的文章，即发挥社会传达机能的文章，包括记录、通信、实验报告、研究报告、评论文等。比如，《怎样写研究报告》就是日本学校初中二年级国语教科书中的一篇写作教材。教材导言介绍说：研究报告是人们为了解决问题而研究问题的实质，并把研究经过和结果向别人进行传达的一种文章。中学生在今后写研究报告的机会是很多的。抓住问题，积极地去进行研究，并把结果正确地、简明地传达给别人，这是一种必须具备的能力。这就强调了报告的实用性。再如前西德的作文练习有失物启事、游泳的注意事项、架设野营帐篷的方法、从车站到自己家里的路程说明、托邻居照管家事的留言等。② 这一类作文可归为生存性的作文，学生比较容易从中感到作文对于人际交往和实际应用的价值。

3. 发展个性

国外认为，作文本质上是一种语言创造活动。要重视这一点，更要重视培养他们敏锐的观察力、独立的思考能力和基本的研究能力、创造力，以及适应社会变化的能力。要使这两方面训练互为表里，有机结合。在训练过程中，国外要求指导者尊重发展个性，鼓励他们广泛地寻找题材，丰富自己的思想，主动留心社会生活中那些不引人注意的"小事"，多问几个为什么，从中找出有意义、有价值的东西。作文构思要力求角度新、见解新，不怕标新立异，语言运用也力求有独创性，等等。近年来，美国作文教学的一个突出变化便是由过去的重视修辞学变为如何启发学生独立思考，使其掌握独特的表达能力。美国注重作文的个别指导，由于学生的个性心理差异，在认识客观事物和表达主观情感时，就会有所不同。因此，要求教师对学生的作文进行因材施教。"美国高年级便注意让学生进行文学创作，让学生根据自己

---

① 李乾明. 国外作文教学：危机、对策及启示［J］. 课程·教材·教法, 2004（7）：94.
② 张在仪. 国外语文作文教学探析［J］. 山东教育学院学报, 1997（3）：61.

的爱好，创作短篇小说、诗歌或剧本。"① 日本的生活化作文强调学生在作文中的主体作用和创造性的发挥，以表达个人的感情和培养个性为主要内容。英国的作文教学从自由表达思想阶段到文艺述评、欣赏阶段都把如何才能掌握自我表达、培养个性和独创性作为主要目的。英国从小学到中学都提倡写虚构的故事文，写故事文给学生提供了一个自由想象的机会，培养了学生的创造性思维，发展了学生的个性。为了激发学生求异思维，俄罗斯初中专门设计了"情节虚构的记叙"训练，引导学生根据某一个情节进行扩写，按照某一个开头进行续写，或按照指定的题目虚构全文。为了培养学生思维的灵活性，俄罗斯初中作文教学充分运用"变式原则"，即采用多种形式进行同一文体的训练，使学生形成多种联想和概括性的联想。② 此外，写"个人随笔"也成为国外作文教学中常用的文体样式。这种个人随笔，强调描写细节、交代有关背景、避免结局的易猜测性、具有强烈的"读者意识"。③

4. 强化协作

作文能力是一种综合能力，写作学习是一种综合性学习。为了全面地提高学生的作文水平，有的国家采取政府、家庭、学校、社会团体协同作战的办法，并且加强学校其他课程对作文教学的支持。这样，从外到内为作文教学提供了丰厚的人力资源，创造了优越的环境。美国政府认识到，现代化的视听解决不了作文教学的危机问题，要使学生书面语言达到应该达到的水平，必须通过阅读丰富学生的语言库存。为此，美国政府发起了"阅读挑战"的运动。④ 美国教育部发布《怎样支持美国阅读挑战》，号召每一个美国人通过个人的职业的努力帮助孩子阅读，并对各阶层、各团体提出了具体要求。日本的学校特别重视整合学生、教师和家长的力量，形成作文教学良好的环境。例如，金诚则子为了使学生能从父母和长辈对战争的体验中获得写作素材，专门向学生家长发送了通知单，请求予以协助。⑤ 国外一些教育人士主张实行综合作文训练，也就是要求所有的学科都要承担写作训练任务。他们把这种训练方式叫做"贯穿于整个课程的写作训练"。美国 Adssion-Wesley 中学生物学教科书把作文能力的培养放在一些练习中，作文内容以生物学知识为背景，作文体裁有诗歌、小故事、评论、看图作文、报刊

① 李乾明. 国外作文教学：危机、对策及启示［J］. 课程·教材·教法，2004（7）：93.

② 张承明. 中外语文教育比较研究［M］. 昆明：云南教育出版社，2005：102-103.

③ Montante, Sarah. Write a Personal Essay with Impact［J］. Literary Cavalcade, 2003（10）：56.

④ 郑国民，杨炳辉. "美国阅读挑战"及其启示［J］. 学科教育，1999（10）：46-49.

⑤ 李乾明. 作文教学理性的突围［M］. 成都：四川人民出版社，2002：368.

文章等。作文的基本要求是：文章要表现对基本概念的理解，内容表达要清楚，以达到交流的目的。例如，碳水化合物一章的作文内容是：写一首诗来描述葡萄糖、多糖、淀粉和纤维素之间的关系。植物界一章的内容是：假如你能回到几百万年以前，作为第一手资料的收集者，你将如何描绘植物的进化过程？爬行类一章的作文内容是：想象你是最后一只恐龙，请给未来的爬行类动物写一封信，告诉他们谁是恐龙的朋友，以及你们周围所发生的变化。①

5. 讲求序列

国外作文训练的序列大致有以下几类：（1）训练点序列。如美国的《提高写作技能》这部教材，就很注意在训练过程中铺设训练点，设计系列作文训练题型。该书安排《正式作文》十三次，而"准备活动"的练习有七十七次，作文与单项训练的比例为一比六。如《自述》一节，为了写一篇"自述"的文章，就先后安排了研读范文、回忆往事、分析例文、提高记叙文的结构模式、准备文章开头、提炼观点、提供细节、练写中心句，再读范文、掌握具体化的三种方法等十次练习，然后才正式以"自述"为题作文。（2）文章体裁序列。以文章体裁作为单元，一个个文章体裁连贯成一条训练的"链索"，这条"链索"是以作文体裁知识为基础的，这种训练体系，难以完全适应中学生分年级的训练要求。因此，国外研究者正在探索新的科学的训练序列。（3）心理能力序列。苏联著名教育家霍姆林斯认为，作文训练就是要从低年级到高年级遵循一条"从具体到抽象"的原则。他为一至十年级的学生共精心设计了五百道作文题。这些作文题目的安排，从思维水平来说，是由浅显向纵深发展，思想情感是由幼稚走向成熟的。作文题型设计的阶梯与青少年心理能力的发展阶段同步。②

（二）国内作文命题研究

语文独立设科以来，叶圣陶、夏丏尊、朱自清、张志公、刘国正、于漪、魏书生、欧阳代娜等语文教育家在相关著述中论及了作文命题。周庆元的《语文教学设计论》《语文教育研究概论》，韦志成的《作文教学设计论》，倪文锦的《语文考试论》《语文教育展望》，刘淼的《作文心理学》《当代语文教育学》，王荣生的《语文科课程论基础》《语文教学内容重构》，潘新和的《中国写作教育思想论纲》《中国现代写作教育史》等著作

① 张卫民. 国外写作能力的培养及启示［J］. 中学生物教学，2001（5）：41.
② 沈绍辉. 国外作文教学概说［J］. 语文教学通讯，1993（11）：35.

都有作文命题的相关研究内容。上述成果对中学作文命题思想史的研究有重要的参考价值。特别值得注意的是，阮真和范守纲两位先生对作文命题进行了较为深入的研究，先后出版了《中学作文题目研究》和《作文题型研究》两部专著。国内作文命题研究主要探讨了以下内容：

1. 作文命题内涵

研究者多把作文命题看作狭义的命题作文。如刘国正认为，"出一个题目，叫学生照题目的意思写成一篇文章，这叫'命题作文'。"① "命题作文，它是由教师出题，学生依题作文，但题目对体裁、题材、思想内容和表现形式等方面都作了限制。"② "命题作文，就是在规定时间内按照指定题目所规定的范围、内容、体裁等要求来写作一定规格的文章。"③ 显然，上述界定多指狭义的命题作文，其实就是与材料作文、话题作文等并举的给题作文。而范守纲先生则以作文题型来理解作文命题，并把它与"文章题目"进行了比较。"一般地说，一篇文章的题目总可以归并到某个题目。作文题型是作文训练题目形式的概括。训练学生的写作能力，可以是写一篇完整的文章，也可以只写一个片断，甚至只写一个提纲。而'文章题目'则一定是文章的标志。从这个意义上讲，'作文题型'要比'文章题目'的外延宽泛得多。"④ 研究者还肯定了作文命题的意义。叶圣陶强调，学生做好命题作文"为社会生活中不可缺少之技能"。⑤ 范守纲也表达了同样的观点。⑥ 韦志成认为，"教师可以通过作文命题落实语文教学大纲的要求，体现每次写作训练的意图"，"命题作文能把学生引上作文之路。"⑦

2. 作文命题方式

作文命题方式多种多样，刘半农曾设计了十二种作文命题方式，范守纲的《作文题型研究》中收集了古今中外一万多道作文题，并把它们分成三大类（材料性作文、非材料性作文、自由作文）二十四型。概括起来，国内研究者介绍的作文命题方式主要有以下四种：（1）直接命题式（给题作文）。这是由命题者直接拟定题目，让学生审清题意，按要求进行作文练习

① 刘国正. 关于命题作文 [J]. 课外语文，2004（5）：23.
② 韦志成. 作文教学设计论 [M]. 南宁：广西教育出版社，1998：78.
③ 周庆元. 语文教育研究概论 [M]. 长沙：湖南人民出版社，2006：244.
④ 范守纲. 作文题型研究 [M]. 上海：华东师范大学出版社，1988：3.
⑤ 叶圣陶. 叶圣陶语文教育论集 [C]. 北京：教育科学出版社，1980：729 - 730.
⑥ 范守纲. 作文题型研究 [M]. 上海：华东师范大学出版社，1988：24.
⑦ 韦志成. 作文教学设计论 [M]. 南宁：广西教育出版社，1998：78 - 79.

（或考试）的一种命题方式。根据题面的完整性程度，它又分成全命题式和半命题式两种。直接命题式作文题适应于训练各类文体，或记叙文，或议论文，或说明文，或应用文。（2）供料命题式（材料作文）。这是由命题者提供有关材料，让学生先阅读材料，再按一定要求进行作文的一种命题方式。这类命题既有限制性，又有灵活性，能训练考查学生多方面的能力（包括阅读能力和作文能力）。供料命题式所供的材料大致分文字材料（事例、寓言、诗歌、小说、新闻报道等）、图画材料（漫画或其他画面）、音响材料（人工或机械的音响）、实物材料（人、动物、器皿等，适用于平日训练，考试则不宜）四类。（3）话题命题式（话题作文）。这是由命题者提供一段文字材料作为"话题"，让学生根据这个话题的规定内容自定立意、自选文体、自立题目的命题形式。（4）自由命题式（学生拟题作文）。指不由教师出题目、给材料、设情境，而由学生自己拟题、选材、定体的作文训练形式，如日记、周记、随笔等。叶圣陶说："（作文）出题练习之外，可以由学生自己命题，自己命题就是自由发表。"① 虽然教师不直接提供题目或材料，但也是教师制订计划和命题工作的内容之一，也要提出相应的要求和范围，并给以适当的指导。

3. 作文命题要领

（1）作文命题要贴近学生的生活经验

"凡是贤明的国文教师，他的题目应当不超出学生的经验范围，他应当站在学生的立脚点上替学生设想，什么材料是学生经验范围内的，是学生所能写的、所要写的，经过选择后定下题目。"② "作文命题必须把题目出在学生身边，出在学生生活的横断面上，使学生一看到作文题目，就觉得亲切，有话可说，有情可抒。" "贴近生命命题，关键在教师：一方面要细致观察学生的生活，适时抓住命题的时机；一方面要认真指导学生观察生活，捕捉生活中闪光的情景。"③

（2）作文命题要符合学生心理特点

夏丏尊对此作了一个生动的比喻，他把作文命题看做是给炮仗安上药线。命题者要考虑炮仗（学生）是否储备火药。也就是说，要研究学生心

---

① 叶圣陶. 叶圣陶语文教育论集［C］. 北京：教育科学出版社，1980：203.
② 叶圣陶. 叶圣陶语文教育论集［C］. 北京：教育科学出版社，1980：413.
③ 周庆元. 语文教育研究概论［M］. 长沙：湖南人民出版社，2006：244 - 245.

中的"郁积"，有没有到一"爆"为快的时候。① 叶圣陶说："教师命题的时候必须排除自己的成见与偏好；惟据平时对于学生的观察，测知他们胸中该当积蓄些什么，而就在这范围之内拟定题目。"② 那么，哪些题目才符合学生的心理特点呢？韦志成认为，教师要"出有新意的题目""出激发感情的题目""出开启智慧的题目""出富于想象的题目"。③

（3）作文命题要体现实用价值

叶圣陶认为："要把生活和作文结合起来，多多练习，作自己要作的题目。"④ 刘半农强调作文训练要适应日常生活的需要。阮真则对记叙文、陈说文和应用文给予了高度的重视。他在《中学作文题目研究》中明确规定了这样的数量比例："记叙文居首，陈说文居次，应用文居三，杂体文居四，议论文居五"，理由是：记叙、陈说是作文的基本功夫，使之练习精熟，则已尽普通文章之能事。应用文，有特殊的格式和专用修辞，社会上用途较广，而一些国文教师本身也不一定会，故需多作练习。至于文艺文的练习，作者认为"于普通中学生，似非重要"。

（4）作文命题要体现整体设计

作文命题要服从整个作文训练的总目的，有系统的、周密的计划，克服心血来潮的临时性、随意性。自上个世纪 20 年代起，研究者对此进行了可贵的探索。从文体上说，一般认为学生宜先用记叙、说明式的题目，再练习议论式的题目。⑤ 从内容和形式的关系说，叶圣陶在《作文论》中，把写作分成"怎样获得完美的原料（思想、感情）"与"怎样把原料写作成文字"两个步骤。叶老说："从原料讲，要是真实的、深厚的，不说那些不可征验、浮游无着的话；从写作讲，要是诚恳的、严肃的，不取那些油滑、轻薄、卑鄙的态度。"⑥ 从整体训练与单项训练的配合说，夏丏尊、刘熏宇等研究者也有新的创造，除了全篇文章的练习外，还就某一点写作要求进行练习。20 世纪 80 年代，北京的高原、辽宁的欧阳黛娜、上海的陆继椿、扬州

① 夏丏尊，叶圣陶. 文章讲话 [M]. 北京：中华书局，2007：119.

② 叶圣陶. 怎样写作 [M]. 北京：中华书局，2007：128.

③ 韦志成. 作文教学设计论 [M]. 南宁：广西教育出版社，1998：82 – 83.

④ 叶圣陶. 写作杂话 [A]. 张圣华. 叶圣陶教育名篇 [C]. 北京：教育科学出版社，2007：224.

⑤ 赵欲仁. 小学生作文题目分析之研究 [J]. 参见范守纲. 作文题型研究 [M]. 上海：华东师范大学出版社，1988：9.

⑥ 叶圣陶. 怎样写作 [M]. 北京：中华书局，2007：5 – 8.

的顾黄初等都主编了作文教材，这些教材都有自己的体系，也都设计了相应的作文题目，而且作文题目安排的整体设计性都是较强的。

4. 考试作文命题要求

作文考试是语文考试的主要组成部分，因此广大研究者对考试作文命题总是特别关注。且不说近代以来教育界、文学界和史学界有大量以科举考试命题为研究对象的著作，即便是语文学科作文考试命题的研究亦蔚为壮观。例如，范守纲先生在《作文题型研究》中，概括了作文考试命题必须注意的"四项基本原则"，即作文考试题型设计必须体现考核的要求，必须注意条件的均等性，要估算学生完成的可能性，要有利评价的客观性等。① 黄建成、袁立库在《中学作文教学法》指出，优化的作文试题"要符合作文教学的目标""命题的作文要简练明确，且能透露出所写文章的文体要求、内容范围以及写作意向""要贴近学生的生活实际""考题的形式和考测的内容应多样""要有明确的答卷要求""要有适当的难度和较高的区分度"等。② 新世纪以来，高考作文命题成为考试作文命题研究的热点，并形成了初步的研究成果。研究的着眼点大致为三类：一类是对新中国成立后高考作文的回顾与总结，如徐龙年的《高考作文的回顾与思考》（《中国教育学刊》2002 年第 6 期）、陈发明的《建国以来我国高考作文命题的演绎与反思》（《重庆师范大学学报》2006 年第 2 期）、刘光成的《改革开放三十年：高考作文的回顾与反思》（《湖南教育》2008 年第 9 期）等分别从不同的时间跨度，不同的层面对高考作文展开梳理和审视，以求把握高考作文的演化规律和发展脉络。另一类是每年高考过后对当年高考作文的点评和对未来高考作文的预测。还有一类是谈论或阐述与高考作文有关的方方面面，例如孙绍振的《高考作文题的感性和智性含量问题》（《语文学习》2005 年第 7 期）、《关于高考作文》（《语文学习》2003 年第 10 期）、《高考话题作文为什么越走越窄》（《厦门教育学院学报》2002 年第 3 期）等，文章的一些观点很有见地，令人耳目一新。

尽管学术界对这一课题的相关研究已经取得了丰硕的成果，但仍然存在着某些不足：

首先，总的看来，从技能、技巧方面解读中学作文命题的著述较多，或许这一层面与广大一线教师、与学生联系最紧密，最具有针对性和指导性。

---

① 范守纲. 作文题型研究 ［M］. 上海：华东师范大学出版社，1988：125 – 131.
② 黄建成，袁立库. 中学作文教学法 ［M］. 合肥：安徽大学出版社，1999：188 – 191.

从命题思想的层面研究中学作文命题的则相对较少，即使为数不多的作文命题思想研究也多散落在其他相关研究之中。这在一定程度上就限制了作文命题研究的全面展开和纵深开掘。

其次，学术界对中学作文命题思想的研究是零星的、断面的，例如对相关人物作文命题思想的研究、对某本教科书作文训练题目的研究、对某道高考作文命题的研究等，未能将作文命题置于整个社会思潮、时代精神的大背景下，没有从教育学、心理学、语言学、文学、政治学、社会学、历史学等视角进行整体、宏观观照，使得这些研究显得单薄，无法凸现其精神意蕴、教育内涵及历史价值。

再次，大量研究成果集中在新中国成立以来60年的高考作文命题，对于语文独立设科以来包括学校训练作文、考试作文、竞赛作文等整个中学作文命题的系统的研究少之又少，至今尚未有一部对中国百年作文命题思想进行整体性研究的学术著作。这可能是因为这一切入视角时间跨度太大，涉及的内容过多，难以把握，这不能不说是一大遗憾。

四、概念与研究范围界定

(一) 作文特质

作文是什么，这是作文教学和作文教学研究首先要弄明白的最基本的问题，即元论问题。

大多数人都会不假思索地回答：作文就是写作、写文章。从字面意思看，的确如此。翻开《现代汉语词典》，有关诠释亦明白如斯。多少年来，这一概念根深蒂固地盘存于人们的脑海中，作文教学的发展自始至终也没有超越这一基本命题。随着学科研究的不断发展，随着人们对作文活动认识的不断深入，"作文就是写文章"这一命题越来越暴露出它的虚假和不周严，成为作文教学发展的强大桎梏。首先，它把作文活动的目的指向"文章"，文章成为研究的核心，从而忽视了对写作者的研究，让人们看不见写作者在写作时的无助与欣喜，也看不到写作者在写作完成后的自豪和愉悦。① 其次，它牵引作文训练停留在句法、章法的训练阶段，忽视了观察生活、体验生活这一根本环节，更谈不上对学生认知能力和人格情意的有效培养。再次，它掩盖了作文的真实目的，导致了"作文神秘论"，增加了学生写作的畏惧感。

---

① 李华秀. 关于写作本质的思考［J］. 河北师范大学学报（哲学社会科学版），2008（3）：103.

那么，作文到底是什么呢？我们以为，从哲学视角对其进行考察，写作与人的自然性、社会性和自为性之间存在着天然的联系，是人的属性的必然体现，是一种生命实践形式。

马克思说过："人直接地是自然的存在物。"① 人作为一个活生生的、有血有肉的实体，除了有肌体之饱和暖，还有感官之情和欲。"何谓人情？喜、怒、哀、惧、爱、恶、欲。七者弗学而能。"② "人生而有欲"③ "今人之性，生而有好利焉""理义之悦我心，犹刍豢之悦我口"，④ 这说明人不仅有情感，还有欲望；不仅有物质的欲望，还有审美的欲望和追求道德完美的欲望。人生在世大凡都有一种本原性的生存意向，即对现世的爱和恐惧。一方面，人们把自己的情感投射到现实之中，让世界成为有情的世界，使之成为一个有意义的地方，成为人类可以评价的对象；另一方面，面对现实事物，人会不由自主地对其进行反观和内省，予以评判和臧否，从而引发相应的情感活动。"人禀七情，应物斯感。感物吟志，莫非自然。"（刘勰《文心雕龙·明诗》）"凡音之起，由人心生也。人心之动，物使之然也。"（《乐记》）人与世界这种情感互动作用即是作文发生的基础。

人不仅有情感、有欲望，而且必须寻求情感和欲望的表达。"大凡物不得其平则鸣……人之言也亦然。"（韩愈《送孟东野序》）说的就是这个道理。"气之动物，物之感人，故摇荡性情，形诸舞咏。"（钟嵘《诗品·序》）钟氏这里所描述的情境就是后人所称的写作发生过程，其实也就是人的情感活动促使表达的过程。林语堂在一篇短文《孤崖一枝花》中说得更明白，"有话要说必说之，乃人之本性"，就好像"花只要有一点元气，在孤崖上也是要开的"。⑤ 有情感、有欲望才会"有话说"，所以说作文是人的自然属性的必然体现。

人生活在社会中，还具有社会性。"人是最名副其实的社会动物，不仅是一种合群的动物，而且是只有在社会中才能独立的动物。"⑥ "人的本质并不是单个人所固有的抽象物，实际上，它是一切社会关系的总和。"⑦ 这充

---

① 马克思，恩格斯．马克思恩格斯全集（第42卷）［M］．北京：人民出版社，1979：167.

② 《礼记·礼运》。

③ 《礼记·礼运》。

④ 《孟子·告子》。

⑤ 林语堂．林语堂散文［Z］．吉林：文史出版社，2002：257.

⑥ 马克思，恩格斯．马克思恩格斯全集（第12卷）［M］．北京：人民出版社，1962：734.

⑦ 马克思，恩格斯．马克思恩格斯全集（第3卷）［M］．北京：人民出版社，1960：5.

分说明了人在社会中产生、存在和发展，具有群体、合作等特质。正是因为人的存在是一种社会性的存在，从根本上决定了作文的需要，或者说作文是人的社会属性的必然要求。

首先，所谓人的社会性，意味着人类活动的协同共存性质。社会是由各种错综复杂的结构关系组织而成的，为了使它有效运作、有序发展，就离不开作文，尤其是各种实用文体的写作。"作文不是生活的点缀，而是生活的必需。"① 写作行为与人类的生活和生存密切相关。原始人在高山峻岭地势险要之处的岩石刻画——向部落成员传递必要的信息，即是人类的早期写作行为。文字出现之后，写作便成了人类更加自觉和更加有意识的行为，它不仅仅有传递信息、交流经验的现实价值，还承载着保存经验、存贮信息的历史功能。人类进入"信息社会"之后就进入了真正的"写作的时代"。在这个社会，写作不仅仅是一种创造和加工信息的手段、行为，而且是一种物质生产的手段、行为。可以说，没有哪一个时代像今天这样需要写作、依赖写作。

其次，所谓人的社会性，还意味着人与人精神上的相互依存性质。社会是由不同的群体和族类构成，人是需要精神交流的，而维系人与人之间的精神交流的基本方式就是作文。② 除亲情交流、友情交流、爱情交流之外，人还需要更高层次的情感交流、精神交流，那就是阅读。歌德说："读一本好书，就是与一位高尚人的谈话。"读书，就是品尝情感和精神的盛宴，就是交流，写作则是实现这种交流的途径和手段。我们之所以需要写作是由人的社会本质的情感、精神交流所决定的，并且文章（作品）的生命力和劳动价值也是由它所达到的满足读者情感、精神交流需要的程度所决定的。

再者，人的社会性意味着人类对诗意生活的追求。人作为社会的一分子，作为"宇宙的精华，万物的灵长"，希望将自己生存的空间建成充满诗意的居所，渴望精神家园中充满美好的情愫。荷尔德林诗曰："充满劳绩，然而，人诗意地栖居在大地之上。"③ 那么，甚嚣尘上的社会中人们通向诗意栖居的道路又在哪里呢？海德格尔所谓"语言是人类存在的家园"，就是说，只有回到语言上去，回到诗意的世界中去，人自己才能获得救赎，才能找到灵魂的安顿所。格罗塞在《艺术的起源》一文中也说："倘若没有诗人

---

① 杜草甬. 叶圣陶论语文教育 ［M］. 郑州：河南教育出版社，1986：215.

② 张杰，唐铁惠. 写作 ［M］. 武汉：武汉大学出版社，2005：12.

③ 海德格尔. 荷尔德林诗的阐释 ［M］. 孙周兴，译. 北京：商务印书馆，2000：35.

的力量，人们的心情，会比在日光照射不到的地方的种子还要迷睡不醒。"①写作能够解脱人精神的困厄，没有语言，没有诗歌，没有写作，人类的生存状态将远离诗意。

"人类的特性恰恰就是自由的自觉的活动。"② 人的这种"自由的自觉的活动"即是人的自为性，它往往以对一种理想的追求和趋向而存在。而在"自由活动"的层面中，基本的东西就是表达（写作）。"表"即显示、敞开、呈现；"达"是达到、至于、指向。"表达"就是指具有一定方向性的显示、敞开、外显和暴露。这种显示、敞开、外显和暴露，即是"我为"的，又是"为我"的。他（写作者）既希望通过这种方式来证明自己的存在，也希望通过这种方式与他人分享自己的思索成果，寻求他人的理解或赞同。"人类是社会的动物，从天性上，从生活的实际上，有必要把自己的观察、经验、理想、情绪等等宣示给人们知道，而且希望愈广愈好。有的并不是为着实际的需要，而是对于人间的生活、关系、情感，或者一己的遭历、情思、想象等，发生一种兴趣，同时仿佛感受一种压迫，非把这些表现为一个完好的定型不可。根据这两个心理，我们就要说话，歌唱，做出种种动作，创造种种艺术；而效果最普遍、使用最便利的，要推写作。"③ 叶老的这段论述深刻地表明了写作是"我为"的"为我"的活动，是最自由的活动。写作是一种特殊的脑力劳动，它不像工业产品，必须按照规定的操作规程和质量要来制造，而是必须充分发挥个人的才智，根据生活阅历和对于生活的认识，调动想象力，创造出既来源于生活又高于生活的形象。写作者在具体构思和写作的过程中，"精骛八极，心游万仞"，"思接千载，视通万里"，（刘勰《文心雕龙》）完全按照自己的方式进行形象思维。这是一个排除任何外部干扰的过程。从这个意义上讲，作文也是一种自由的艺术创造活动，是人的自为性的体现。

巴西著名作家若热亚马多也说："我写作，首先是为了满足内心的需要和一种不可战胜的欲望，既然是我的一种爱好，那我就不得不写。"普希金在逝世的前一年在作《纪念碑》一诗中，自豪地写道："我为自己建立了一座非人工的纪念碑，在人们走过那儿的路径上，青草不再生长。他抬起那颗

---

① 格罗塞. 艺术的起源 [M]. 蔡慕晖，译. 北京：商务印书馆，1998：207.

② 马克思，恩格斯. 马克思恩格斯全集（第1卷）[M]. 北京：人民出版社，1979：343 -344.

③ 叶圣陶. 怎样写作 [M]. 北京：中华书局，2007：1.

不肯屈服的头颅，高耸在亚历山大的纪念碑之上"。① 的确，用文字表达已成为诗人不可或缺的精神性存在，成为他生命的全部。

综上所述，作文是人的属性的必然体现，是人的一种生命实践形式。"种子自然存在我们身上"② "人身上存在着天赋的未发展的自然力，或种子，或胚芽"③ "每个孩子就其天性来说都是诗人"④。我们也可以说，作文的"种子"存在于人的生命之中，人人都有作文的天资，个个都有作文的需求。作文并不神秘，我们也不用害怕作文，并且，我们也无可逃避。我们所能够做的，也是应该做的，就是我们的作文教学必须追寻一条让学生的人生能够在他的作文中波澜荡漾，能够自由地抵达其生命蓬勃处的路径。

（二）作文命题

所谓作文命题，即制定作文训练和考核的题目形式。这里的"题目形式"很宽泛，不仅包括给题作文、材料作文、话题作文，还包括学生的日记、随笔，自拟题目和互拟题目作文，情景文，等等。它可以是一篇完整文章的题目，也可以是要求学生写一个片段或提纲的某一问题，甚至还可以是教师为训练学生的写作而设计的一套方案、一次活动等。从广义上讲，作文命题就是作文训练或考核设计。

"作文命题"是一个发展的概念。中国科举文章命题和传统的作文训练、考核命题多指狭义的命题作文（给题作文）。命题者规定题目，要求考生在规定的时间、规定的场合，写成规定数字的文章，其特点是具有严格的限制性。显然，语文独立设科以来学者们所探讨的作文命题概念多集于此。随着语文教育的发展，"作文命题"的内涵和外延也在不断扩展，比如近年来出现的话题作文和新材料作文，命题者只给定话题或材料，题目需要作者自拟，立意角度可以自定，体裁可以自选。不过，话题作文也罢，新材料作文也罢，即便是学生的自拟题目作文（含日记、随笔）亦不例外，学生的每一次作文都迎合了老师的训练或命题者的考核意图，从这一点来说，中学作文教学都采用了"命题作文"这种方式。换而言之，学生各种各样的作文我们都可称之为"命题作文"。本研究指称的作文命题实际上就是指广义

---

① 转引自黄孟轲. 中学作文教学案例剖析与教案研制·前言［M］. 南宁：广西教育出版社，2005：2.

② ［捷］夸美纽斯. 大教学论［M］. 傅任敢，译. 北京：教育科学出版社，1999：13.

③ 张楚廷. 教学论纲（第2版）［M］. 北京：高等教育出版社，2008：26.

④ ［苏］苏霍姆林斯基. 给教育的建议［M］. 杜殿坤，编译. 北京：教育科学出版社，2003：180.

的命题作文，指作文训练、考核设计。之所以称之为"作文命题"，一方面是为了突出"命题"这个研究对象，另一方面则是为了和狭义的、通常意义上的"命题作文"相区别。

在作文教学中，作文命题是学生顺利完成作文的重要条件，也是直接关系到作文效果的重要环节。

从哲学视角审视，如上所述，作文是人的一种生命实践形式，是人的属性（自然性、社会性和自为性）的必然体现，作文的种子存活于人的生命之中，是不必要也不应该由"他者"（命题人）来决定的。但是，这颗存在于每个生命中的"种子"，并非颗颗都能发芽、开花和结果。科学的作文指导，无异"发现"和"催生"了这些"种子"的发芽与成熟。这是"鸡蛋"与"温度"的哲学关系。而制定作文训练和考核的题目形式（命题）则是进行作文指导的重要途径和有效手段。

从教育学视角看，狭义的作文一旦成为受教育者的一门"功课"时，就不可避免地掺入"他者"（教师）来影响的机制，"作文课"必然与"命题"结下不解之缘。既是一门功课，就需要"考核"，就需要"训练"；既要"考核""训练"，就需要"命题"。因为"命题"能体现教师的作文教学思想，能传达教师的作文教学意图，能实现教师的作文教学目标。教师可以通过命题，利用某种限制，有计划地针对学生作文能力中薄弱的方面进行训练，从而全面地提高他们的作文能力。当然，从某种意义上讲，"命题"也给作文带来了危机，因为背离了作文特质的"命题"极易使作文"异化"为"异己"的东西，从而压抑作文主体的创造激情。这从另一个方面表明了作文命题是一门科学，切不可随心所欲，要认真研究，科学命题。

从心理学视角看，文章是客观事物的反映，而这种反映是以人的心理为中介的，人的作文活动是一系列递次反映的心理过程——客观现实中的信息通过人的种种感官，传入中枢神经系统，引起感知，被"贮藏"于记忆的"仓库"里；一旦受到某种诱因的触发，记忆"仓库"中贮存的一些信息就会在大脑皮层上一一复制呈现出来；这些复制呈现的信息与刚刚输入的信息放在一起，经过加工、整理就形成了思维的内容；思维的结果因某种需要用语言表达出来，就成为口头语言，用文字写出来就成了文字。这就是作文的心理过程。然而，中学生的生理、心理发展尚未成熟，他们在行动中尚未能完全控制自己，他们的认识能力处于成长状态。在这种情况下，作文训练就需要一定的办法来控制他们，作文命题则成了控制学生作文训练的一个比较有效的办法。叶圣陶先生在《论写作教学》一文中说："惟恐学生有时积累而懒得发表，或打算发表而懒得在技术上用功夫，至于养成两种习惯的目的相违反，于是定期命题作文。"① 在这里，叶老以简洁的语言中肯地道出了作文命题的心理学根据，即优秀的作文命题具有控制、引导和诱发的功能。

（三）百年中学作文命题

本研究指称的百年中学作文命题主要包括语文独立设科以来百余年的中学作文训练、考核和竞赛作文命题。

本研究把作文命题限定在中学阶段，是出于三方面的考虑。第一，中学作文教学既有别于小学的起步作文教学，也有别于大学的写作教学，基础性是其显著特征。这就是说，中学作文教学一方面要注重学生基本作文素养的养成，另一方面要面向全体学生而不是个别的"作文尖子"，因而研究中学作文命题更具有普遍意义。第二，自清末兴学堂、废科举为始，包括民国时期、新中国成立之后我国所进行的一系列教育改革中，中学教育作为小学教育和大学教育的承前启后阶段，始终处于改革的中心位置，始终是人们关注的焦点。第三，中学学段是一个需要适应广泛的社会需求，学生群体的社会阶层结构和个人的智能结构都比较复杂，且社会、教育变化观念相对敏感的段位，由此构成了这一学段作文命题理论和实践曲折多姿的一面。研究这一阶段的作文命题能更清新、更宏观地展现中国作文命题发展的轨迹。

还需要指出的是，书中所说的"中学"主要指普通中学而非全体中等学校。中国从清末建立近代学制之初，从事中等教育的学校就被分为三种类型，即普通中学、师范学校和实业学校。普通中学通常是指以加深普通知识、旨在为升学做准备而设计的一类中等学校。之后中等教育制度虽屡经变迁，但这种三分格局却基本延续未变，且无论在政府教育法规文件中，还是在学者的著述文字中，普通中学通常都被省称为中学。所以在清末民国时期，"中学"之称"普通中学"，成为相沿成俗的习惯表达，和同层次的师范学校和职业学校有明确的区分。本书所指的"中学"即采用这一历史涵义，专指普通中学教育。普通中学教育作为中等教育的主体，本身就足以成为讨论整个中等教育问题的聚焦点，因此中等职业技术教育和中等师范教育等不是本书论述的主要范围。

从时间跨度而言，新学制颁布实施之后，作文成为独立学科语文的重要内容，作文教学成为语文教学的重要组成部分。本研究即以此作为研究上限。按时间计，1904 年至今已有 112 年，研究中所说的百年只是一个概数而已。从空间限域和主导性质而言，本书专注于中央政府统治区域的中学作文命题研究，亦即清政府、"中华民国"国民政府统治下的中学作文命题和

---

① 叶圣陶. 怎样写作 ［M］. 北京：中华书局，2007：128.

中华人民共和国政府成立之后的中学作文命题。从实践考察，这一历史阶段还有教会学校作文命题、中国共产党领导下的革命根据地学校作文命题、日伪占领区的学校作文命题，以及香港、澳门、台湾地区学校作文命题等特殊形式。这些作文命题由于政治、宗教、区域等因素的影响各有其特点，暂不作为研究的主要内容。

（四）百年中学作文命题的历史分期

从历史的角度描述与整理作文命题思想的发展变革历程，历史阶段的划分是一个首先要解决的问题。尽管还没有现成的框架可依，但前辈学者有关语文教育发展史的分期的几种代表性的观点似可作为参照。其一，以张隆华先生为代表，以鸦片战争与中华人民共和国成立为界，把语文教育划分为古代、近代与现代三个阶段。① 其二，以李杏保、顾黄初先生为代表，把语文学科独立与单独设科作为分水岭，即以 1904 年《癸卯学制》② 的颁发及中国文学科的设置为界，把语文教育史分为古代语文教育史与现代语文教育史两个相继的阶段。③ 其三，以曹明海、潘庆玉为代表，以 1840 年鸦片战争和 1919 年白话运动为界，把语文教育思想史划分为古代、近代与现代三个阶段。④ 应该说，这三种划分都有其充分的理据，第一种主要是依据社会思潮与时代精神的演进对语文自身发展影响的变化来划分的，相对注重外因；第二种主要依据语文学科自身的矛盾发展与现代学科的划分标准来划分的，相对重视内因；第三种则兼顾了语文学科发展的内因和外因。比较而言，笔者认为第三种划分法更有借鉴价值。"语文教育思想史的划分，显然要以语文教育史自身发展的阶段为依据，但也不必如影随形，亦步亦趋，应当考虑自身研究的特殊需要。"⑤ 我国中学作文命题史的划分亦然，既要考虑传统文章命题思想的强力制约，又要考虑西方教育理论所产生的巨大推力；既要考虑社会思潮、时代精神对作文命题的影响，又要考虑作文自身演进中内容与形式所发生的深刻变化。综合考察影响作文命题发展的诸多因素，我们把百年中学作文命题史划分为承绪与变革期（1904—1919 年）、探索与定型期（1919—1949 年）、初步发展与波折期（1949—1978 年）、回归与创新期（1978 至今）四个历史时期。

---

① 张隆华. 中国语文教育史纲·绪言 [M]. 长沙：湖南师范大学出版社，1991：2-4.
② 该学制颁布于清光绪二十九年农历十一月二十六日，按公历推算，当是 1904 年 1 月 13 日。
③ 顾黄初，李杏保. 中国现代语文教育史 [M]. 成都：四川教育出版社，2004：4.
④ 曹明海，潘庆玉. 语文教育思想论 [M]. 青岛：青岛海洋大学出版社，2002：2.
⑤ 曹明海，潘庆玉. 语文教育思想论 [M]. 青岛：青岛海洋大学出版社，2002：2.

五、研究方法

（一）文献法

本研究建立在对语文独立设科以来作文命题史实的深刻认识上，在研究过程中，将参阅大量相关历史文献和研究论著。

（二）比较法

本研究最终的目的在于探寻百年中学作文命题历史和现实背后所隐含和隐藏的规律，为作文命题的改革提供一些有价值的思考。基于这样一种目的，对古今、乃至中外作文命题相关联的各个方面的比较就显得十分重要。本研究总结的历史经验和教训，很大程度上都是在比较研究的基础上得出的。

（三）统计法

本研究时间跨度大，涉及的作文题目数量多、类型多，为了清楚梳理其类型、把握其异同，必须进行必要的数据统计与分析。

（四）历史分析法

以马克思主义的历史唯物论为指导，尽可能客观和公允地按照历史的本来面目，把有关中学作文命题发展变革的制度和实践置于特定的时间和空间条件下进行分析，从而揭示中国中学作文命题演进的阶段特质和本质规律。

（五）历史与逻辑相统一的方法

这一方法最早是由德国的黑格尔提出的。黑格尔在《哲学演讲录》一书中倡导研究历史哲学时，既要尊重历史事实，忠实地采用历史材料，又要从理性范畴出发来研究历史背后的思想。"历史从哪里开始，思想进程也应当从哪里开始。"[①] 然而历史并不能包容一切，在纯抽象的领域还需要逻辑的补充，作文命题研究不应仅仅是历史事实的积累。当然，逻辑的发展完全不必限于纯抽象的领域，相反，它也需要历史的例证，需要不断接触现实。

六、研究思路和内容框架

本书力图遵循唯物史观，拟以中学作文命题受时代思潮特别是语文教育思潮影响，而不断变革、不断演进的历史，来勾勒语文独立设科至今一百余年中学作文命题思想发展的主要轨迹，展现其历史阶段特点，探寻其背后的成因，并冀以对当今的中学作文训练和考核作文命题有所启示，对当下实施的新一轮语文课程改革有所裨益。

---

① 马克思，恩格斯. 马克思恩格斯选集（第 2 卷）[C]. 北京：人民出版社，1972：104.

全文共五章。

前四章勾勒百年中学作文命题发展轨迹，展现其历史阶段特点。根据各个历史时期中学作文命题的不同特点，本书把百年中学作文命题史划分为四个历史时期：一是承绪与变革期（1904—1917年）。这一时期，由于根深蒂固的古代写作教育传统与科举文章命题的影响，中学作文命题在很大程度上还是沿着传统科举文章命题的轨道作惯性运行，但现代中学作文命题曙光初现。二是探索与定型期（1917—1949年）。"五四"新文化运动前后中学作文教学存在的问题是中国中学作文命题现代化探索的契机。语文教育界有识之士认识到问题背后的原因，他们在对其进行考察、批评的过程中，也肩负起了时代的责任，开展摆脱作文训练随意、混乱局面，寻求作文命题现代化的理论与实践探索，初步创建了现代中学作文命题规范。中学作文命题趋向科学与实用。三是初步发展与波折期（1949—1978年）。新中国的建立一度为语文教育带来了空气活跃的新气象。然而，由于种种原因，中学生写作能力的培养没有得到足够的重视，作文命题无计划、无序列的现象普遍存在。随着"教育大革命"的兴起，中学作文教学又被生硬地套上了政治评判标准。"文化大革命"爆发后，作文教学完全沦陷为政治斗争的工具，学生作文大多是以"革命"和"造反"为主题的"大字报"式的文章，结构单一，格式呆板，近乎千篇一律，中学作文命题实践走入了死胡同。四是回归与创新期（1978年至今）。以粉碎"四人帮"为标志的"文化大革命"的结束，中国开始了历史性的转变。社会结构的调整，文化思想的转型，教育理论的发展，写作理论的创新，促使中学作文命题逐步从政治舞台上回归到学生的生活世界，回归到写作主体上来。中学作文命题开始注意激发写作者的主体意识，命题方式趋向灵活多样，学生作文从单一应景的书写载体逐步演变为多姿多彩的心灵窗口。

第五章呈现研究结论。本研究认为，百年中学作文命题紧跟着时代变迁的步伐，历经曲折，命题内容由"仕途功利性""现代实用性""革命政治性"的外部观照转向了人的内心世界的独特感受和人的健康心理的完整构建，逐步由主体的困顿与自在走向了主体的自觉和自由，而命题形式也从单一化走向多样化。百年来，中学作文命题内容与形式的变化绝不是偶然的，每一道题目都是特定思潮下的产物，每一阶段作文命题呈现出的特点，都与特定阶段下的语文教育思潮有着深刻的联系。新世纪的中学作文命题理当高举"人本"的旗帜。

第一章
中学作文命题的承绪与变革（1904—1919 年）

我国学生的作文或写作自隋唐至清末近 1300 年时间里，主要以八股为盛，科举为用。1904 年《奏定学堂章程》的颁行，中国的语文教育掀开了历史新篇章，这可以视为我国近代作文教育史的重要转折点。1904 至 1919 年这 15 年时间，属于我国中学作文命题的承绪与变革期。由于根深蒂固的古代写作教育传统与科举文章命题的影响，中学作文命题在很大程度上还是沿着传统科举文章命题的轨道作惯性运行，但现代中学作文命题曙光初现。

第一节　发轫之前的科举文章命题

中学作文命题之发轫是与其对立面封建科举文章命题的终结相衔接的。从公元 605 年科举制创立，到公元 1905 年科举制寿终正寝，科举文章命题走过了整整 1300 年的历程，积累了大量的考试文章命题经验，也存在着不少缺陷。科举文章命题是我国现代中学作文命题发轫的历史前提，探讨科举文章命题的特点与演变轨迹，总结科举文章命题的兴衰教训，对认识中学作文命题的现代转型具有重要意义。

一、科举文章命题的主要特点

（一）以"德""才"标准为命题价值取向

"为政之要，惟在得人"（《贞观政要》）。实行科举考试的历朝历代都制定了选拔人才的法定规则和评判标准。这些法规和标准便成了科举文章命题的基本依据。科举初创的隋代，根据新中国成立之初急需人才的要求，隋炀帝多次下诏明确人才选拔标准：凡德行敦厚之人，只要有一技之长，均可擢用。大业三年（公元 607 年）诏："夫孝悌有闻，人伦之本，德行敦厚，立身之基。或节义可称，或操履清洁，所以激贪厉俗，有益风化。强毅正直，执宪不挠，学业优敏，文才美秀，并为廊庙之用，实乃瑚琏之资。才堪将略，则拔之以衔侮，膂力骁壮，则任之以爪牙。爰及一艺可取，亦宜采录，众善毕举，与时无弃。"① 唐代则以法典的形式规定了选拔人才的标准，且把"德"摆在首要位置。按现存最完备的行政法典《唐六典》规定："凡选授之制……以四事择其良：一曰身，二曰言，三曰书，四曰判。以三类观其异：一曰德行，二曰才用，三曰劳效。德钧以才，才钧以劳。"② 唐开元年间的《选举令》又规定："铨拟之日，先乎德行。德行同，取才用高，才用同，取劳效多。"③ 宋朝在总结唐朝科举考试经验的基础上，已非常重视对包括命题在内的考试方法的研究，并逐步形成了一套精细而严明的考试规程，制定了许多法律法规，诸如《科场法》《亲试进士条例》《考校进士程式》等规定，这些法规都涉及了科举人才选拔和评判标准。及至明清，人才选拔标准更加具体。吴元年（公元 1367 年）朱元璋曾"下令设文武科取士。令曰：……兹欲上稽古制，设文、武二科，以广求天下之贤。其应文举者，察其言行，以观其德；考之经术，以观其业；试之书算、骑射，以观其能；策之经史时务，以观其政事。应武举者，先之以谋略，次以武艺。俱求实效，不尚虚文。"④ 明清科举还规定，凡投考者必须先向地方政府提出申请，经过品行审核后才准许应举，品行审核的标准为："性资敦厚，文行可称。"⑤ 明朝《大明会典》专设《科举》一章，对科举考试的每个环节以法律的形式均作出明确规定，而清朝的科举立法更堪称历代科举立法之大成。尽管各朝各代的法规不同，人才评判标准不尽相同，但总的来说，"德"与"才"无疑是两个最基本、最核心的尺度，那么，这两个尺度也自然而然成为科举文章命题的价值取向。

（二）以儒家经典文献为命题核心内容

科举制度自创立之始便与儒家经典结下了不解之缘。李延寿在《北史》第 26 卷记载了隋代杜正藏参加科考的情况："开皇十六年，举秀才。时苏威监选，试拟贾谊《过秦论》及《尚书·汤誓》《匠人箴》《连理树赋》

---

① 《隋书》（卷3）《炀帝纪》（上）。
② 《唐六典》（卷2）。
③ 《唐令拾遗》。
④ 《明太祖实录》（卷22）。
⑤ 《清史稿·选举志三》。

《几赋》《弓铭》，应时并就，又无点窜。"①当时考试题型虽是默写，但主要内容还是历代流传下来的儒家经典及赋作。唐代科举的名目繁多，而在这些科目中，大多以儒家经典为考试内容和评判依据，如明经试的重要特点是要求应举者熟读并能背诵儒家经典及其注疏。宋代以降，儒家经典在科举文章命题中的主体地位愈加突出。王安石亲自注释儒经以为定本，颁行天下。元代科举考试实施的时间不长，但在考试命题时却选用了最能体现汉儒思想精髓的朱熹所著的《四书集注》作为内容范围。明代朱元璋曾特命掌管科举的礼部刊定禁约十二条，传谕天下立石于学宫，要求妇孺皆知，人人遵从。据《松下杂钞》（卷下）记载其中一条明确规定："国家命经取士，说经者以宋儒传注为宗，行文者以典实纯正为主。今后务须颁降《四书》《五经》《性理》《通鉴纲目》《大学衍义》《历代名丞奏议》《文章正宗》及历代诏律典制等书，课令生徒讲解。其有剿窃异端邪说、炫奇立异者，文虽工弗录。"②清代命题内容与明代一脉相承，"承明制用八股文。取《四子书》及《易》《书》《诗》《春秋》《礼记》五经命题，谓之制义。"③清代还编就了《钦定四书文》，供考官出题和士子应考之用。科举文章命题之所以以儒家经典为核心内容，固然与儒家思想在封建社会的统治地位密切相关，同时也是直接服务于选拔为政人才这个考试目的的，正如唐太宗在科考后喜言："天下英雄入我彀中！"④

（三）以特定文章体式为命题重要载体

"文章（文体）是科举考试的载体，一定程度上可以说是科举制度的核心。"⑤科举文体有"策""论""诗歌""赋""经义""八股文""箴""表""赞""判"等（墨义、帖经等属于非文章考试体裁）。"策"是科举考试中最早的常用文体之一，主要考察、检测应试者分析和解决问题的能力。"策"提出有关现实的政治时务或经史中的问题，考生以议论文方式应答。"论"与"策"的相近，侧重于考察士子的知识面及对问题的看法。"试律诗"是在格律诗基础上产生的，近于排律，韵脚有限制，为五言六韵或八韵，其考题多为古人诗句或成语，前冠"赋得"二字，因称"赋得体"。"律赋"是科举考试所用的有一定格律的赋体，与汉魏以来的古赋、

---

① 《北史》（卷26）。

② 刘虹．中国选士制度史［M］．长沙：湖南教育出版社，1992：320．

③ 赵尔巽．清史稿［M］．北京：中华书局，1976：3147．

④ 《唐摭言》（卷1）。

⑤ 汪小洋，孔庆茂．科举文体研究［M］．天津：天津古籍出版社，2005：1．

骈赋有所不同，而与试贴试类似，都是注重声音对偶用韵的韵文文体。"经义"作为一种考试文体，产生于北宋王安石的科举考试科目改革。"经义"与"论"相似，只限于用儒家经书中文句命题，令应试者作文，阐明其中的义理。明清时代，在诗、赋与策、论、经义的基础上，形成了高度程式化的考试文体——八股文。八股文通常由破题、承题、起讲、入手、起股、中股、后股、束股等八个部分组成，其中起股、中股、后股、束股又各由两股排比对偶文字组成，共八股，故而得名。通篇要求文章连贯顺畅，结构严谨缜密，搭配整齐巧妙。作者不能随意发表自己的见解，而必须"代圣人立言"，以程朱理学家的经注作为阐发儒经义理准绳。"箴""表""赞""判"等则属于应用文体，其中"箴"用于规诫，"表"用于臣民对皇帝的奏议或陈述，"赞"以称颂为主，而"判"则是唐代吏部试中的专用文体，属于判断刑狱案件的评语。科举文体是在多种文学体裁的基础上发展、演变而来的，它受客观文学潮流变化、考试主办者的选才要求以及选拔性考试的演化规律等因素影响而不断发生变化。

二、科举文章命题的演变轨迹

(一) 考试科目由繁趋简

科举制在其存在的 1300 年间，不同时期和不同地区的统治阶层根据各自的人才需要和应举者的个性才能，设立了名称繁多的科举考试科目。据初步统计，科目总数达 300 左右，[①] 涉及常科（常年按制度举行的科目）、制科（由皇帝临时下诏举行，目的在于选拔各类特殊人才，没有形成完整的制度）、武科和为统治阶层子弟与外国学子开设的特殊科目等四大类，其中绝大多数科目必须通过文章考试，因此考试科目的设置对文章命题的内容与形式的选取有着直接而深刻的影响。科举制兴盛、完备于唐代，唐代的考试科目也最多。常科主要有秀才、明经、进士、明法、明书和明算六科，六科中规模最大的当数明经和进士两科，"而明经之别，有五经，有三经，有学究一经，有三礼，有三传，有史科"，[②] 贞观二年还加上了《开元礼》。此外，还有选拔军谋宏远堪任将帅的武举和以《老子》《庄子》等道家经典为

---

① 刘海峰. 科举术语与"科举学"的概念体系 [J]. 厦门大学学报（哲学社会科学版），2000（4）：85.

② 欧阳修《新唐书》。

考试内容的道举。唐代的制举科目数量有数十种之多。① 唐代的考试科目内容囊括了国家社会、政治、经济、军事、文化、科技和民俗等各个领域。从宋代开始，考试科目逐渐减少，宋代制科已不常举行，明清则偶尔为之，无足轻重。宋代废除明经，进士科尚有经义、诗赋之分；元以后至明清，仅存进士一科，只选拔"经明行修"之士，其他各种人才，均排斥在科举之外。清末，在列强"坚船利炮"攻击下，清王朝也开始认识到自然科学的重要，并于 1888 年开考算学，1903 年开考经济特科，但为时已晚。

（二）命题内容由博趋窄

随着考试科目的由繁而简，科举文章命题内容相应地发生了变化。唐代不仅有以儒家经典为命题内容的明经科和以算经十书为命题内容的明算科，还有要求举子有广博的知识和阅历的博学宏词科。唐代的博学宏词科考试内容是试文三篇，诗、赋、论各一。对于博学宏词科考试内容与范围之宽广、要求之高，李商隐有一段评论："夫所谓博学宏词者岂容易哉？天地之灾变尽解矣，人事之兴废尽究矣，皇王之道尽识矣，圣贤之文尽矣，而又下及虫豸草木，鬼神精魅，一物已上，莫不开会"。② 当时的科举考试命题内容涉及历史、文学、哲学、刑法、农业、军事、财政、数学、书法艺术、品德行为和礼仪等各个领域，上至天文，下至虫豸，几乎无所不包，足见内容之广博。但到了明清的八股文取士，诗赋文学、农业科技等许多内容被排除在科举考试之外，命题内容变得十分狭窄。并且，随着考试制度的成熟与发展，儒家经典内容也发生了变化。儒家经典学说一直是科举文章命题的核心内容，虽然儒学在教育内容上形成了重视人文政务，轻视物理自然，贬抑生产技艺的价值取向，但"儒家学说在本质上是无碍于科学发展的，其求知的世俗性、理性化方法和探索精神，恰正是后来进行科学研究的宝贵遗产。"③儒家学说具有各种不同的历史先例、哲学流派和对儒家学说的不同解释，如由于儒家经典流传久远，不仅经文本有古文、今文之分，而且同一部经又有多家注释，体例也多，诸凡注、义疏、笺、正义、疏证等等不一而足，从而

---

① 唐宋人对制科数目所作的记载存在分歧，《玉海》卷 5《选举》记为 59 科，《唐会要》记为 63 科，《困学记闻》卷 14 记为 86 科，而南宋赵彦卫的《云麓漫钞》卷 6 记有 108 科。当代学者黄留珠在《中国古代选官制度述略》中将唐代制举科举分为 9 类 77 科，许友根则把唐代制科举科目分为 9 类 138 科。

② 《全唐文》（卷 776）。

③〔美〕吉尔伯特·罗兹曼. 中国的现代化［M］. 国家社会科学基金"比较现代化"课题组，译. 南京：江苏人民出版社，1988：284.

在中国传统学术内部为各种各样的立场和观点提供了争辩的广阔领域。但元代以来用程朱理学解读经典，把某一种观点当做绝对权威，儒学因此为适应考试而丧失了原本缤纷的色彩和内在活力，走向僵化甚至僵死。

（三）命题限制由宽趋严

科举开创之始，文章命题的限制较少，随着科举制的发展，命题限制日趋严格，涉及内容、体裁、字数、题解（立意）、文风等诸多方面。以清代为例，《四书》文写作要求是：体裁用八股；字数限 700；作文不许离题意，题解以朱熹《四书章句集注》为准；文风必须是"清真雅正"，以《钦定四书文》为准。《五经》文写作要求是：体裁用八股；字数限 700；作文不许离却题意，题解《易》以程颐传、朱熹本义为准，《书》以蔡沈传为准，《诗》以朱熹集传为准，《春秋》以赵安国传为准（后有变），《礼记》以陈浩集传为准，文风以《御纂四经》《钦定三礼》为准。试帖诗写作要求是：体裁用五言八韵唐律，官韵只限一字，为得某字，取用平声，诗内不许重字；按题做诗；必须庄重典雅，切忌纤佻浮艳。策的写作要求是：体裁用策，逐条回答；对策内不许援引本朝臣子人品学问，要引经据典阐述观点；殿试答案要以历朝流传诵习的晁错、董仲舒、刘贲、苏轼等人的文章为范文，并允许有"通达治体，学问淹通"的贡士在此基础上"发抒"，不拘限字数，但最短者不能低于千字。此外，对试卷缮写也有严格要求：卷首书写姓名、籍贯、年龄、出身、三代履历和所习的经名，书法要工整，字迹不得潦草，试文要点句钩股，如发现有题字错落、字句不完整、中间有空页、涂抹污损严重、全篇所用虚字相同、表遗漏皇帝年号、策题讹写以及行文中不避庙讳、御名、至圣（孔夫子）讳，均以违制论处，并张榜公布，予以除名处罚。

三、科举文章命题的兴衰启示

考试出现的根本原因在于对人在国家治理、社会发展中特殊价值认识的升华，考试演变的根本动力是人的发展与进步的需要，考试的社会功能是选拔"人"，考试的核心要素是"人"，充分体现人本化精神，理当成为一切考试的根本宗旨。作文是考试的重要方式和内容，其特质是人的一种生命实践形式，因而，作文命题尤应以人为本，体现人本化精神。反观科举文章命题 1300 年的经世历程，其兴盛衰亡的演化轨迹，归根结底是封建统治精英阶层"人本"认识及其实行途径决策的变化所致，它给我们今天的考试作文命题至少有如下启示：

（一）考试作文命题应以多元的人才评判标准为引领

人才观决定考试观，考试观体现人才观。人才评价甄别标准直接影响到考试文章的命题。科举创立之初，旨在革除前朝人才选任"上品无寒门，下品无世族"之积弊，以求广开才源，"唯才是举，知人善任，用其所长"①"选天下之才为天下之务"②。此种创制宗旨既符合人才生存分布的规律，也反映了当时社会对人才的实际需要。在这种人才观引领下的前期科举文章命题，激发了广大士子们的自主进取热情，对封建社会的人才发展产生了极其巨大的推动作用。但到了北宋中叶以后，随着封建官僚政治体制的高度完备，统治阶级对人才发展规格及人才价值取向的认识逐步走向模式化、极端化，认为唯官是才，是才即是官，"只有政治性的人才方是人才"③，即便是"德才兼备"这条选拔政治人才的基本标准，在实际操作中也往往被异化了，"德"（道德教化）的作用被无限拔高了。无论是朱元璋的"以德为本，而文艺次之"，还是康熙帝提出的"以德化民"，其主旨无不在强调"德"的主导地位。同时认为，凡人才当属"通儒"，只有"完全具备经典知识，以及由此产生的、适合于一个有教养的人的思考方式"④，才是理想的、符合选拔标准的人才。"而在人才价值的取向上，则将入仕做官视为人才发展价值的唯一进取目标。"⑤ 这一方面造成了科举文章命题与社会多样性的人才需求的远离，使其逐步失去赖于延伸拓展的原动力；另一方面，又强化了科举文章命题的单一性和排他性，将非政治性命题置于选择范围之外，从而削弱了自身存在和发展的社会价值。社会需求是多元的，人才也应是多层次、多维度的。当然，高层次的人才必须是德才兼备、全面发展的，不过，人才的"德"在多数情况下往往不是一两篇作文所能检测评判的，因此，在命题价值取向上过于强调"德"（思想性）是不可取的。

（二）考试作文命题要以学生智力和心理检测为准绳

多层次、多维度的人才特征，无疑要求考试作文命题应具有内容的广博性和形式的多样性。但是，为适应大规模考试选拔人才的要求，考试文章命题又必然要克服盲目性、随意性，逐步走向规范化。况且，过于宽泛的考试命题不仅会加大考生的负担，也不利于考生的学习。唐代科举科目一度繁

---

① 转引自冯天瑜. 中华文化史［M］. 上海：上海人民出版社，1991：569.

② 王全书，等. 中国历代荐贤纳贤故事［Z］. 郑州：河南人民出版社，1984：197.

③ 杨齐福. 科举制度与近代文化［M］. 北京：人民出版社，2003：131.

④ 〔德〕马克斯·韦伯. 儒教与道教［M］. 南京：江苏人民出版社，1995：143.

⑤ 廖平胜. 科举考试的人本视角［J］. 湖北招生考试，2005（8）：16.

多，文章命题内容相当丰富，但到唐后期出现因不同科目、不同考试内容而划分政治派别的现象，形成植党营私、考试不公的局面。同样令人始料不及的是，七百年之后，科举文章命题却走向另一个极端。常科只剩下进士一科，文章命题内容一次再次地被"修枝剪叶"，仅限于《四书》《五经》，形式只重视八股文体。文章命题内容狭窄和形式僵化不仅束缚了举子的思想自由，同时也导致所选人才缺乏实用性，科举选才的标准与科举选才的目标难以相符。明代士大夫，"问钱谷，不知；问甲兵，不知！"① 清代士子，"考其学习，科举之外，无他业，窥其志愿，求科名之外，无他志也。"② 从科举文章命题演变轨迹中不难发现，过宽或过窄的命题都会导致选才、育才的弊病丛生。那么，该如何把握这个"度"呢？进士科的社会地位之所以能在唐代中期超过明经科，其内在原因是明经科的命题偏重于经义知识，而对考生解决问题的能力考察不力。进士科考诗赋的范围广泛，不仅能考察举子的形象思维，还可以通过时务策考察举子对政经时务的见解。钱穆说："唐代考试主要偏重于诗赋，此层亦有种种因缘。……诗赋出题无尽，工拙易见，虽则风花雪月，不仅可以窥其吐属之深浅，亦可测其胸襟之高卑。……诗赋当时不失为一项最好的智力测验与心理测量的标准。"③ 据此可知，作文命题内容与形式的选取要让考生根据实际问题提出自己的看法和观点，有发挥能力的余地，能够促进考生智力和心理的全面发展。当今部分高考作文命题存在着两个极端：要么是宽泛无边（譬如话题作文，有人说话题作文是个筐，什么东西都可以往里装），要么是过于狭窄（有的文题追赶时尚，紧跟政治口号，紧贴前沿科技）。这不能不引起我们的重视。

（三）考试作文命题要以人与社会的发展为旨归

科举考试在创设之初能够不拘于形式，选拔了各种各样具有真才实学的人才。随着竞争的日趋激烈，科举考试强化了各种规范与限制，开始片面追求考试的形式公平。且不说考试实施过程的严之无理、控之无情，单从八股文深深烙上的"标准化"印记就可见一斑。不可否认，从自由写作到按要求作文，科举文章命题有日益求工的趋势，内里也蕴含着前人对通过量化评价增强科举考试的客观性、公正性追求，而且也曾起到了积极作用。"就内容而言，不仅可以统一人们的思想、有利于强化封建统治，还可以划定考试

---

① 《明史》（卷252）.

② 龚自珍. 龚自珍全集［M］. 上海：上海人民出版社，1975：334.

③ 钱穆. 国史新论［M］. 北京：三联书店，2001：281.

范围和标准；就形式而言，八股文不仅可以防止作弊，考题标准化与评卷客观化，又可以相当程度考测士子的文化水平。"① 随着时间的推移，标准化文章命题的消极影响逐渐凸现，时间越长，积弊越深，危害愈重。作为一种文体，八股文可以说是一种创造，但千万人为之，就成祸害。"文章无定格，主一格而后为文，其文不足言矣。……欲振今日之文，在毋拘之以格式而俊异之才出矣。"② 文无定法，一有定法，文就不成其文了；士陷于程式之文，士就不成为其士了。更为严重的是，八股文要求"代圣人立言"，用程朱理学解读经典，统一对经典的认识，这与发表内心情志、个体生命实践的作文特质是背道而驰的。用严格的程式把最丰富的人的内心世界强制性地统一起来，这无疑是走到了尽头，它的崩溃也是势所必然的。科举文章命题的发展历程让我们发现这样一个考试命题悖论：当人们采用种种限制措施，片面追求命题形式客观、公平时，则这项考试活动就会因脱离人与社会发展需求而偏离其选才的本意。考试文章命题走向客观、公正有其内在轨迹，对文章命题进行合理的规范与限制也是考试的必然要求。但是，这种规范与限制只能是考试的手段，而不能成为考试的目的。一旦客观、公平成为考试作文命题的首要价值选择，那么，它必然使写作偏离作文的特质，考试也就无法实现选拔真才实学这个根本目的，而这场考试最终也难以体现客观、公平了。

考试出现的根本原因在于对人在国家治理、社会发展中特殊价值认识的升华，考试演变的根本动力是人的发展和进步的需要，考试的社会功能是选拔"人"，考试的核心要素是"人"，充分体现人本化精神，理当成为一切考试的根本宗旨。

第二节 中学作文命题的艰难发轫

中学作文命题从古代仕途功利主义向现代实用主义演化并非偶然，而是时代和社会发展的必然、教育发展的必然。鸦片战争一方面将中国推向半殖民地半封建的社会，另一方面又激起了传统社会的死水微澜，促成中国社会的全方位转变。在中国社会政治、经济、文化思想前所未有的深刻变革中，

① 刘海峰. 科举考试的教育视角［M］. 武汉：湖北教育出版社，1996：95.
② 顾炎武. 日知录集释（卷16）［M］. 郑州：中州古籍出版社，1936：389.

作为培养人才的封建传统教育也面临着前所未有的现代化挑战。中学作文命题的发轫与上述大背景相同。

一、停科举与科举文章命题之终结

在封建社会上升发展的时期，科举制适应了封建社会中央集权制度的需要，有力地促进了社会政治结构的稳定。由于其本身的封建主义属性，由于封建统治精英阶层对"人本"认识及其实行途径决策的偏失，科举制在明清时期经过短暂的鼎盛发展期之后已与时代的发展不相适应，成了社会对新知识、新人才需求的障碍，成了新式教育发展的桎梏，并在一个关键的位置上掣肘着中国社会的现代转型。

就科举命题内容而言，儒家经典自始至终是其核心内容，尤其到了明清时期，更是发展到几乎就是考对经义的记背，达到了"非圣人之言不言，非经中之语不用"的地步，儒家经典成了陈腐、僵死的教条。"四书熟，秀才足"，士人们为了中试入仕，不得不将大量精力花费在背诵有关制义范本上，结果不但对经世实学毫无所知而且缺乏真才实学，更谈不上了解和掌握日益东渐的西方现代科学了。颜元认为，"仙佛之害，止蔽庸人，程朱之害，偏迷贤知"。① 龚自珍认为，程朱理学教育出来的人大都是"生不荷櫌耡，长不习吏事，故书雅记十窥三四。昭代功德，瞠目未睹，上不与君处，下不与民处"。"左无才相，右无才史，阃无才将，庠序无才士，陇无才民，廛无才工，衢无才商，序无才士，抑巷无才偷，市无才驵，薮泽无才盗。"② 科举命题内容的僵化和封闭，有利于封建王朝统治者培养、选拔出驯服、愚忠的官吏，但与社会发展所要求的开放、革新精神格格不入，更遑论人的自由与全面发展了。

就科举命题形式而言，明清科举虽沿用唐、宋旧制，而试士之法却大有变更，最突出的是实行八股文取士。"破题、承题、起讲、领题、起股、中股、后股、束股"成为考试文体的定制，非八股文章一概不录，更甚者，连有文字笔画错误的好文章也不能录取。从14世纪至19世纪的五百年间，世界文明由彼此隔绝走向高度融汇，发生着质变性的突飞猛进，而正是在这个关键的时代，明清广大的知识分子却俯首于专制，埋头于八股时文，使"聪明才智之士，一生有用之精神，尽消磨于无用八股之中。"清初顾炎武

---

① 《习斋年谱》（卷下）。
② 龚自珍. 龚自珍全集［M］. 上海：上海人民出版社，1975：6.

曾痛心疾首地说："八股之害，等于焚书。而败坏人才，有甚于咸阳之郊，所坑者非但四百六十余人也！"① 八股文的考试封闭了考生的思想，也封闭了传统中国社会与世界的交流，使这种本来极富生命力的科举考试制度最终沦落为除了能够为读书人提供当官的机会之外，对人与社会发展并未产生任何积极作用。

1840 年第一次鸦片战争中国的惨败，英国"坚船利炮"的震撼，使清政府中一些开明的官僚和一些先进的知识分子开始认识到科举、八股之弊，要求改革科举。1895 年，严复在《救亡决论》中写道："天下理之最明而势所必至者，如今日中国不变法，则必亡而已。然则变将何先？曰，莫亟于废八股。"② 1898 年，康有为、梁启超等公车上书《请变通科举折》中说："窃顷者强敌交侵，割地削权危亡岌岌，人不自保。皇上临轩发叹，天下扼腕殷忧，皆以人才乏绝，无以御侮之敌，然尝推求本原，皆由科第不变致之也。"③ 1901 年 7 月，慈禧决定"以策论试士禁用八股程式"：

> 科举为抡才大典，我朝沿用前朝旧制，以八股文取士，名臣硕儒，多出其中。其时学者皆潜心经史，文藻特其余绪。乃行之二百余年，流弊日深，士子但视为弋取科名之具，剿袭庸滥，于经史大义，无所发明，急宜讲求实学，挽回积习。况近来各国通商，智巧日辟，尤贵博通中外，储为有用之材，所有各项考试，不得不因时变通，以资造就。著自明年为始，嗣后乡、会试，头场试中国政治、史事论五篇，二场试各国政治、艺学策五道，三场试"四书"义二篇，"五经"义一篇。考官阅卷，合校三场，以定去取，不得全重一场……以上一切考试，凡"四书""五经"义均不准用八股文程式，策试均应切实敷陈，不得仍前空衍剿窃。自此次降旨之后，皆当争自濯磨，务以"四书""五经"为根柢，究心经济，力戒浮嚣，明体达用，足备器使。④

到 1902 年秋，顺天、江南等 12 省补行庚子、辛丑正并科乡试，就按照上年秋天上谕，都改为以策论试士：最重要的一场（头场）考史事事物论，

---

① 金净．科举制度与中国文化［M］．上海：上海人民出版社，1990：215．
② 李调元《淡墨录》（卷13）。
③ 中国史学会《戊戌变法》（二）。
④ 《光绪朝东华录》（四）。

题目大都出自汉、唐、宋的史事。以顺天科举文章命题为例，分别是：《汉高祖命叔孙通起朝仪论》《汉文帝诏议可以佐百姓者论》《唐太宗命王珪品藻群臣论》《宋仁宗除越职言事之禁论》《宋仁宗诏天下州县立学行科举新法论》。嗣后到废除科举前举行的三次乡、会试：1903 年癸卯春补行辛丑、壬寅并科会试，癸卯秋各省恩科乡试和 1904 年甲辰恩科会试，也都是考的事务论策。

禁八股程式，用意为"明体达用，足备器使"，这一目的无疑是值得肯定的。"其中所言'策试均应切实敷陈，不得仍前空衍剽窃'，尤其能切中写作和写作教学之要害，这对写作风气的转变，写作教育的改革，有其积极的意义"。① 然而，禁八股程式后的科举命题内容与形式仍未跳出科举窠臼，千呼万唤所禁的八股，只不过又回到了北宋之论、策，这与"储为有用之材"的改革目标相距甚远。

1905 年 8 月 2 日，直隶总督袁世凯会同盛京将军赵尔巽、湖广总督张之洞、两江总督周馥、两广总督岑春煊、湖南巡抚端方等几乎所有重要封疆大员从人才培养的紧迫性出发，以科举"阻碍学堂，妨碍人才"，合奏力请"立停科举，以广学堂"，认为"科举一日不停，士人皆有侥幸得第之心，以分其砥砺实修之志。民间更相率观望，私立学堂者绝少，又非公家财力所能普及，学堂决无大兴之望。就目前而论，纵使科举立停，学堂遍设，亦必须十数年后，人才始盛；如再迟至十年始停科举，学堂有迁延之势，人才非急切可求，又必须二十余年后，始得多士之用。"所以"欲补救时艰，必自推广学校始，而欲推广学校，必先自停科举始。"② 此时的清朝政权已经风雨飘摇，面对如此众多疆吏之坚请，顽固守旧分子已经无力抗拒，1905 年 8 月 4 日上谕："兹据该督等奏，称科举不停，民间相率观望，推广学堂必先停科举等语，所陈不为无见。著即自丙午科为始，所有乡会试一律停止，各省岁科考试亦即停止。"③

停科举，从制度上宣告了科举文章命题的终结。

二、定学制与中学作文命题之发轫

停科举，客观上有利于中学作文命题内容与形式的更新和充实；而定学

---

① 潘新和．中国现代写作教育史 [M]．福州：福建人民出版社，1997：7．
② 舒新城．中国近代教育史资料（上）[M]．北京：人民教育出版社，1961：63—64．
③ 舒新城．中国近代教育史资料（上）[M]．北京：人民教育出版社，1961：66．

制，则对现代中学作文命题的发轫提供了合乎教育科学规律的有力保障。

科举年代，学校教育无一例外地成了科举制度的附庸，特别是明清时期，八股文写作训练成了语文教育乃至整个学校教育的中心。"读'四书'（指《论语》《孟子》《大学》《中庸》），只为八股之题目，读'五经'（指《诗》《书》《礼》《易》《春秋》），只为八股之材料。而三代以下之书，皆可以不读"。① 所学知识与人的发展的多元需求脱节，所考内容与社会的发展的多样需求脱节，最终使教育失去了对人的发展的促进功能，失去了对社会进步的引导功能。

到 19 世纪末，面对清末掀天揭地而来的变局，时人思想无论新旧，朝野一致要求仿效西方，进行改革，以救国救民。康有为 1898 年 5 月上书光绪帝，极力推崇西方的学校教育，盛赞欧美各国"创国民学，令乡皆立小学，限举国之民，自七岁以上必入之，教以文史、算数、舆地、物理、歌乐，八年而卒业，其不入学者，罚其父母。县立中学，十四岁而入，增教诸科尤深，兼各国文，务为应用之学。"② 在中西文化差异的严酷事实面前，康有为、梁启超等维新派思想家不仅主张学习西方的科技，学习西方的政治思想和社会科学，而且主张教育改革，废除科举制度，建立新式学校，以培养实用人才。这样，在教育内容方面，《四书》《五经》垄断教育内容的局面再也无法继续下去了。1898 年 5 月 22 日，清帝谕："将各省府、厅、州、县现有大小书院，一律改为兼习中学西学之学校。"意谓将省会的大书院改为高等学堂，郡城的书院改为中等学堂，州县的书院改为小学堂。

晚期新式学堂的兴办，起源于 1862 年的京师同文馆。此前虽有传教士在华举办的各种教会学校，如澳门马礼逊学堂、杭州之江学堂、宁波崇德女校等等，但都属于临时性学校，其无一不是为了传教士们在华传教提供便利所办，对中国传统教育并无太大影响。京师同文馆是中国近代第一所外国语学校，也是中国传统的封建教育向近代高等教育转化的历史起点。京师同文馆先后开设了英文、法文、俄文、德文、日文、算术等馆，培养相应文种的译员。入学的学生也必须具有较好的中文基础，入学后还要在专职的中文教师的指导下学习中文，并接受中国封建传统礼教习惯的培养。

---

① 参见沈云龙. 近代中国史料丛刊续编（第 66 辑 651 册）[M]. 台北：文海出版社有限公司，1983：77.

② 康有为. 请开学校折 [Z]. 中国史学会. 中国近代史料丛刊：戊戌变法（二）[M]. 上海：神州国光社，1953：218.

在维新变法运动中，改良派创办了近百所新式学堂。最负盛名的当属由康有为于 1891 年兴办的"万木草堂"，其办学宗旨是：培养人才，组织力量为维新变法服务。该校改变了旧式书院的讲学传统，不一味要求学生潜心训诂，而是关心国家大事，学以致用。开设的主要课程有：（1）义理之学：孔学、佛学、周秦诸子学、宋明学、泰西哲学；（2）考据之学：中国经学、史学、万国史学、地理学、数学、格致学；（3）经世之学：政治原理学、中国政治沿革得失、万国政治得失、政治应用学、群学；（4）文字之学：中国词章之学、外国语言文字之学。此外，还规定有课外学科，分演说、札记、体操、游历等。其中，"中国词章之学"即作文教学，而与此密切相关的课外学科诸如"演说""札记"等则在实践上拓展了作文教学的内容和形式。

1901 年，清政府颁布"兴学诏书"，提出"兴学育才，实为当务之急"，着手兴办新式教育。1902 年，清政府颁布了由张百熙拟定的《钦定学堂章程》，产生了新的系统的学制，即谓"壬寅学制"。该章程规定了中学课程有 12 科：修身、读经、算学、词章、中外史学、中外舆地、外国文、图画、博物、物理、化学、体操。"读经"一科，兼有思想品德教育和语文教育功能。除"读经"外，还单独设置了"词章"科，并分学年规定"词章"科的教学内容。

1904 年元月，清政府又颁布了由张之洞、张百熙、荣庆合订的《奏定学堂章程》，成了我国第一个经正式颁布后曾在全国范围内实际推行的学制，人称《癸卯学制》。《奏定学堂章程》把小学教育规定为两级 9 年：初等小学堂 5 年和高等小学堂 4 年。初等小学堂入学年龄为 7 岁（即满 6 岁），在规定的 8 门必修课程中，有读经讲经、中国文字两门与语文教育相关的课程。高等小学堂的入学资格为初等小学堂毕业，在规定的 9 门课程中，也有读经讲经、中国文学这两门与语文教育相关的课程。中学堂学制 5 年，在 12 门课程中，继续开设读经讲经、中国文学课程。中国文学（"中国文字"）的内涵与现代的语文学科相近，由此开创了我国语文学科单独设科之先河，使语文教育从与经学、史学浑然一体中走向独立，形成了一门独立的学科。该学制对语文学科教学第一次作出明确的要求，包括教学内容、目标、时间、方法都用章程这一法则形式作出规定。《奏定中学堂章程》给作文教学以足够重视，并对作文命题提出了具体要求：

入中学堂者年已渐长，文理略已明通，作文自不可缓。凡学为文之次第：一曰文义；文者积字而成，用字必有来历（经史子集及近人文集皆可），下字必求的解，虽本乎古亦不骇乎今。此语似浅实深，自幼学以至名家皆为要事。二曰文法；文法备于古人之文，故求文法者必自讲读始，先使读经史子集中平易雅驯之文；《御选古文渊鉴》最为善本，可量学生之日力择读之（如乡曲无此书，可择较为大雅之本读之），并为讲解其义法。次则近代有关系之文亦可浏览，不必熟读。三曰作文；以清真雅正为主；一忌用僻怪字，二忌用涩口句，三忌发狂妄议论，四忌袭用报馆陈言，五忌以空言敷衍成篇。

……其作文之题目，当就各学科所授各项事理及日用必需各项事理出题，务取与各学科贯通发明，既可易于成篇，且能适于实用。①

"癸卯学制"的颁布以及随后所实行的一系列措施产生的影响是深远的，它奠定了国文教育的基础，打破了儒家经典一统天下的局面，勾勒了现代作文教学的基本轮廓，标志着现代中学作文命题的发轫。

第三节　中学作文命题的传统承绪

科举制度虽然废除了，但千百年来的科举考试思想已渗透到中学作文教学的四肢百骸中，停科举并没有为现代中学作文命题清空场地；新学制颁行了，但中学作文命题从一开始就不是脱胎换骨，而是与传统科举文章命题有着千丝万缕的联系。正如叶圣陶先生所言："八股文不要了，科举废除了，新式教育兴起来了。新式教育的目标虽各有各说，但有一点为大家所公认，就是造就善于处理生活的公民。按照这个目标，写作既是生活上不可缺少的一个项目，自该完全摆脱八股的精神，顺着自然的途径，消极方面不阻遏发表的欲望，积极方面更诱导发表的欲望，这样来着手训练。无奈大家的习染太深了，提出目标是一回事，见诸实践又是一回事。"②

---

① 课程教材研究所．20 世纪中国中小学课程标准·教学大纲汇编（语文卷）［M］．北京：人民教育出版社，2001：269．

② 叶圣陶．叶圣陶语文教育论集［C］．北京：教育科学出版社，1980：438．

一、中学作文命题的承绪特点

（一）重经史策论，轻应用文题

"清末学堂初设时，所出文题大半为经义策论，如：《学而时习之说》《秦皇汉武论》《开通民智策》等，几乎触目皆是。民国初年，其风一变。然史论文题，尚占多数，而说革命说共和之抽象题，十居三四。教师以空泛题相授，学生给空泛文相应，不切实用。"① 这种命题状况，著名作家茅盾在《我走过的道路·学生时代》中也有记载。1909 年夏季，茅盾从植材高等小学毕业了，时年 13 周岁。在高等小学最后一年，茅盾作了两册《文课》习作，37 篇作文，一万六千多字。这些习作中，有史论 17 篇，如《秦始皇汉武帝合论》《燕太子丹使荆轲刺秦王论》等；时论 6 篇，如《青镇茶室因捐罢市平议》《文不爱钱武不惜死论》等；修身论 6 篇，如《有不虞之誉有求全之毁论》等；另有策论 2 篇、散文 1 篇和古文字训释 1 组（6 则）。茅盾曾回忆说："每星期写一篇史论，把我练得有点老气横秋，可是也使我的作文在学校中出了名，月考和期末考试，我都能带点奖品回家。"② 阮真在《时代思潮与中学国文教学》一文中也有类似描述。他回忆说，宣统三年，山会县立师范的入学考试，只有两场国文，不考英算科学。两场国文的题目，都是从《四书》中来的。第一场题目是《嘉善而矜不能义》，第二场题目是《柳下惠不去父母之邦论》。作者认为这很能代表当时中学注重国文而尤注重读经的情形了。③

特别值得重视的是，阮真先生曾于 1930 年出版了《中学作文题目研究》一书。写作前，作者广泛调查，搜集作文题目的原始资料。一是向粤、桂、闽、浙、皖、赣等省的各中学发调查表，共发 270 余份，每份要求录出不同时期作文题 100 个。虽然调查表收回不多，但也搜集到 1000 多个作文题目。二是搜集各书局历年选辑的全国中学生作文，从中共录得题目 5000 多个。两项相加共 6000 多道作文题目。阮先生在《自序》中说："从六千多文题中客观研究所得之结果，或亦有比较正确之价值。自信可较凭空臆想之立论，按类虚构之题目，为有研究价值。"阮先生搜集的作文题目和研究成果无疑成为后人进行相关研究的宝贵历史资料和学术凭借。

---

① 李杏保，顾黄初. 中国现代语文教育史 [M]. 成都：四川教育出版社，2000：52.

② 转引自车胜国. 作文命题的"金科玉律" [J]. 语文学刊，2006（8）：34.

③ 阮真. 时代思潮与中学国文教学 [A]. 顾黄初，李杏保. 二十世纪前期中国语文教育论集 [C]. 成都：四川教育出版社，1991：600.

阮真先生对卢寿籛选辑的由崇文书局出版的《全国学校国文成绩文库甲编》一、二、三集中所录作文的文题做统计分析。该书所收作文系"中华民国"五年至九年的各省中等学校及大学专门校预科学生所作，共 1670 道，全是用文言文写作。作者对这些题目作分类研究，分经论、史论、通论、陈说、辨释、答问、感言、书启、杂记、游记、序跋、书后、传状、杂文等十四类，以考察各文体权重。需要说明的是，研究者对作文题目的分类虽然比之其前要简单了些，但尚嫌繁琐，也欠科学。有的似按体式来分，又似按题材来分，这样的分类容易抵牾、混杂，不易区分。如果按表达方式将十四类再作概括，形成若干上位概念，再以此统率十四小类，就会显得系统、贴切。另外，研究者还对这些题目分等鉴别，把各类文体的题目，按标准分成甲、乙、丙、丁四等，以判别题目的优劣（见表 1 - 1）。研究者认为，在"中华民国"十年以前，各中等学校作文教学，一仍旧观，无所变革，故划分为一期。

表 1 - 1　中华民国五年至九年作文题目分类、分等统计①

等别 类别	甲等题数	乙等题数	丙等题数	丁等题数	各类数统计	百分数
1. 经论类	0	44	66	38	148	08.86
2. 史论类	7	30	131	106	274	16.41
3. 通论类	13	26	63	27	129	07.73
4. 陈说类	15	48	109	49	221	13.23
5. 辨释类	0	7	26	9	42	02.52
6. 答问类	5	9	23	9	46	02.75
7. 感言类	0	24	32	3	59	03.35
8. 书启类	4	57	112	38	211	12.63
9. 杂记类	23	63	84	21	191	11.44
10. 游记类	0	27	49	3	79	04.31
11. 序跋类	8	26	29	9	72	04.31
12. 书后类	0	32	46	4	82	04.91
13. 传状类	0	12	45	10	67	04.01
14. 杂文类	0	16	31	2	49	02.93
各类统计数	75	421	846	328	共计 1670 题 100%	
百分比	04.49	25.21	50.66	19.64	共计 1670 题 100%	

① 阮真. 中学作文题目研究［M］. 上海：民智书局，1930：83 - 84. 笔者对表名做了改动。

分类统计结果如下：1. 经论类（附经义）共 148 题，占 8.86%；2. 史论类（附合论）共 274 题，占 16.41%；3. 通论类（合广论时论原理）共 129 题，占 7.73%；4. 陈说类（附杂说）共 221 题，占 13.23%；5. 辨释类共 42 题，占 2.52%；6. 答问类共 46 题，占 2.75%；7. 感言类共 59 题，占 3.35%；8. 书启类（和书牍通启文告）共 111 题，占 12.63%；9. 杂记类共 191 题，占 11.44%；10. 游记类（附旅行记）共 79 题，占 4.31%；11. 序跋类（附赠言寿序）共 72 题，占 4.31%；12. 书后类共 82 题，占 4.91%；13. 传状类（附行述及碑志哀祭）共 67 题，占 4.01%；14. 杂文类共 49 题，占 2.93%。由上观之，论说体之文题占了大多数：1、2、3、4、5、6 各类均为论说体，共 860 题，占总数 51.50%；记叙文题，尚不及论说体之半数：9、10、11、13 各类均为记叙体，共 409 题，占总数 24.49%；其他各体合计之文题，也不及论说体之半数：其他 4 类合计 401 题，占总数的 24.01%。而论说体之文题，光是经论（附经义）、史论（附合论）2 类，共有 422 题，占论说题数 49.07%，占总数的 25.21%，即全部 1670 道作文题目中，有四分之一强属经论题。总的看来，议论（经史策论）文题占多数；记叙文题数较议论文题减少一半；应用文题，实居末位；而其他 7 类仿古文之杂体文题合计，则所占地位亦不弱。

（二）**轻生活经验，脱离社会实际**

与重经史策论相一致，清末民初的中学作文命题在内容上便是轻视学生的生活经验，远离社会现实。阮真先生对这 1670 道作文题进行了等级鉴别，结果是：甲等题为 75 题，占 4.49%；乙等题为 421，占 25.21%；丙等题 846 题，占 50.66%；丁等题 328 题，占 19.64%。甲乙二等题（指较好的），仅占 30% 弱；丙丁二等废题，占 70% 强。之所以多数文题被列入丙丁等级，因为这些文题大致有如下几种弊端：一是纯粹的八股题，如经论类中的《鲁平公将出义》《梁亡义》《齐人伐燕取义》等题，题目中不含意义，要熟读经书人从上下文去着想做文，这是八股题目截头截尾的办法。二是与现代思潮不合，难免迂腐；或无意思可发挥，没有做文的价值。如史论类中的《吕后武后合论》《诸葛武侯七纵七擒论》《汉高帝斩丁公论》等文题。"史论题和各类题目比较，最占多数（指丙丁等级），何以可取的题目这样少？这因为许多因袭的陈死题目，不能引起学生作文兴趣和动机，不能为作文教学上良好的刺激物，只能强迫学生做些空文，炒写陈言滥调罢了。"①研究者并不根本反对出史论题，不过主张出史论题要注意题中所含的问题，题目在现代的价值。他认为出史论题要改变出题的方式，要使学生有问题可以研究，有新意可以发挥。三是题目欠妥，使人无从下笔，如通论类中的《社会之生活观》，不知如何观法？《战争之评判》，又不知从何事评判起？而《学业成熟之女师范》，又知要从哪一方面着想？四是文人雅事文题，不符合实际生活应用，如书启类中的《探梅》《赏菊》《看荷》《采兰》《玩月》《消寒》等文题。研究者以为教育家并不反对文人雅事，不过在他看来，应用的书启题，更要注重生活上的应用。在中学生丰富多彩的生活中，文人雅事仅占极小部分。总而言之，列为丙丁等级的作文题目多是对学生的学习和生活需求关注不够。

中学作文命题重经义策论、轻生活经验的特点，亦可从当时学人对国文教学，尤其是对作文命题的批评中反映出来。沈颐先生在《教育杂志》上撰文说："句读之未明，字义之未通，而强使成篇，则安见其有济乎。至于一般同蹈之病，则好为策论文字，上说千古，横说五洲，不问其言论之合于事实与否，而徒求其文章之可喜，卒之文章愈奇，其去事实也愈远。试思小学生徒，见闻既隘，智识无多，安足与于论议之林。"② 作者根据学生的身心发展特点，指出中小学作文不宜多写空泛无实的议论文题。这在旧式学塾痼弊未改的清朝末年，无异于创新之见。蒋维乔先生在《教育杂志》上发表了《论小学以上教授国文》一文，对作文教学，特别是作文命题发表了独到的见解。"夫文章体制，有知的文章、情的文章、美的文章。知的文章，所以表吾人之理性，以交换思想，故以明晰为主。情的文章，所以表吾人之感情，使读者心中激昂，故以势力为主。美的文章，所以表吾人之嗜好，本夫明晰势力，而加以锻炼修饰，务使辞藻秀美，音响圆转，以取读者之娱乐，故以优丽为主。"③ 与文章的内涵特征相关，作者认为，作文教学也应有三个层次："学文之道，其始则求明晰以适日常之应用，小学校学生所有事也。进而则尚势力，中学校学生所有事也。又进而取优丽，则文学者

---

① 阮真．中学作文题目研究［M］．上海：民智书局，1930：47.

② 沈颐．论小学校之教授国文［A］．顾黄初，李杏保．二十世纪前期中国语文教育论集［C］．成都：四川教育出版社，1991：2-3.

③ 蒋维乔．论小学校以上教授国文［A］．顾黄初，李杏保．二十世纪前期中国语文教育论集［C］．成都：四川教育出版社，1991：5.

之事，而非人人所必需也"。① 作文不是文学创作，学生特别是中小学生不是不可以写文学作品，但显然不宜以此为主要内容，而应着重于"知的文章"和"情的文章"。遗憾的是，现实作文教学还远未做到这一点。"吾甚慨今之为国文教育者，多误用其方法，而忽视青年之日月也……至如教者命题，好为高远，不问学生之能解与否。学者作文，不审题目之本意，习为滥调，爱国、救国、合群、自立等名词，摇笔即来，几于无一题不用，无一篇不同。"② 钱基博对怪诞题目充斥作文教学课堂的现状也甚为不满，"吾睹世之为小学讲师者矣，辄不量学童为年力所限，好为宽博无涯涘之题，使之作为文字。有所谓《御盗策》者，有所谓《维持国货论》者，有所谓《军警保卫治安说》者，美其名曰使学生留心时务，其实不过便学生捃取报纸一二口头禅，习为浮议，以省教师之删改而已。"③ 他又说，"予迩日所目睹一校作文有题曰'说水'、'说火'，又见一校其作文标题有曰'水之自述'，博诚不知水火从何说起，水又若何诩诩自述以鸣其得益，……然此特题之浮浮无畔岸，不足养成学生观念之正确耳，抑犹未足为病也。所可异者，一校作文又有题曰'纪梦'，曾不知所谓梦者，果为谁某之梦，岂师有所梦乎？抑学生梦乎？已觉了不可解。及检其文字，大率梦一老人教读书，作学生自记语气。夫学生无此梦而疆使之记，是明教为狂言也。"④ 清末民初大而无当、空洞无物的作文题目，实际上反映出作文教学还没有走出科举八股的阴霾，还没有破除科举作文"代圣人立言"的思维框架。

二、中学作文命题的承绪原因

（一）学习内容以经义为主

我国自古以来就重视"读"对"写"的促进作用，把"多读"视为"写好"的重要条件，即强调通过吟哦、朗咏、诵读让学生直觉体悟言语规律从而达到语言运用。所谓"熟读成章""熟读唐诗三百首，不会作诗也会

---

① 蒋维乔. 论小学校以上教授国文 [A]. 顾黄初，李杏保. 二十世纪前期中国语文教育论集 [C]. 成都：四川教育出版社，1991：6.

② 蒋维乔. 论小学校以上教授国文 [A]. 顾黄初，李杏保. 二十世纪前期中国语文教育论集 [C]. 成都：四川教育出版社，1991：7.

③ 钱基博. 国文教师私议 [A]. 顾黄初，李杏保. 二十世纪前期中国语文教育论集 [C]. 成都：四川教育出版社，1991：27.

④ 钱基博. 论学校作文之文题 [A]. 转引自曾毅. 20世纪中国语文教育批判研究 [D]. 华东师范大学博士学位论文，2006：38.

吟""读书破万卷，下笔如有神""劳于读书，逸于作文"即是。从《奏定中学堂章程》到《国文教科书》无不强调以读促写，特别是强调读经促写，"文法备于古人之文，故求文法者必自讲读始，先使读经史子集中平易雅驯之文"①　"学生至入中学堂，多读经书，渐熟故事，此时急宜授以作文之法。"② 学生的学习内容直接影响到中学作文命题。

　　清末学制的制定在中国教育近代化发展中具有标志性意义，但清末新政毕竟是封建王朝在垂亡时的自救运动，在这一历史背景下形成的清末学制也不可能不受到封建思想的支配。1904 至 1909 年间，高等学堂考录入学的统一标准即"品行端正，中国经史文学确有根底"的中学堂及同等毕业生。在中学课程设置上的表现，便是经史策论依然占据语文课程乃至全部课程内容的重要位置。1904 年颁布的《钦定学堂章程》开设读经讲经和中国文学（"中国文字"）两门与语文教育有关的课程。《奏定高等小学堂章程》规定："以《诗经》、《书经》、《易经》及《仪礼》之一篇为高等小学必读之经。总共四年，每年除假期外以二百四十日计算，每日约读一百二十字，每年应读二万八千八百字，四年应共读十一万五千二百字。"③ 从课时安排看，"读经讲经"一科每周 12 小时，占总学时的 1/3。《奏定中学堂章程》规定："因学生皆系高等小学毕业者，故应读《春秋左传》及《周礼》两部，每日读二百字，每年除各假期外，以二百四十日计算，应读四万八千字，五年应共读二十四万字。"④ 从课时安排看，"读经讲经"一科每周 9 小时，占总学时的 1/4。《奏定学务纲要》第九条强调："中小学堂宜注重读经以存圣教。"并认为："中国之经书，即是中国之宗教。"⑤ 这实际上是依然试图通过读经来维持封建帝制。读经在中学生的学习中占据如此重要的地位，作文命题不可能不受其影响。

　　清末编辑出版的中学国文教科书数量不多，质量也不高。光绪三十三年（1907 年）商务印书馆出版的《中学国文读本》（林纾编）和光绪三十四年

---

　　① 课程教材研究所. 20 世纪中国中小学课程标准·教学大纲汇编（语文卷）[M]. 北京：人民教育出版社，2001：268.
　　② 吴曾祺. 中学国文教科书 [M]. 上海：商务印书馆 [Z]. 1908：编者"例言".
　　③ 课程教材研究所. 20 世纪中国中小学课程标准·教学大纲汇编（语文卷）[M]. 北京：人民教育出版社，2001：8.
　　④ 课程教材研究所. 20 世纪中国中小学课程标准·教学大纲汇编（语文卷）[M]. 北京：人民教育出版社，2001：268.
　　⑤ 舒新城. 中国近代教育史资料 [M]. 北京：人民教育出版社，1981：200.

（1908 年）商务印书馆出版的《中学国文教科书》（吴曾祺编）是当时最为通行的中学国文教科书。林编《读本》的选文种类比较繁多，几乎涉及古文各个种类，目的是使"读者稍知其门径"。所选文体各朝代有所侧重：清、元、明、宋（杂记）；唐（杂记、论辩）；六朝文（书牍）；秦、汉、三国（奏议）。整套书选文的文体篇数位于前三位的是杂记类（70 篇）、书牍类（46 篇）、论辩类（44 篇），这在一定程度上体现了"官私实用"的编写目的，但唐诗、宋词、元曲等作为中国古代文学的重要组成部分，竟无一选入，无疑是一大缺憾。《读本》的古文内容涉及比较广泛，但主要是社会伦理方面的内容，科学艺术方面的内容几乎没有。吴编《教科书》共 5 册，700 余篇，皆为文言文，不选诗歌和骈体文。在文章的选择上，注重文章的"道"，尽量选对学生有一定教化功能的作品。如第二册中与人物有关的文章共 37 篇，主要是人物传记、墓志铭、碑表，这些文章多是颂扬"仁、义、礼、智、信"。最后，编者还单独选编了《方孝孺家人箴》一组家训箴言，着重进行伦理道德教育。清末中学国文教科书有这样一些共同点："一是所选都是文言；二是编法仿效文选旧制，类似于《古文辞类纂》《经史百家杂钞》；三是编排多用时代逆序；四是编制目的在于让学生大量学习古今名家范文，学会写各类常用文章，以便登上仕途。"① 教科书的选文倾向当然也影响着中学作文命题的内容与形式。

（二）教师水平参差不齐

新式学堂兴办及学制改革是中国近代教育史上的重要变化，但新式教育体制并非一纸诏书即可在短期内完成，传统教育形式（私塾、书院等）未即刻退出历史舞台，近代教育因此呈现新旧并存的二元格局，无疑也影响到清末民初中学国文教师群体素质。

清朝末年，兴学堂面临两难处境，当时的清政府一没资金，二缺师资，而"求师之难尤甚于筹款"。② 如何解决师资短缺问题？新教育势在必行，刻不容缓。为了解决这一难题，只好采取多种方式，广开渠道，吸纳利用各种人才。首先是创办师范学堂，专门培养师资；其次是吸收归国留学生充任教职；再次是改造塾师。包括塾师在内的旧时文人在学堂初兴之时无疑是教师群体的主要组成部分。据统计，1907 年，全国中小学教员 56% 是旧式文人；到 1918 年，全国高等、国民小学才基本上实行了教师全部来自于学校

---

① 周庆元. 中学语文教材概论 [M]. 长沙：湖南出版社，1994：46.
② 舒新城. 中国近代教育史资料（上册）[M]. 北京：人民教育出版社，1961：58.

毕业生的目标。① 清末民初师资来源的多样性形成了其新旧杂糅的构成特征，既有来自旧营垒的传统文人，又有正处于"蜕变"阶段的学堂毕业生和归国留学生，他们由于共同的事业走到一起，形成了一个新旧交织、成分繁杂的职业群体，体现了社会转型期事物的复杂性和多样性。

　　与教师群体的构成特征一致，教师的国文教学水平也参差不齐。茅盾先生在《我走过的道路》里回忆说，在湖州的学堂里，一位秀才出身的周先生讲解《孟子》中"弃甲曳兵而走"一句，把"兵"解释为兵丁，说"战败的兵，急于逃命，扔掉盔甲，肩背相摩，仓皇急走，就好像一条人的长绳，被拖着走"。有的学生觉得他讲错了，就向他提出质疑，"他硬不认错，直闹到校长那里"。校长"大概觉得不能让老秀才在学生面前丢脸"，就说："可能周先生说的是一种古本的解释吧"。② 文化发达的湖州地区，尚不乏头脑冬烘、抱残守缺误人子弟者，在偏远、闭塞的广大农村，就可想而知了。清末的国文教师大多为旧时文人，"有学生不满意教师的选文、题目、改作，背后给教师加上'悖哥'、'老悖'、'呆举人'种种绰号；有时文卷批得坏了，还在自修室发出不平的呼声：'呜呼！吾岂老悖也哉！'""那时（指民初）学生对于国文教师，也有很多不满意的表示。国文教师往往被加上'头脑腐败'、'思想陈旧'、'两脚书橱'种种的徽号。"③ 夏丏尊在《我的中学时代》一文中回忆他在绍兴学堂的国文教师时说："国文是一位王先生教的，选读《皇朝经世文编》，作文题是《范文正公为秀才时便以天下为己任》《士先器而后文艺》之类。"④ 黄炎培于 1914 年考察内地教育时曾谈到："不惟教授法无可观，即其思想亦少嫌陈腐。譬如作文命题，往往是三代秦汉间史论，其所该笔，往往短篇之东莱博议，而其评语，则习用于八股文者为多。"⑤ 当时的安徽寿州蒙养学堂教员权骍也感言："余观近日之教初学者，多喜仍私塾之旧。与生徒作文时，所命之题率为抽象的论说体，不问生徒之程度及适用与否，总以为不若是即不能谓之文题矣"。⑥ 即便思想新

　　① 直隶教育厅. 中国民国七年分直隶教育统计图表（第三编）［Z］. 1918：59 - 66.

　　② 李树. 中学语文教学百年史话［M］. 济南：山东人民出版社，2007：9.

　　③ 阮真. 时代思潮与中学国文教学［A］. 顾黄初，李杏保. 二十世纪前期中国语文教育论集［C］. 成都：四川教育出版社，1991：601 - 602.

　　④ 傅国涌. 过去的中学［M］. 武汉：长江文艺出版社，2006：4.

　　⑤ 黄炎培. 考察本国教育笔记［A］. 参见朱有瓛. 中国近代学制史料（第 3 辑上册）［M］. 上海：华东师范大学出版社，1990：297.

　　⑥ 权骍. 教育实验心得［A］. 转引自贾国静. 私塾与学堂：清末民初教育的二元结构［J］. 四川师范大学学报（社会科学版），2002（1）：103.

颖的国文教师，其作文命题也未必适合中学生写作。胡适在《胡适自传·在上海》写到了他就读的澄衷学堂国文教师，"人都说他的思想很新，我去看他，他很鼓励我，在我的作文稿本上题了'言论自由'四个字""有一次，他教我们班上买吴汝纶删节的严复译本《天演论》来做读本，这是我第一次读《天演论》，高兴得很"，"他出的作文题也很特别，有一次的题目是《物竞天择，适者生存，试申其义》"，"这种题目自然不是我们十几岁小孩子能发挥的，但读《天演论》，做'物竞天择'的文章，都可以代表那个时代的风气"。①

（三）教学规范尚未建立

禁八股、废除科举，导致旧式作文教学规范的崩溃，而为"实用"的新的作文教学规范建立则须假之以时日，不可能一蹴而就。在这样一个新、旧交替与嬗变的时期，人们对作文教学并不了然，一些研究也还处于探索和实验初期，成败是非尚难定论，这就必然造成作文教学的混乱局面。②

1902年颁布的《钦定学堂章程》中作文教学是单独设科的，在小学堂称"作文学科"，中学堂称"词章"学科，大学堂或称"词章"或称"作文"学科。1904年颁布的《奏定学堂章程》中，则不再独立设科，而是与读法、书法等一并归入"中国文字"或"中国文学"学科中，称为"缀法"或"作文"。民国初年，1912年颁布的《小学校教则及课程表》和《中学校令施行规则》等课程标准，则归入"国文"学科，称为"作法"。可见，这一时期的作文课程在名称上是较为混乱的。这种现象在学科初创时是在所难免，但同时也反映了人们对现代作文和作文教学的认识还比较模糊。黎锦熙在《国语的"作文"教学法》一文中是这样表述的：

> 在小学国语科，作文向来称"缀法"（北京各小学校课程多用此称，实在是当初从日本寻常小学课程中沿袭而来的。可是"缀文"一词，其来已久，如《汉书》"自孔子后，缀文之士众矣"。缀文即"属文"，缀［业メ乁］属［业メ］是一声之转。《汉书·贾谊传》"年十八，以能诵诗书，属文称于郡中。"《史记·贾生传》作"属书"，属书即今所谓"缀字"，缀辑字句以成文也。）但法令上，如旧学制《国民学校令》则称"作法"（这个名称，在日本是怕与修身科的作法相混，

---

① 傅国涌. 过去的中学［M］. 武汉：长江文艺出版社，2006：9.
② 潘新和. 中国写作教育思想论纲［M］. 北京：人民教育出版社，1998：168.

所以不用。中国当初定学校课程时，将修身科的作法改为"礼仪"，——于是就把国文科的缀法改称为作法了）而新学制《小学国语课纲要》草案则称"作文"。综合说来，缀法、缀文、作法、作文四个名称，还是缀法这个名称好些。因为所缀所作，在初年级并不尽是用符号标记出来的"文"，大部分还只是"语言的活动"，故不将"文字"表著出来，而只称"缀法"，可以使这名称的界说多包容初年级的那一部分，而且称用时可以减少那一定要执笔为文的误会。所以"作文"这个名称虽然觉得直截了当，但不如向来沿用的"缀法"意正词严。①

　　这段文字清楚地解释了"作文"这个词语产生和被使用的经过，其中谈到的"缀法"一词非常准确地概括出了基础阶段作文的活动特征，但这个特征是针对人的活动而言的，而不是以作文作为直接的描述对象。那么，什么是作文？什么是作文教学？从黎先生的描述和同期其他研究文献中我们还是不能找到答案。

　　这一时期作文教学虽然已有单独的教材，但作文教学基本上还是依附于读本。教法上也还是传统的"读读学学、模模写写"，学生作文时教师略加提示，没有太多的道理可说。正如蒋仲仁先生所言："作文全是仿作，没有什么观察、调查，什么记一个人、记一件事这些进步的方法。作文全用文言，不准用白话，连标点符号也没有。读的全是文言嘛，把读过的文言词句搬一些来就是作文。"② 现代作文教学研究也刚刚起步，虽然在《教育杂志》《中华教育界》《新青年》等刊物上发表的有关国文教学方面的文章有数十篇，但对作文教学实践的指导作用还十分有限。民国初年教育部发布的一份文件称："至于国文一门，教者应不患无人，惟于教育原理，鲜有研究，教授方法，都不适宜，于教育前途，至为阻碍。"③ 这实际上表明真正懂得国文教学的人并不多。

　　由以上可知，语文独立设科后的作文命题仍以经史策论为主，仍然强调伦理教化，同科举文章命题的思想是相一致的，这是其因袭传统、维护传统

---

① 张鸿苓，李桐华．黎锦熙论语文教育［C］．郑州：河南教育出版社，1990：154 – 155.

② 蒋仲仁．学文杂忆［A］．参见刘国正．我和语文教学［Z］．北京：人民教育出版社，1984：381.

③ 教育部．1912 年 12 月教育部咨各省师范及小学注重国文手工图画音乐［Z］．参见自朱有瓛．中国近代学制史料（第 3 辑上册）［M］．上海：华东师范大学出版社，1990：127.

的一面。"制度的改变总比思想的改变要容易得多。我国科举制度作为一种制度清朝末年就消亡了，但是与科举制度相伴的教育思想作为一种传统的教育思想，仍有可能在人们的头脑中残存下来。"① 阮真先生在研究民国初年的中学作文题目时也说："概览各类题目，在此可以发现封建思想，名教思想，做官思想，以及文雅享乐思想，此其影响直可及于整个教育，非仅及国文一科。可见当时中国国文教学中，科举教育和旧式教育之因袭的势力甚大也。"②

第四节　中学作文命题的现代变革

语文独立设科后的中学作文命题虽有承袭传统的一面，但显示出的生命活力则是其变革的一面。在"经世致用""中体西用"等思想的影响下，出于对科举文章命题的有力矫枉，"实用"思想逐渐成为中学作文命题的主导思想。在清末民初的一些重要教育法规上，中学作文命题的"实用"思想有了较为明确的体现，而在当时的作文教学实践中，也出现一些可喜的变化。

一、教育法规对作文命题的实用规范

（一）作文教学目的实用规范

作文教学目的往往决定作文命题的价值取向。科举考试是为了选拔为政人才，因而科举文章命题必然要遵循科举人才选拔法规，各类封建旧式学校的文章教学也都无可例外地要服务于这一目的。科举制废除之后，作文教学的目的何在？1904 年 1 月 13 日颁布的《奏定学堂章程》《奏定学务纲要》对此都有阐述。《奏定高等小学堂章程》在"中国文学"科目下规定："其要义在使通四民常用之文理，解四民常用之词句，以备应世达意之用。"③"四民"指士、民、工、商，也就是普通百姓。这项规定要求通过中国文学的教学，使学生能够理解和运用日常应用的语言文字，以备实用。《奏定中

---

① 徐梓．蒙学读物的历史透视·总序［M］．上海：湖北教育出版社，1996：2.
② 阮真．中学作文题目研究［M］．上海：民智书局，1930：313.
③ 课程教材研究所．20 世纪中国中小学课程标准·教学大纲汇编（语文卷）［M］．北京：人民教育出版社，2001：9.

学堂章程》在"中国文字"科目下规定："入中学堂者年已渐长，文理略已明通，作文自不可缓。……以清真雅正为主：一忌用僻怪字，二忌用涩口句，三忌发狂议论，四忌袭用报馆陈言，五忌以空言敷衍成篇。"①《奏定学务纲要》对作文目的阐述得更为明确："中国各种文体，历代相承，实为五大洲文化之精华。且必能为中国各体文辞，然后能通解经史古书，传述圣贤精理。……假使学堂中人全不能操笔为文，则将来入官以后，所有奏议、公牍、书札、记事，将令何人为之乎？行文既不能通畅，焉能畀以要职重任乎？惟近代文人，往往专习文藻，不讲实学，以致辞章之外，于时势经济，茫无所知。宋儒所谓一为文人，便无足观，诚痛乎其言之也？"② 民国初年的教育法规，也同样注重作文的实用性和应用性。1912 年 12 月教育部订定的《小学校教则及课程表》，"教则"第三条规定："国文要旨，在使儿童学习普通语言文字，养成发表思想之能力，兼以启发其德智。"③ 1912 年 12 月，教育部还公布了《中学校令施行规则》，第一章第三条规定："国文要旨在通解普通语言文字，能自由发表思想，并使略解高深文字，涵养文学之兴趣，兼以启发德智。"④ 从历史检视中，我们可以看出，自 20 世纪之初语文单独设科以来，作文教学就被纳入语文学科课程之中，而在中学阶段尤为重视。就作文教学目的而言，从清末到民初，从"章程"到"纲要"都鲜明地体现出"实用"特点。这些都表明，作文教学已逐步从徒尚虚言，以谋求功名利禄为目的，转向以日常文字的应用和实用为目的上来。值得注意的是，1912 年中华民国建立之后，教育部效法日本教育制度，由蔡元培主持制订新学制，由此带来了语文学科中作文教学观念与作文内涵上的新变化，作文教学不仅要"实用"，而且要"能自由发表思想""兼以启发德智"，这在一定程度上体现了资产阶级革命家要求张扬个性的民主教育观，同时，一定程度上也揭示了作文的生命实践本质特性，为下一历史时期作文教学、作文命题的革新与跨越奠定了基础。

---

① 课程教材研究所．20 世纪中国中小学课程标准·教学大纲汇编（语文卷）[M]．北京：人民教育出版社，2001：268 - 269.

② 璩鑫圭，唐良炎．中国近代教育史资料汇编（学制演变）[M]．上海：上海教育出版社，1991：493.

③ 课程教材研究所．20 世纪中国中小学课程标准·教学大纲汇编（语文卷）[M]．北京：人民教育出版社，2001：11.

④ 课程教材研究所．20 世纪中国中小学课程标准·教学大纲汇编（语文卷）[M]．北京：人民教育出版社，2001：272.

（二）作文命题内容的实用规范

清末民初的重要教育法规对作文命题内容也有相应要求。《奏定高等小学堂章程》在"中国文学"科目下规定："篇幅宜短，总令学生胸中见解言语郁勃欲发，但以短篇不能尽意为憾，不以搜索枯窘为苦。"① 这里虽然是着眼于作文篇幅，但也间接地反映了作文命题的内容要求，即命题要贴近学生学习、生活实际，有利于学生发表胸中见解。《奏定中学堂章程》在"中国文学"科目下规定："……二曰文法；文法备于古人之文，故求文法者必自讲读始，先使读经史子集中平易雅驯之文；《御选古文渊鉴》最为善本，可量学生之日力择读之（如乡曲无此书，可择较为大雅之本读之），并为讲解其义法。次则近代有关系之文亦可浏览，不必熟读。……其作文题目，当就各学科所授各项事理及日常必需事理出题，务取与各科贯通发明，即可易于成篇，且能适于实用。"②《奏定初级师范学堂章程》也规定："自然进功之法有二：一，熟读；二，拟古（文章乃虚灵之物，其佳否半由自悟，不能尽教；惟诵读极熟，兼常令拟古，则自能领悟进益。拟古谓古有此题此文而拟作之，或古有题无文而代补之，如《代秦报吕相书》之类）。其作文题目，当就各学科所授各项事理及日常必需事理出题，务取与各科贯通发明，即可易于成篇，且能适于实用。"③ 无论是《奏定中学堂章程》还是《奏定初级师范学堂章程》都极其重视由读到写的教育过程，也就是说清末民初的作文教学方法，继承了我国古代语文教育的优良传统——注重读写结合。既然读写结合是作文教学的基本方法，那么作文命题就要与学生平时所读的文章、所学的各科内容接近，当然，也要与学生的日常生活相接近。这实际上也体现了作文命题内容要求实用于学习、实用于生活的特点。民国初年的作文教学也重视命题内容的实用性。《小学校教则及课程表》第三条规定："国文作法，宜就读本及他科目已授事项，或儿童日常闻见与处世所必需者，令记叙之，其行文务求简易明了。"④《中学校令施行规则》第三条规

---

① 课程教材研究所. 20 世纪中国中小学课程标准·教学大纲汇编（语文卷）[M]. 北京：人民教育出版社，2001：9.

② 课程教材研究所. 20 世纪中国中小学课程标准·教学大纲汇编（语文卷）[M]. 北京：人民教育出版社，2001：269.

③ 璩鑫圭，唐良炎. 中国近代教育史资料汇编（学制演变）[M]. 上海：上海教育出版社，1991：403.

④ 课程教材研究所. 20 世纪中国中小学课程标准·教学大纲汇编（语文卷）[M]. 北京：人民教育出版社，2001：11.

定："国文首宜授以近世文，渐及于近古文，并文字源流、文法要略、及文学史之大概，使作实用简及之文，兼课习字。"① 1916年1月8日教育部又公布了《国民学校令施行细则》，与1912年的《小学校教则及课程表》中关于"国文作法"的要求完全一致。从清末至民初的这一时段，作文命题内容的实用性要求是一脉相承的。

（三）作文命题文体的实用规范

早在1902年颁布的《钦定学堂章程》中就对作文命题的文体形式有相关规定。如《钦定小学堂章程》第五节"高等小学堂课程分年表"对"作文"规定：第一年作记事之文，第二年作日记、浅短书札，第三年作说理文短篇。②《钦定中学堂章程》第二节"中学堂课程分年表"对"词章"规定：第一年作记事文，第二年作说理文，第三年学章奏传记诸体文，第四年学词赋诗歌诸体文。③ 尽管该学制未及实施，但从中还是可以发现作文命题形式（文体）有三个突出特点：（1）科举文体已被排除在作文教学之外；（2）作文文体训练遵循由易到难的顺序；（3）实用文体受到重视。《奏定高等小学堂章程》在第四节"高等小学堂科目程度及每星期教师时刻表"中对"中国文学"规定：第三年作极短篇记事文约在百字以内，第四年作短篇记事文、说理文约在二百字以内。④ 不但有文体要求，还有篇幅限制。此外，《奏定学务纲要》中对作文命题文体也有类似要求："……其中国文学一科，并宜随时试课论说文字，及教以浅显书信、记事、文法，以资官私实用。但取理明词达而止，以能多引经史为贵，不以雕琢藻丽为工，篇幅亦不取繁冗。教法宜由浅入深，由短而长，勿令学生苦其艰难。"⑤ 比较而言，民国初年颁布的《小学校教则及课程表》《中学校令施行规则》教育法规等对作文教学的规定较为笼统，但作"实用简易"文章这一点要求仍未改变。

① 课程教材研究所.20世纪中国中小学课程标准·教学大纲汇编（语文卷）[M].北京：人民教育出版社，2001：272.
② 课程教材研究所.20世纪中国中小学课程标准·教学大纲汇编（语文卷）[M].北京：人民教育出版社，2001：4.
③ 课程教材研究所.20世纪中国中小学课程标准·教学大纲汇编（语文卷）[M].北京：人民教育出版社，2001：267.
④ 课程教材研究所.20世纪中国中小学课程标准·教学大纲汇编（语文卷）[M].北京：人民教育出版社，2001：9.
⑤ 璩鑫圭，唐良炎.中国近代教育史资料汇编（学制演变）[M].上海：上海教育出版社，1991：493.

二、中学作文命题践行上的实用变化

（一）作文命题文体的实用变化

清末民初的作文命题文体，除了沿袭千余年的经史策论仍然因其惯性而大量存在，同时也出现了许多新文体，如诗歌、散文、小说等各类文学体裁。诗歌中有旧体诗、新体诗，还开始出现了白话的自由诗；散文中则有游记、抒情散文，也还出现了白话散文等；历来不被重视的小说也有了立身之地。特别是一向为科举考试所不屑的"小儿科"一类的应用文，在旧写作势力还较为顽固的阵地里冲杀出一条血路，成为中学作文文体中一道亮丽的风景。刘半农在《应用文之教授》一文中谈及了十二种作文命题方法：①出一记事文或论文题目，由学生自由作文（这是老法）；②说一段文字，令学生笔述，不许增损原义；③译白话为文言，或译文言为白话；④化韵文为散文；⑤以"讲的方面"第6条研究之结果，令学生撰为论文或笔记；⑥以一段长冗之文字，令学生删繁就简，作一短文，其字数至多不得逾原文三分之一；⑦就其专习之科目，出种种应用题目，令学生实地研习，（如记载实验，解析学理，辩论，批牍，商业通信，订立合同等，各视所专习之科目定之）；⑧以一段文字，抽去紧要虚字，令学生填补之；⑨以一篇不通之文字，——或文略已通而意义尚佳之小说杂记等，——令学生细心改订，不许搀入己意；⑩以一篇文字，颠倒其段落字句，令学生校订之；⑪以一段简短之文字，令学生演绎成篇；⑫预先指定一书，或一书之一部分，——其篇幅以一万字至三万字为限，且文义不宜高深，要以学生能自行阅看，全无窒碍为度，——令学生阅看，即提纲挈领，作一笔记，或加以论断，字数不得逾千。① 这些命题不仅角度广、题型多，而且突出实用特点。这一时期的应用文样式繁多，表达自由，形式活泼，通俗明白，既易宣泄作者的个人情绪，也易于为大众喜闻乐见。

（二）作文命题内容的实用变化

内容决定形式，形式的变化取决于内容的变化。如前所述，这一时期中学作文命题占据主导地位的仍然是经义策论（"经义"是代圣人立言、阐述四书五经的文题，"策论"是论说历史和现实问题的文题，均是封建社会科举考试文章命题的主要题型），其中还不乏纯粹的八股文题。但与此同时，

---

① 刘半农．应用文之教授［A］．顾黄初，李杏保．二十世纪前期中国语文教育论集［C］．成都：四川教育出版社，1991：66－67．

中学作文命题的内容上已隐约透出些许现代气息。主要表现在：开始由科举文章代圣人立言向联系实际接触社会转变，由禁锢于经史的书院式作文向评述时弊转变，由封闭向开放转变。因此，这一时期出现了一些有新意的文题。如《论 20 世纪之中国》《亡国之言》《试论富国强兵之道》等，是关乎民族兴衰、关乎国家存亡的评论。《文不爱钱武不惜死论》《列国对于中国经济政策之现状论》《青镇茶室因捐罢市平议》《中国宜兴人才宜除积弊说》《家庭教育说》《教育普及说》《论女子性质为天然之美术家》等，是对政治、经济、教育、职业等问题的陈说。《芭蕉花》《悲秋》等，是对亲人的怀念，是心灵絮语。诸如此类，充分表明中学作文命题开始走出了高高的"象牙塔"，走出陈腐的典籍文章，回到现实社会中来，作文命题已开始触及社会的政治、经济、文化和思想等多个领域。特别是日记、杂记、序文、书信、广告、自传、讲话稿、感言、祭文、契约等应用文体的写作就足以说明这一问题。这正是受到实用主义理论"教育正当之目的，须与物质的、精神的关于生活上的准备"，使学生能直接地或间接地受到"得生活上之实用"的影响。① 国文教师试图借助作文命题让学生熟练掌握实用文体的写作，认识到语文学习的实用意义，鼓励学生应用语文写作的能力实际解决生活中的所需、针对实事能恳切地以文字表达所思，通过这种对于语文学科内隐性价值的掌握，"学为所用"，从而适应社会实际需要。

（三）作文命题方式的实用变化

虽然给题作文是当时中学作文命题的主要方式，但一些带有尝试性或实验性的作文命题方式也开始出现。"或于教室绘声绘色，演说古人故事，使之记之惟一以庸言庸行为主，绝不取惊奇骇听之事，以偏宕失中恐多流弊也。或导游邑中名胜，如公园、图书馆、二泉亭诸处，动其愉美之感，使摹绘实境而描写之。或示以实物，如岳王精忠柏石、秦留树等，不恤口示手摹，要使人人心知其意，而记述为文，毫无模糊影响之观念。"② 潘树声也认为作文教学要突破单一的给题作文的方式，"设一事，令生徒记之，更令推考之。或由教师陈述，或与儿童问答，或径由儿童以己意说明，然后握笔为文，其先不必命题也。初等小学，有时不须命题；高等以上，俟文成而

---

① 庄俞. 采用实用主义［A］. 熊明安."中华民国"教育史［M］. 重庆：重庆出版社，1990：83.

② 钱基博. 国文教授私议［A］. 顾黄初，李杏保. 二十世纪前期中国语文教育论集［C］. 成都：四川教育出版社，1991：29.

为之标题。或令生徒按文制题，而教师订正之，以洗从前有题无文拉杂塞责之病。"① 作者认为作文教学的关键在于引导学生"化语言为文字"，作文命题要一改以往由教师命题的简单方式，要善于创设情境，或记叙，或复述，尽可能地触发学生表达的欲望。一言以蔽之，作文命题要"顺乎语言之自然"。难能可贵的是，这些新型的命题方式开始在部分中小学推行。如长沙楚怡学校"初小一二年级作文，教师在黑板上画一实物，或竟以实物令直观，发问毕，即令记述之。四年级以上各生，则令每日自写日记，授写信则给以信纸信封，令实地练习，注重格式"。② 上海尚公小学"平时于国文算术，至为注重，读法书法之外，凡遇普通应用之文字及货物之时价，日常之出纳，或特别教授，或自行练习，因之时间较多。教材有可直观者，随时示以标本模型图画，苟遇应行实地观察事物，则于课余率领学生出外游览，或参观工厂及公共场所，既归，令作记事文，不特兴味盎然，学业知识之增进，似可神速"。③

作文命题内容、文体及其命题方式的变化，致使学生作文质量发生了一些新变化。文章并非无情物，如果说过去考生士子所作的八股策论是心如止水、形同槁木的老者的话，那么这一时期的部分中学作文则成为充满朝气、流淌热血的青年，忧国忧民的澎湃情感已在学生习作中涌现，出现了不少极具思想性和战斗性的传世之作。如毛泽东的《商鞅徙木立信论》，慷慨悲歌，慨叹国家的积弱衰败，批评国民的愚昧麻木，呼吁民智开化苏醒；谢觉哉的《中国欲兴人才宜除积弊说》；鲁迅的《祭书神文》；沈雁冰的《燕太子丹使荆轲刺秦论》《悲秋》；郭沫若的《芭蕉雨》；等等，皆属于此类名篇。科举文章命题，致使举子考生埋头故纸堆中，引经据典，空谈义理，不问时事，崇尚空疏。这一时期的部分作文已不满足于在古人故事、古书典籍中游戏，开始把视角移向社会民族、子民百姓、命运前途。立诚信、哀子民、兴人才、除积弊、说文字革命、论得失成败，凡当时社会热点几乎在学生作文中都有所体现。在文章做法上，更有新的突破，一些佳作摆脱了"起—承—转—合"的旧式套路，做到了因事作文，因文而结构，了无八股气息，引导了中学作文的方向。请看，江苏明华女学张振亚的游记《燕之

① 潘树声. 论教授国文当以语言为标准［A］. 顾黄初，李杏保. 二十世纪前期中国语文教育论集［C］. 成都：四川教育出版社，1991：24.

② 蒋维乔. 湘省教育观察记［A］. 转引自潘新和. 中国写作教育思想论纲顾［M］. 北京：人民教育出版社，1998：164.

③ 尚公小学校. 私立尚公小学校一览［Z］. 上海：商务印书馆，1916：3.

矶望江记》：

> 　　长江自三狭而下，贯穿荆杨二州之境，有两大名胜焉：在武昌者曰黄鹄矶。余家世三湘，而侨寓金陵。每见钟山龙蟠、石城虎踞、银涛滚雪、铁瓮沈秋，以为天下第一壮观矣。……徘徊矶巅，久之不忍离去。嗟乎！长江如带，一泻千里，流灌七省，非内地商务之中心点乎？非中外交通之枢纽乎？未知握此权力，永为长江之主人翁者，吾中国乎？非吾中国乎？一念之此，又不禁感慨系之矣！①

　　作者首先用说明的方法，对观景的立足点作了明确的交代，继而以"每见"统领，写出了长江美景的概貌：龙盘虎踞、滚雪沈秋。并以"以为天下第一壮观矣"的感叹作为铺垫，展开对出游所见景物的细致描绘。"徘徊矶巅，久之不忍离去"——眼前的美景固然让作者流连忘返，但触景而生的忧国之思更令她驻足感慨。文章篇幅短小，字字珠玑，由景而情，借景抒情，致使本文优美而不失深沉，洗练而不失厚重。

　　20 世纪的头 15 年，可以说是我国语文教育从传统走向现代的开端时期，而中学作文教学在这一时期所奠定的基础对后来直至现在都产生了深刻的影响。但总的来说，这一时期的中学作文教学仍然没有从根本上超越传统的藩篱，在作文方法上以古文的作法为范式，在表达形式上依然以文言为正统，特别是作文命题的内容与形式的创新十分有限。

第五节　承绪变革背后的社会思潮

　　语文独立设科后的中学作文命题表现出对传统科举文章命题的承绪和变革：一方面要求袭用经义策论，强化伦理教化；另一方面要求变革空疏，注重实用。那么这种思想是如何形成的呢？我们知道，包括作文命题在内的语文教育思想只不过是整个教育思想的一个子系统，是大的教育思想的一个缩影或折射，发轫之初的中学作文命题脱离不了时代的思想环境。

---

　　① 陈军. 百年青春——中国 20 世纪中学生优秀作文精选（上）［Z］. 济南：山东教育出版社，2000：8.

一、"经世致用"思想

经世致用是儒家的传统命题，是儒家实行"治国平天下"这种政治关怀在思想史上的体现。儒家讲求"内圣外王"，"内圣"即指个人的道德修养，"外王"则指通经致用。由于受到客观社会环境的限制，"经世致用"思想在各个朝代显隐程度有所不同。清代的"经世致用"思想经历了一个跌宕起伏的变化过程。早在清初著名思想家顾炎武、黄宗羲等曾倡导"经世之学"，但在当时的高压政策之下，词章、考据、训诂之学凸显，经世之学淡出。直到嘉庆道光年间，清朝走向衰退，各种社会问题堆积如山，危机四伏，大清帝国处于"日之将夕，悲风骤至"的危局中，而在故纸堆里爬梳搜剔，是找不到解决问题的办法的。于是许多有识之士于"举国主醉之时"，怀"不胜忧虑之心"，奋起作经济世务的学问。至此，"经世致用"思想再度兴起，并成为两次鸦片战争期间的主导思想。

19世纪20年代，魏源应贺长龄之请编辑《皇朝经世文编》，标志着经世致用思想的复兴。此书收录了清初至道光皇朝的奏章、条陈、议论等有关经世致用文章2000余篇，内容涉及学术、政体、吏治、户政、礼政、兵政、刑政、工政等8个方面，为复兴之初的经世之学勾画出明确框架，体现出实用、功效、变革与进取的治学精神，从而奠定了学术领导地位。魏源、龚自珍、林则徐堪称是当时倡导经世致用之学的三位巨匠。"经世致用"思想是晚清进步思想家对儒学进行整理分析和再认识。

"经世致用"思想对晚清的教育产生了深刻影响，从某种意义上讲，也促使了中学作文命题的发端和转型。

（一）求人才，变革科举

"人才类型多元化"和"不拘一格降人才"是经世致用思想关于改革考试内容和选拔方式的主张，具体指的是把关乎国家前途以及民族命运的现实问题纳入考试范围，调整考试方式，以便多渠道选拔人才。清朝素以儒家经义与八股时文进行科举取士，其教育目标与人才选拔方式既单一又专制，没有考虑到社会对人才需求的多样性，不利于发现和培养人才。龚自珍认为士人们在功名利禄的引诱下不惜成年累月埋首于故纸堆中，去读那些空洞而无实用价值的文章，智能与人格都得不到正常的发展。他"从社会实际需求出发，从不同类型人才的分工合作上，提出了一个由相、吏、将、士、民、工、商等组合起来的人才整体结构形态"，[1] 甚至热情呼唤一个有利于

---

① 孙培青. 中国教育史 [M]. 上海：华东师范大学出版社，2000：285.

"能"才辈出的新时代的来临："九州生气恃风雷，万马齐暗究可哀。我劝天公重抖擞，不拘一格降人才。"① 魏源也积极倡导改革科举、改变人才选拔方式。他在全面考察了乾隆、嘉庆以来的人才选拔制度后指出："士之穷而在下者，自科举则以声音训诂相高，达而在上者，翰林则以书艺工敏，部曹则以胥吏案例为才，举天下人才尽出于无用之一途，此前代所无也。"② 种种表明，经世派的批判与议论，无疑为清末科举的变更和废止开启了道路，当然，也为中学作文命题的发端与转型开启了道路，特别是其倡导的多样化人才观有利于作文教学、作文命题由"应试的实用"向"应世的实用"转变。

（二）寻真知，注重实用

在经世派看来，晚清的教育内容不过是一些"无用之雕虫"和"无益之画饼"的"俗学"。怀此"俗学"的"人才"，对于社会治理和进步毫无用处。"后之人才不如古，而教之、使之，又非其道，疲精神耗日力于无用之学。"③ 为扭转这一局面，他们提出了对策。一方面，他们主张以"致用"的态度对待儒学，以现实需要对其进行取舍，④ 提醒读书人儒学不是一成不变的教条，应该认识书本与现实之间的距离，对待儒学要根据社会需要做到学以致用。⑤ 另一方面，他们反对把儒学作为唯一的教学内容，否认儒学的权威地位，告诫士子不要将儒学奉为至尊而束缚自己的思想。就教育内容而言，他们的态度是广泛选材，为我所用。龚自珍把"天地东西南北之学"和一切民生日用的知识都列为士人学习的范围。魏源在这方面更是做出了表率，他编辑的《皇朝经世文编》汇集了观点各异的文章，将通达实用的精神落实到实处。关于教学方式，他们强调实践的重要性，倡导先行后知，知从行来。魏源认为，"及之而后知，履之而后艰"，意在于行，通过感官接触求取致用知识。他还指明，通过行动所及得到的亲知比书本上得到的观念认识更为深刻："披五岳之图，以为知山，不如樵夫之一足；谈沧溟之广，以为知海，不如估客之一瞥；疏八珍之谱，以为知味，不如庖丁之一啜。"⑥ 这种求取实学的方式，已经突破了传统儒学只重视读书的套路。

① 龚自珍. 龚自珍全集（上册）[M]. 上海：上海人民出版社，1975：521.
② 魏源. 魏源集（上册）[C] 北京：中华书局，1976：163.
③ 龚自珍. 龚自珍全集 [M]. 上海：上海人民出版社，1975：116.
④ 龚自珍. 龚自珍全集 [M]. 上海：上海人民出版社，1975：117.
⑤ 魏源. 魏源集（上册）[C]. 北京：中华书局，1976：47.
⑥ 魏源. 魏源集（上册）[C]. 北京：中华书局，1976：7.

经世致用改革派寻真知、注重实用的教育思想体现了以思想道德教育为主向以综合教育为主的转变，为清末民初乃至以后较长一段时间实用化中学作文命题的滥觞奠定了基础。

（三）斥偏见，师夷长技

早在鸦片战争之前，"留心经世之务"的阮元就对后世所言的"中学""西学"有过一番辩言，指出二者皆有其长，人们不应存有"偏见"。到了鸦片战争时期，尤其战争结束之后，出于救亡图存的目的和务实致用的精神，经世派们对中、西两学的认识更有自己的主见，并且对西方的学术和技艺给予高度注意。如近代中国开眼看世界的第一人林则徐，为了抵抗和战胜西方侵略势力，在"知己知彼，百战不殆"兵法战策指导下，"日日使人刺探西事，翻译西书，又购买其新闻纸"，[①] 并根据翻译资料主编成《四洲志》，作为时人学习西方史地的最早读物。接林氏之踵并受林氏之托，魏源在《四洲志》基础上编撰成了影响中外的《海国图志》，并且提出"别开海夷译馆筹边谟"[②]，借此途径学习西学。与之同时，为了消除人们学习夷人"长技"的思想障碍，魏源还针对守旧势力愚昧狭隘的思想认识，将"西夷"之"长技"视为"奇技淫巧"的无知偏见，进行了严正地驳斥："有用之物，即奇技而非淫巧"，[③] 并且进而指出，"以彼长技，御彼长技，此自古以夷攻夷之上策"，[④] 由是发出了"师夷之长技以制夷"的先声。经世派对西学的倡导和介绍虽仅是沧海微澜，但他们在知识观上突出"经世致用"标准，不拘泥于夷夏之辩，认为西方也有可学的内容，这是促使中国中学作文命题由以儒家经典文化为中心的传统封闭型向与西方文化交流的开放型转变的重要一步。

不过，经世派始终是站在统治阶级立场上，为维护和巩固封建统治服务的，他们受传统文化的熏陶没有也不可能跳出儒学的圈子。这一思想影响下的中学作文命题当然不会也不可能与科举文章命题彻底划清界限。

二、"中体西用"思想

鸦片战争之后，随着中国民族的危机的进一步加深，一些先进的中国人

---

① 《左文襄公全集·书牍》（卷九）。
② 《魏源集·都中吟十三首》。
③ 《海国图志》（卷二）。
④ 《圣武记》（卷一四）。

开始从昏睡中惊醒，冷静地"睁眼看世界"，寻求拯时救世的良方，19 世纪 60 年代"中体西用"的思想在中国思想史的舞台上粉墨登场，并对中国近现语文教育、乃至中学作文命题产生了重要影响。

"中体西用"是"中学为体，西学为用"的节略语。人们通常将 19 世纪 60 年代初冯桂芬在《采西学议》中提出的"以中国之伦常名教为原本，辅以诸国富强之术"的观点，视为"中体西用"的最早表述，但"如果对其探本溯源，则应始于魏源的'师夷长技以制夷'的主张，'师夷长技'讲的就是'西用'的问题"。① 到 19 世纪 90 年代，发表类似观点的人越来越多，表达方式越来越明确。1892 年郑观应在《西学》篇中说："中学其本也，西学其末也。主以中学，辅以西学。"② 1895 年 4 月沈寿康在《万国公报》第 75 期上发表的《匡时策》一文中写道："中西学问本自互有得失，为华人计，宜以中学为体，西学为用。"③ 1896 年 8 月孙家鼐在《议复开办京师大学堂折》中说："今中国京师创立大学堂，自应以中学为主，西学为辅；中学为体，西学为用。中学有未备者，以西学补之；中学有失传者，以西学还之。以中学包罗西学，不能以西学凌驾中学，此是立学宗旨。"④ 最终将"中体西用"提升到理论高度的是晚清洋务派核心人物张之洞，主要体现在他的《劝学篇》中。《劝学篇》围绕"旧学为体，西学为用"的主旨，进行了集中阐述，形成了一个比较完整的思想体系。

张之洞在《劝学篇》中阐述了"中体西用"内涵："四书五经，中国史事政书地图为旧学，西政、西艺、西史为新学。旧学为体，新学为用，不可偏废。"⑤ 同时，张之洞也对"中学"和"西学"做出了明确的界定。对"中学"，他尤推崇"四书五经"的正统地位；对"西学"，他强调"西艺非要，西政为要"。他认为通"中学"是中国人之所以为中国人的基本条件，直接关系到一个人对国家、民族和祖国文明的感情，是保国、保种、保教的前提，"如中士而不通中学，此犹不知其姓之人，无辔之骑，无舵之舟。其西学愈深，其疾视中国亦愈甚，虽有博学多能之士，国家亦安得而用之哉。"⑥ 其文化防御心理不言而喻，这种文化防御心理必然限制其对西学

---

① 安宇. 中国近代文化史论［M］. 上海：学林出版社，2001：131.
② 郑观应. 盛世危言（第一卷）［M］. 北京：中华书局，1984：289.
③ 孙培青. 中国教育史［M］. 上海：华东师范大学出版社，2000：314.
④ 陈学恂. 中国近代教育史教学参考资料（上册）［M］. 北京：中华书局，1985：413.
⑤ 张之洞. 劝学篇［M］. 上海：上海书店出版社，2002.41.
⑥ 张之洞. 劝学篇［M］. 上海：上海书店出版社，2002.41.

的理性认识,把变革局限在器物层面,而不允许在制度和价值层面上有根本的突破。但是,"中体西用"思想又在客观上导致了中国早期现代化的启动。因为它毕竟冲破了顽固保守思想的禁锢,通过这一思想,西学毕竟堂而皇之被引入中国,促使洋务教育活动的全面展开,从而在客观上导致了传统教育向现代教育的逐渐过渡。

张之洞等人合订的《奏定学堂章程》便忠实地贯彻了"中体西用"精神。《奏定学堂章程折》阐述立学宗旨:"无论何种学堂,均以忠孝为本,以中国经史之学为基,俾学生心术一归于纯正,而后以西学瀹其知识,练其艺能,务期他日成材,各适实用,以仰副国家造就通才慎防流弊之意。"①可见他们既想引进西方教育体制,又希望保留传统文化精神的思路。这种思想在各学堂章程中也有所体现,如高等小学堂"以培养国民之善性,扩充国民之知识,强化国民之气体为宗旨",②中等学堂以"施较深之普通教育,俾毕业后不仕者从事于各项实业、进取者升入高等专门学堂均有根底为宗旨"。③

从课程设置上来看,《学务纲要》中明确指出:"学堂不得废弃中国文辞,以便读古来经籍。中国各体文辞,各有所用。古文所以阐理纪事,述德达情,最为可贵。骈文则遇国家典礼制诰,需用之处甚多,亦不可废。古今体诗辞赋,所以涵养性情,发抒怀抱,中国乐学久微,借此亦可稍存古人乐教遗意。中国各种文体,历代相承,实为五大洲文化之精华,且必能为中国各体文辞,然后能通解经史古书,传述圣贤精理。文学既废,则经籍无人能读矣。"④而且要求学堂注重传统文化的学习,加大各级各类学校经学课程的比例,"中小学堂宜注重读经以存圣教,外国有宗教一门,中国之经书,即是中国之宗教。若学堂不读经书,则是尧舜禹汤文武周公孔子之道,所谓三纲五常者尽行废绝,中国必不能立国矣。"⑤

《癸卯学制》在教育宗旨、课程内容设置、教学方法等方面体现的"中体西用"精神,对中学作文命题思想的承绪与变革所产生的影响是极其明显的。一方面,作文成了传载意识形态的工具,作文教学必须"以忠孝为本""自讲读始",这样作文题目必然与学生所学经义策论相联系;另一方

---

① 舒新城. 中国近代教育史资料(上册)[M]. 北京:人民教育出版社,1961:192.
② 舒新城. 中国近代教育史资料(中册)[M]. 北京:人民教育出版社,1961:432.
③ 舒新城. 中国近代教育史资料(中册)[M]. 北京:人民教育出版社,1961:606.
④ 舒新城. 中国近代教育史资料(上册)[M]. 北京:人民教育出版社,1961:202.
⑤ 舒新城. 中国近代教育史资料(上册)[M]. 北京:人民教育出版社,1961:200.

面，作文要"就各科所授各项事理及日常必需各项事理出题""能适于实用"。

清末民初以来，作为对科举教育的反拨，在"经世致用"和"中体西用"等实用性社会思潮裹挟下应运而生的近代语文教育，从为入仕转为对平民的文化救济，其基本价值定位为"谋生应世""公私实用"，中学作文教学从八股教育的"代圣贤立言"，到强调应用、实用，作文命题从科举文章命题向"实用"发展。上述变化的里程碑意义不言自明。然而，我们也应清醒地认识到，近代语文教育"实用性"取向的历史功绩与历史缺陷是并存的。由于时代思想的局限，人们没有也不可能从人的全面发展的高度审视人的价值，进而确立教育的目的；由于现代语文教育的探索还刚刚起步，人们也还不可能从"工具性"与"人文性"相统一的高度来认识语文课程性质，从而确立语文教育培育"物质人"与"精神人"相统一的价值定位。在我们今天看来，近代语文教育的应用、实用、应需这一类目的，并未全面地反映出语文教育的全部目的，它主要体现的是社会性中的功利性需求。对于人来说，社会性、功利性需求是人的不可或缺的基本需求，它满足人的生存需要，但是，它同时也是人的异己化力量，特别是当我们过于强调、追求人的功利性而忽视精神性的时候。就作文特质而言，其不仅仅具有社会性，还有人的自为性和内在需求性；就作文教学任务而言，我们不仅仅是教会学生作文，为其将来的学习和生活做准备，更在于通过作文促进学生的生命成长。如果作文命题过于强调实用性，不仅会窄化学生作文训练的路径，还可能抑制学生的作文激情，甚至变本加厉地"功利化"，把作文教学变成为政治服务的工具，变为纯粹的应试训练。

第二章
中学作文命题的探索与定型(1919—1949 年)

从 1919 年"五四"新文化运动前后至 1949 年中华人民共和国的成立这近三十年时间,是中学作文命题的探索与定型期。随着"五四"新文化运动的开始,语文教育界对中学作文命题的现代化(本土化、科学化)进行了艰难探索,初步创建了现代中学作文命题规范,中学作文命题趋向科学。作文命题的内容较为切合学生的生活与成长实际、抒写个人的生活与情感、关心人民大众的福祉和疾苦、关心祖国的前途与命运,成为中学作文命题的主旋律;命题文体日趋成熟,记叙文、议论文、抒情文等成为中学生作文的主要文体。

第一节 中学作文命题现代化探索的思想基础

"历史从来都是不可分割的,分割只是为了论述的方便。"① 我们把 1919 年"五四"新文化运动作为中学作文命题现代化探索的标志,并不意味着这以前的所有事件都是与之无关的。② 实践和行为上的自觉性源于思想和认识上的自觉性。语文独立设科乃至上溯更远至"五四"新文化运动这一段历史时期出现的政治、教育、写作等相关思想理论,都是中学作文命题现代化探索的前提条件和坚实基础。这一历史时期,民主、科学精神在中国

---

① 黄耀红. 百年中小学文学教育史论 [M]. 长沙:湖南师范大学出版社,2008:63.
② "五四"新文化运动的起止时间是 1915—1923 年。学界通常将新文化运动分成前期和后期两个时期,以 1919 年"五四"运动为分界线。前期是从 1915 到 1919 年,后期是从 1919 年开始,大概于 20 年代结束,通常没有明确的结束时间。1915 年 9 月,陈独秀创办《新青年》杂志,标志着新文化运动的兴起,提出的口号是"民主"和"科学"。

得到初步确立，国外教育理论大量输入，中国的文章写作理论繁荣发展，极大地提高了国人的语文教育认识和实践水平。语文教育专家学者和一线广大中学语文教师探索作文教学、作文命题的热情前所未有地高涨，并取得了可喜成绩。

一、民主、科学精神的确立

20 世纪初期，中国面临两大问题：一是社会制度落后，二是科学技术落后。这两大问题互为因果，制约着中国社会的进步与发展。因此，"五四"新文化运动的启蒙思想家提出了两个战斗口号：一个是民主，即德谟克拉西"德先生"（Democracy）；另一个是科学，即赛因斯"赛先生"（Science）。这两个口号，成为"五四"精神的高度概括与象征。

"民主"一词最早见于古希腊希罗多德《历史》一书，由"人民"和"统治"两词构成，指人民的统治或权力。修昔底德指出，"政权是在全体公民手中，而不是在少数人手中。"① 到 19 世纪末 20 世纪初，"民主"具有了丰富的内涵。在欧美资本主义国家中，它作为一种意识形态，表现为"人权平等"一系列原则；作为国家制度，则表现为"自由"和"民主"相结合的政治体制。在各国现代化尤其是政治民主化进程中，"民主变成了一个广受赞誉的词"。② 中国人初识民主，当在鸦片战争之后，其代表人物有魏源、徐继畲、梁廷楠等人。洋务运动之后，郑观应、王韬、郭嵩焘、汤震等一批先进人物相继介绍了西方的民主制度，并以西方民主立宪制为参照，提出了改革中国传统君主制制度的一些构想，形成了中国早期的民主思潮。辛亥革命前后，又出现了以康有为、梁启超为代表的维新派关于民权、平等、自由的宣传，形成了又一次民主思潮。在中国，民主由思想迈向行动，由思潮发展成为政治运动，则始于辛亥革命。是时，以孙中山为首的资产阶级民主革命派勇敢地进行了"共和"政治的设计和实验。

然而，我们又不能不遗憾地看到，这一时期的民主思潮和民主运动，又存在着许多局限。其中局限之一，是民主的倡导和宣传，仅局限于有识之士的著述中，局限于维新派的宪政主张、宪政活动中，局限于资产阶级民主革

---

① ［古希腊］修昔底德. 伯罗奔尼撒战争史 ［M］. 谢德风，译. 北京：商务印书馆，1960：130.

② ［美］乔·萨托利普. 民主新论 ［M］. 冯克利，阎克文，译. 北京：东方出版社，1998：6.

命派"共和"政治的设计和实验中。没有在转变传统封建观念的基础上向整个中国社会广播民主的观念和思想，没有培养出民主制度应有的社会基础和社会土壤。① 这也是戊戌变法失败、辛亥革命成果变质的重要原因。有识知识分子认识到，要巩固共和制度，实现民主政治，必须把多数国民头脑中的封建思想的影响洗刷干净，当前最重要的任务就是大力批判和清除封建专制主义思想传统，唤起国民的民主觉醒。于是，以《青年杂志》（第2卷起改名为《新青年》）的创刊为起点，民主思想骤然成为壮丽的精神日出，民主的倡导和宣传充满了各种新期刊和报刊。

"科学"一词在中国的最早出现，是在甲午战争以后。康有为在编写的《日本书目志》中，将日本汉字的"科学"译为中文。康有为也是中国最早使用"科学"一词的人。他在1898年6月进呈光绪帝的《请废八股折试帖楷法试士改用策论折》中多次用了"科学"一词："夫以总角至壮至老，实为最有用之年华，最可用之精力，假以从事科学，讲求政艺，则三百万之人才，足以当荷兰、瑞典、丹麦、瑞士之民数矣。""从此内讲中国文学，以研经义、国闻、掌故、名物，则为有用之才；外求各国科学，以研究工艺、物理、政教、法律，则为通方之学。"此后，"科学"一词经严复、蔡元培等人的推广与使用，逐渐为人们所熟知。实际上，古代中国的科学技术曾走在世界的前列，取得过辉煌灿烂的成就。但由于传统文化中狭隘的实用观念以及长期的"经解模式"的治学方式等原因，凡是与治国安邦、国计民生关系不密切的纯理论、纯知识，社会对它都缺乏应有的钻研和探究热情，一切与科学技术有关的东西只能算是雕虫小技，中国的科学技术逐渐落后于西方。

产生于欧洲的近代科学和技术在中国的传播，首先是由基督教传教士以渗透的方式输入进来的，他们的传教活动使中国人接触了西方的科学技术。当近代西方文明与殖民主义的野蛮行径同时展现在中国人面前的时候，以魏源、林则徐等为代表的地主阶级开明人士做出了"师夷长技以制夷"的抉择。随后，洋务派提出了"中体西用"的指导思想，率先将近代的科学知识纳入教学内容，并且开办了新式学校，还派遣留学生出国留学，打破了以儒学为中心的传统思想文化在中国教育中的一统天下局面，开创了中国近代科学教育的先河。而到戊戌时期，则更有严复等维新派对西方科学不遗余力

---

① 黄华文. 对五四民主启蒙运动的审视 [J]. 理论学刊, 2001 (1): 83.

的译介。值得注意的是，较睁眼看世界的中国第一批知识分子，维新派对西方科学的本性及功能的认识更为深刻。严复指出："不为数学、名学，则吾心不足以察不遁之理，必然之数也；不为力学、质学，则不足以审因果之相生，功效之互待也。"① 在此，数学、物理（力学）、化学（质学）等西方科学不仅别于具体的"器"，而且超出了"技"的层面，它实际上已开始具有某种方法论的意义。维新派使科学不再仅仅与坚船利炮等洋务实业相联系，而且直接制约着人们以什么方式来把握必然之理与因果关系。"科学"内涵的提升，意味着它开始涉足于一般观念的领域，它所要改变的，已不仅仅是对象（物），而且是主体本身（人）。"五四"新文化运动的先驱们更是将"科学"作为整体而深化为一种普遍的规范体系，一切都必须按科学行事，一切都必须以科学的原则加以裁决："今且日新月异，举凡一事之兴，一物之细，罔不诉之科学法则，以定其得失从违。"② 也正因为如此，1915 年陈独秀在《敬告青年》一文中对科学和民主大声疾呼："国人而欲脱愚昧时代，羞为浅化之民也，则急起直追，当以科学与人权并重。"③ "民主"与"科学"作为引导中华民族挣脱封建专制桎梏的两面大旗由此高高举起。

"五四"新文化运动的先驱们将民主、科学的思想观念带入到了语文教育阵地，他们倡导的白话文运动为文学革命鸣锣开道，也为语文教育革新掀起了新的一页。具有民主、科学思想的教育家们，追求民主化、科学化教育，发扬教学民主，使原有的教育改良产生了根本的变革。1915 年，任鸿隽撰文论述科学与教育的关系，主张将科学研究的方法应用于教育，他认为，"教育之事无论从何方面言之，皆不能离开科学以从事，科学之于教育上之重要，不在于物质上的认识，而在其研究事物之方法，而在其所与心能之训练。"④ 1919 年 5 月中旬，陶行知先生将"教授法"改为"教学法"，实质上，就是将民主、科学思想与民主、科学方法引进了教育领域。这一具有重大历史意义的改革，让学生从消极的教学受体转变为自动的学习主体，将教学的民主权利极大程度地赋予了学生。接着，吴研因先生力倡的"自然教学法"，彻底否定了不民主的封闭式、注入式、机械式教学方式。此

---

① 南京大学历史系，《严复诗文选注》注释组．严复诗文选注 ［M］．南京：江苏人民出版社，1975：74.

② 陈独秀．敬告青年 ［A］．胡明．陈独秀选集 ［C］．天津：天津人民出版社，1990：16.

③ 陈独秀．敬告青年 ［A］．胡明．陈独秀选集 ［C］．天津：天津人民出版社，1990：16.

④ 转引自李华兴．民国教育史 ［M］．上海：上海教育出版社，1987：217.

时，教育界更多的仁人志士将视线从"教法"研究转向"学法"研究，民主、科学教育，教学民主成了一时的风尚。

二、西方教育理论的输入

如前所述，我国中学作文命题并非"舶来品"，它脱胎于传统的科举文章考试命题，然而它的发轫、发展却无疑受到来自异域文化思潮尤其是西方教育理论的影响。西方教育理论输入到中国可以分为两个阶段三种理论。清末民初为第一阶段，主要是从日本引入德国传统教育理论；"五四"新文化运动前后至新中国成立以前为第二个阶段，有两种不同的理论同时介绍到中国：一是以美国为主的实用主义教育思想理论，一是马克思主义教育理论。①

其实，早在鸦片战争之前，西方教育理论已开始输入中国。作为中西文化交流划时代的人物——利玛窦，在1582年就来到中国。其后的二百年里，先后有近五百名传教士陆续来华传教，并带来了大量的西书、西学和西图，这其中就包括了西方教育的知识。但从总体看，这一时期西方教育理论的传入还是零星和肤浅的，处在一个启蒙性质的阶段。除了教科书的数量较大外，真正的教育专著为数极少。造成这种状况的原因，一方面固然是因为传教士的主观动机是为了宗教目的，当然以宗教书籍为主；另一方面则是国人对西方教育的认识还十分肤浅，发展新式教育的社会需要还不是那么迫切和强烈。

西方教育理论的输入在中日甲午战争之后形成高潮，尤其是到了20世纪初叶，这股传入势头通过日本媒介而迅猛上升。当时从日本输入西方教育理论主要是通过翻译日本的著作。据周谷平根据《中国译日本书综合目录》统计，自1896年至1911年，中国共译日本教育类书76种。② 这些译自日本的教育学著作主要介绍了德国赫尔巴特教育学派的理论。出现这种一边倒的现象不是偶然的。19世纪末，赫尔巴特的教育理论正在全世界风行，日本明治维新的教育改革也是以德国为蓝本。日本大批留德学生，回国以后积极宣传赫尔巴特教育理论。影响所及，中国也大量译介了赫氏学派的教育理论。赫尔巴特教育理论以心理学为基础，提出了教学的新式阶段理论，认为教学过程就是形成学生观念体系的过程，并将教学过程分为明了、联想、系

---

① 顾远明.中国教育的文化基础［M］.太原：山西教育出版社，2004：191.
② 周谷平.近代西方教育理论在中国的传播［M］.广州：广东教育出版社，1996：17.

统和方法四个阶段。这个理论概括，后来又经他的学生齐勒、来因的发展，成了五段说，即：预备、提示、联系、总结及应用。这个"五段教程"说在我国清末至五四以前的一个相当长的时期内，对中小学校的实际教学产生了全面的深刻的影响。它既然是广泛指导一般学科的教程结构，当时的语文教学当然也受到了它的影响。赫尔巴特教育理论固然有着机械主义的倾向，但在当时的历史条件下，引进他的教学论，还是有贡献的。他的理论阐明了心理学对教育学的意义，明确提出了教育性教学的主张，认为教学的首要任务是激发学生的兴趣等。这些，对于当时国文教授法和以后的国文教学法的建设有很大的启发意义。

民国初年，中国知识界、教育界的先进人物又开始接受和宣传杜威的实用主义教育思想。1912 年，蔡元培出任民国教育总长。他在制定民元学制时感到，当时中国社会的最大问题是"人民失业至多而国甚贫"，因此他把"实利主义"教育列为教育宗旨之一，认为这种创于"美洲德费伊（杜威）派学说"的教育，"以人民生计为普通教育之中坚"，实为中国"当务为急者"。① 此后的几年中，蔡元培一再通过文章和演说向国内教育界介绍杜威。紧随蔡元培之后，黄炎培也介绍和提倡"实用主义"教育。1913 年 8 月，黄炎培发表《学校教育采用实用主义之商榷》一文，批评从前的教育都是"虚名的教育"，不切实用。他主张今后教育应以"实用"为旨归，"所谓德育者宜归于实践；所谓体育者，求便于运用；而所谓智育者，其初步一遵小学校令之规定，授以生活上所必需之普通知识技能而已。"② 实用主义教育思想在中国大量传播并形成一种思潮，是在"五四"前后尤其是在杜威来华讲学之后。1919 年 5 月 1 日，杜威由北京大学、江苏教育会等五个学说团体联名邀请来华讲学。在中国两年多时间里，他发表长短演说 200 多场，其中绝大部分内容是介绍自己的教育思想。这些演说被译成中文在各种报刊上发表后，在中国社会特别是教育界引起强烈反响。杜威常说的教育格言如"教育即生活""学校即社会""从做中学""教育是经验的不断改组改造"等，在中国教育界广为流传，为人们所津津乐道。实用主义教育思想之所以在中国迅速广泛传播，是由于杜威的思想正适应了中国国内希望社会改良的要求和教育救国、教育改革的主张。杜威曾将教育看成是"人类社会进化

---

① 高平叔，编 . 蔡元培全集（第 2 卷）［M］. 北京：中华书局，1984：131.

② 黄炎培 . 学校教育采用实用主义之商榷［A］. 转引自丁平一 . 二十世纪初的唯实主义教育思想［J］. 河北师范大学学报（教育科学版），2000（4）：44.

最有效的一种工具"，而"社会的改良，全赖学校"。① 此说正合中国的资产阶级试图以教育为手段进行社会改良的思想。同时，"教育即生活""学校即社会""儿童中学"，将现实生活的内容组织到教学过程中，使学生"从做中学"等主张，也很适合当时中国教育界改革传统教育脱离社会需要、脱离儿童生活和发展、形式主义等弊端的呼声。②

在实用主义教育理论输入中国的同时，马克思主义教育理论也开始在中国传播。早在 19 世纪末，马克思和恩格斯的名字就已传入中国。20 世纪初，一些流亡日本的中国知识分子，如梁启超、朱执信和一些无政府主义者，在他们所办的刊物上介绍马克思、恩格斯的生平学说，并译介《共产党宣言》的主要内容。1911 年以后，国内的出版物也在开始陆续刊文介绍马克思和恩格斯的学说。马克思主义被作为社会变革的理论在中国真正得到传播，是在十月革命以后。1918 年底，李大钊在北京大学组织成立中国第一个马克思主义研究会；1919 年春，于《新青年》上刊发长文《我的马克思主义观》，系统介绍马克思主义学说，推动了马克思主义的深入传播。同时，陈独秀、李达、毛泽东、蔡和森、瞿秋白等一批早期马克思主义者也在全国各地积极宣传马克思主义，一些马克思主义经典著作也被译介入中国。作为马克思主义的组成部分，马克思主义教育思想也同时得到了传播，并开始影响人们的教育观念。1921 年，《新青年》8 卷 2 号、4 号和 5 号的"俄罗斯研究"专栏里，刊登了《苏维埃的平民教育》《苏维埃的教育》《俄罗斯的教育状况》等一系列介绍十月革命后俄罗斯的教育改革的文章。这表明：中国早期的马克思主义者从俄国革命看到了新社会的曙光，并且意识到中国革命要走俄国的道路；把苏联的教育改革作为马克思主义教育思想的实践，中国教育也要走俄国的道路。③ 在"五四"新文化运动中和大革命时期，马克思主义教育理论家开始运用上层建筑与经济基础关系的理论说明教育本质，提倡通过社会主义发展教育，提倡革命的青年教育，强调教育与社会的关系，乃至提出教育、教学内容与方法的改革，诸多新民主主义教育思想均已初步提出。

---

① ［美］杜威. 教育哲学［M］. 北京：北京晨报社，1920：133、160.

② 孙培青. 中国教育史［M］. 上海：华东师范大学出版社，2000：387.

③ 顾远明. 中国教育的文化基础［M］. 太原：山西教育出版社，2004：207.

三、文章写作理论的发展

1919 年"五四"新文化运动前后，在中国兴起了白话文，中国的传统写作理论也受到了冲击。而清末至"五四"新文化运动这段时期，是传统的写作理论向现代写作理论转型的时期，也可称作现代写作理论产生和形成期。在这一时期，写作理论有了突破性发展，有关写作理论的著述琳琅满目。这些著述为现代写作理论的产生作了充分的准备，也为中学作文命题的现代化探索提供了丰厚的思想土壤。

当时，在写作实践与教学领域具有广泛影响的无疑是桐城派的写作理论。桐城派写作理论的核心是方苞创立的"义法"说。所谓"义"即文章的思想意蕴，它以儒家的伦理道德特别是孔子的《春秋》之义为根柢；所谓"法"即文章的外在法则，它讲求体要规制，虚实详略，体现《春秋》的褒贬笔法。桐城派在有清一朝俨然为文坛领袖，这其中的秘诀就在于桐城之"义"与桐城之"法"。"桐城派的写作理论对写作教学的影响，其消极面是与科举文体规范相吻合的，它们在本质上都是宣扬义理，为维护封建道统服务，从这个意义上说，称之为'桐城谬种'是并不过分的。"[①] 在桐城派写作理论的影响下，中学作文命题侧重于经史策论当然就不足为奇了。

不过，桐城派也并非一成不变、一无是处。桐城派遗老在吸取前辈写作理论精华的基础上有所扬弃，且有不少创见。这从林纾的《春觉斋论文》（1916 年都门印书局出版）和姚永朴的《文学研究法》（1914 年商务印书馆出版）可见一斑。《春觉斋论文》原是林纾在京师大学堂讲授古典散文写作时用的讲义。在"述旨"篇中，林纾说："盖文者，运理之机轴，理者，储文之材料，不先求文之工，而先求积理，则亦未有不工者。"林纾所说的理主要是指儒家经义，但他强调写作教学须先从习作者的思想、学识入手，强调写作艺术积累须先求作者的立场、思想、学识的"堂堂正正"，这对中学作文教学有着十分重要的借鉴和指导意义。在《应知八则》中论"意境"时说："文章唯能立意，方能造境。境者，意中之境也，……意者，心之所造，境者，又意之所造也。"既表明意境是客观外物与作者主观内情融合而产生的一种境界，又明确了主题是创造文章意境的前提，就避免了桐城文论只以"义理、考据、词章"为古文之宗的褊狭。他推崇"后文采而先意

---

① 潘新和. 中国写作教育思想论纲 [M]. 北京：人民教育出版社，1998：32.

境"，要求作者在临文之前，先要具有一定的思想和艺术修养。林纾对写作主体身心修养的关注尤其值得赞许。《文学研究法》原是姚永朴在北京大学中学系授课时编写的讲义。此书虽为桐城派文章理论的集大成者，但作者对桐城派理论有所调整。比如，在文章根本方面，他指出："为文章者，苟欲根本盛大，枝叶扶疏，首在明道。""道"指向儒家的伦理道德，这一点是自方苞以来桐城派论文的宗旨。姚永朴又指出："其次在于经世。"这是对"明道"的深入，强调文章必须具有经纶世务的意义，是对空言性理的反驳。在明乎根本的基础上，姚永朴认为："吾辈苟从事兹学，必先涵养胸趣。盖胸趣果异乎流俗，然后其心静，心静则识明而气自生，然后可以商量修、齐、治、平之学，以见诸文字，措诸事业。"就他所提倡的"养气"而言，姚鼐、曾国藩等曾经有所涉及，但措意不多，姚永朴予以提炼概括，是对文章创作心态的强调，也是对写作主体修养的重视。

与桐城派写作理论针锋相对的是梁启超的写作理论。梁启超在写作理论上的主要成就，是他在近代文学革新的运动中，参加、发起提出"诗界革命"的口号的同时，又提出了"文界革命"的口号，开启了一代文风。其贡献大致有如下几个方面：（1）反传统的文道观，主张输入西欧新的文化思想。梁启超提出"文界革命"的口号，首先对"道"的一成不变提出疑问。他认为，变是大道，变才可以"振刷整顿""日趋完善"。中国传统的"道"即儒家经典思想，也在变，那么文章的内容也要变。在新形势下，这一"变"的重要表现，就是要以西欧的文化思想融入文章的写作之中。（2）反对八股文，否定桐城派古文之法。梁启超用讽刺的语气指出了八股文的弊端，痛快淋漓地历数八股取士的误人、误国之罪。同时，他对桐城古文也持否定的态度，他明确反对桐城文论要求作文必要"立一定之准绳"的僵化方法，强调写文章时要有真情实感溢于胸中，任凭自己的感受化为文字，行诸文章。（3）主张言文一致，创立报章体散文。他以进化论的观点，看出文言文向白话文转化是历史发展的必然趋势，又认为文字宜简，文言合一，文章俗语化，这样能普及思想文化。他还创造了一种"报章体"散文文体。这种文体的写作超脱了古代散文的限制，用"言文参半"的形式，宣传维新变法的思想，具有强烈的政治色彩。

这一时期，还出现了一部系统探讨文字和文章规律的专著，即来裕恂的《汉文典》（1906 年商务印书馆出版）。该著作分为《文字典》与《文章典》。其中的《文章典》按照进行一篇文章写作所涉及的工作，分四卷——

予以阐释。《文章典》的价值不仅仅在于其规模宏大、理论体系完善，更重要的是对文章写作的规律有一些独到的认识。譬如，在《文诀》中，他说："诀者，巧也。孟子曰：梓匠轮舆，能与人规矩，不能使人巧。言可心悟不可口授也。然是说也，以之例文，则义不全。文章之道，神而明之，存乎其人，何不可示之以机栝。试体验之，有为文章所必有事者，得数义焉。"他认为不仅是文章规矩可以示人，连文章的诀窍也同样可以示人。这便超越了文章教授限于技法的传统认为，进入到写作主体心智建构的层面。又如，他对文体学研究做历史考察的基础上，把文章分为三体九类：叙记——序跋类、传记类、表志类；议论——论说类、奏议类、箴规类；辞令——诏令类、誓告类、文词类。尽管文体划分仍不够科学、严谨，但较前人繁琐的分法，有其简明的地方。另外，作者还拓宽了提高写作能力的途径。前人多从读书方面谈提高写作能力，《文章典》指出提高写作能力的途径是读书、作文、游历和翻译。较之前人前作，不仅在具体途径上进行了拓宽，还在认识上有了十分可贵的突破。因为来裕恂所提出的"游历"已不局限于"孔子周游四方"和"司马迁周游天下名山大川"，而是凭"汽船铁道，可达全球"之便，走出国门，迈向世界。所提出的"翻译"，是要通过翻译外国文字，解决中国语言"利于俗不宜雅"、文字"宜于雅不利于俗"言文不一致的问题。

　　文章写作理论的繁荣发展，促进了作文教学理论的进步。蒋维乔于清末出版了分别说明小学各科的教授法著作——《教授法讲义》，其中"国文科"的教授法包括目的、教材、教法三个部分，教法部分又分读法、缀法（即作文）、书法、话法四项。作者认为缀法教学的目的和要求是：缀法者，养成生徒以文字、文章表彰自己思想感情之能力。其思想感情，为缀法之实质；文字文章，为缀法之形式。宜就生徒读书及他科目之材料及日常经验之事项，应用既学之文字文句，使联缀之。应该说，作者以"思想感情"为"缀法之实质"的作文观，切近了作文的本质；以"生徒读书及他科目之材料及日常经验之事项"训练学生写作的教学观，贴近了儿童、童心，一定程度上也切近了教育的实质。1916 年谢无量的《实用文章义法》（上、下册）由中华书局出版。该书承袭的虽然是传统文章写作学理论，但鲜明地体现了注重实用文体写作的时代潮流。"五四"运动后，研究作文教学的论著更是大量涌现。

第二节　中学作文命题现代化探索的直接动因

政治文化、教育学、心理学及写作等理论的繁荣发展为现代中学作文命题的探索提供了思想土壤。而教育教学实践中，中学作文教学存在的问题、作文载体的变化和新学制课程标准的颁发，则是开启现代中学作文命题探索之路的直接动因。

一、作文教学的弊端

清末科举八股文考试的废除，极大地解放了作文教学的思想，作文教学不再囿于八股文"起承转合"的写作俗套，而多采用联字造句的写作方法，比较注重日常简单的文体训练。白话文的兴起，也逐渐改变了作文语言形式以及教学观念，"文以记实""我手写我口"等写作主张，逐步替代了传统作文教学"代圣人立言"的思想，并在实践中一定程度上得以贯彻。《奏定中学堂章程》要求作文"当就个学科所授各项事理及日用必需各项事理出题"，① 民国初年的《中学校令施行规则》也要求作文教学"作实用简及之文"。② 这些作文教学规范突出强调实用性，对促进作文教学摆脱科举文章写作模式的束缚有其积极意义。然而，传统作文教学所形成的模式及其思维定势已经根深蒂固，绝非一朝一夕就可以改变。到了"五四"新文化运动前后，受新思想、新理论洗礼的教育界先进人物愈加清晰地认识到作文教学空泛无实、敷衍形式等流弊。

1918 年，刘半农在《新青年》4 卷 1 号上发表了《应用文之教授——商榷于教育界诸君及文学革命诸同志》，尖锐地批评了学校作文教学的状况："现在学校中的生徒，往往有读书数年，能作'今夫'、'且夫'或'天下者，天下之天下也'的滥调文章，而不能写通畅之家信，看普通之报纸杂志文章者。"③ 范祥善曾对当时的中学生作文做出这样的描述："作议论

---

① 课程教材研究所. 20 世纪中国中小学课程标准·教学大纲汇编（语文卷）［M］. 北京：人民教育出版社，2001：269.

② 课程教材研究所. 20 世纪中国中小学课程标准·教学大纲汇编（语文卷）［M］. 北京：人民教育出版社，2001：272.

③ 刘半农. 应用文之教授［A］. 顾黄初，李杏保. 二十世纪前期中国语文教育论集［C］. 成都：四川教育出版社，1991：60.

文者，必自'人生于世'或'世界之'始，千篇一律，是不能将所读之书裁剪融洽，其弊在食而不化；作记述文者，排列之错乱，文句之驳杂，比比皆是，是不能将课文理会而得其提纲挈领之精神，其弊在不能明了；作书信文者，称谓之误用，叙事之琐屑，不堪寓目，他人阅之，既不可直解，又难于意会，其弊在以辞害意。就其荦荦大者言之，已有如斯现状。若言其琢句，非不合理论，即在不成位次。模棱两可，似是而非，大容深讳。"① 吴研蘅对学生作文水平低下的现状也有同感，"吾国兴学二十年矣，教授之法日见其新，各科教授虽无大效，亦有小成，独于作文教授，则略无成绩足言。执教鞭者每每相聚咨嗟，辄谓小学校之作文成绩有每况愈下之慨。"② 种因对学生作文存在的问题说得更具体："其一，关于文字的。字义多不明了，字体又常常错误，即幸而会用字了，又不知道它和语言相当的意思；其二，关于句法的。能抄袭旧句，或是模仿旧句，但不能翻译语言为文字；其三，关于结构的。思想不能整理，动笔成文，常有颠倒重复不能衔接的地方；其四，关于文法的。句读段落分不清楚，所以看书作文，常常含混并且误会；其五，关于修辞的。喜欢用滥调腐词，千篇一律。"③ 这些评价在一定程度上反映了当时学生作文的真实状况，与"五四"新文化运动前后人们批评学生语文程度低的历史事实是一致的。

　　造成学生作文成效不佳的深层原因是什么？大家不约而同地谈到了包括作文命题在内的作文教学方法的问题。"从来之研究缀法教授大率为片段的而非全体的，为零碎的而非系统的。因之其效甚微"。④ "在今日初中国文教学界上，作文一课，怕是算是最没有办法，而最听受传统的习惯的支配的。教师的任务，在作文课前，只要出了题目就算完了，课后只要照例批改就算完了。此外竟很少引起动机和指导学习的方法。"⑤ 作文教学方法的不当，主要表现在对作文命题缺乏研究、随意敷衍。"教师选择文题常枯寂而无兴

① 范祥善. 国文教授革新之根本研究［A］. 转引自曾毅.20 世纪中国语文教育批判研究［D］. 华东师范大学博士学位论文，2006：39.

② 吴研蘅. 革新主义之作文教授［A］. 转引自曾毅.20 世纪中国语文教育批判研究［D］. 华东师范大学博士学位论文，2006：39.

③ 种因. 对于现在中学国文教授的批评及建议［A］. 转引自曾毅.20 世纪中国语文教育批判研究［D］. 华东师范大学博士学位论文，2006：65.

④ 吴研蘅. 革新主义之作文教授［A］. 转引自曾毅.20 世纪中国语文教育批判研究［D］. 华东师范大学博士学位论文，2006：39.

⑤ 孟宪承. 初中作文教学法之研究［A］. 顾黄初，李杏保. 二十世纪前期中国语文教育论集［C］. 成都：四川教育出版社，1991：385.

趣，儿童所不喜之事项则屡以命题而无所厌也。""儿童对作文常为嫌恶的态度，而无丰富之兴味。"① 民国以来，实用主义思潮逐渐影响了作文教学，然而，作文教学并未能真正把握实用主义的精髓，徒有实用之名，而无实用之效，"所谓实用者，徒一名义的耳，欲收实效，恐非纸上谈兵之谋，即画饼充饥之图耳。"表现在作文命题上，"甲、命题不投儿童之兴味；乙、重命题不重自拟；……丁、忽视儿童之本意……"② "专出'汉高祖斩丁公'、'汉武帝通西域'的一类题目，如何有实在用处？又如某校假维新派的老汉文先生，……出些教育普及及文武并重实业救国……一切不着边际，可以胡吹混瞒的题目，学生乐得用些陈语，绕绕'花腔'完卷了事。"③ 民国十年（1921 年），教育部小学成绩展览会，其中有十六省区的国文成绩，有人审查那些作文题目，其中最荒谬的有《孔子世家赞书后》《南北和战之利害论》《政在养民论》《戒色论》《向友人借钱完婚书》《中国现状财政万分困难宜如何设法办理以图救济策》《五柳先生宅记》《不敬何以别乎义》《曰古之贤人也论》等。④ 可见，空泛无实的作文命题与当时语文教育的实用要求是格格不入的。这种命题现状不仅仅是作文命题方法的问题，其实质是"五四"新文化运动前后西方实用主义思潮暨资产阶级民主主义与科举文章考试思潮暨封建主义两种势力的对抗、矛盾。

这种空泛无实、敷衍形式的作文命题还可从阮真先生的《中学作文题目研究》一书中反映出来。根据《全国学生文库甲编》《全国学校国文成绩新文库乙编》《全国中学国文成绩文海》《全国中学学生新文库》《全国学校国文成绩新文库乙编》（初二集）、《新时代国文大观乙编》（一集）等书籍，作者对民国十年至十三年（1921—1924 年）的 2266 道中学作文题目做了分类统计。统计表明：这一时期论说体文题比例数较前期（1921 年前）更多，其中经论类、史论类、通论类、陈说类、辨识类和答问类共 1318 道，占题目总数的 58.16%；记叙体文题比例数较前期略减，只有论说体文题的

---

① 太冲. 分团式之作文教授［A］. 转引自曾毅. 20 世纪中国语文教育批判研究［D］. 华东师范大学博士学位论文，2006：39.

② 张显光. 实用主义潮流中之作文教授［A］. 转引自曾毅. 20 世纪中国语文教育批判研究［D］. 华东师范大学博士学位论文，2006：38.

③ 种因. 对于现在中学国文教授的批评及建议［A］. 转引自曾毅. 20 世纪中国语文教育批判研究［D］. 华东师范大学博士学位论文，2006：65.

④ 参见顾黄初，李杏保. 二十世纪前期中国语文教育论集［C］. 成都：四川教育出版社，1991：387.

2/5，其中杂记类、游记类、序跋类和传状类共 528 道，占总数的 23.3%；其他各类体文题比例数较前期更少，尚不及论说文题的 1/3，其中感言类、书启类和杂文类共 420 道，占总数的 18.54%。特别是在论文文题中，仅经论（含经义经说）、史论（含合论）二类就有 596 道题，占论说文题数的 45.12%，占文题总数的 26.3%。史论题仍占全部题目的 1/4。作者还对上述文题进行了等级鉴定。鉴定结果为：可列为甲、乙等级的共 804 道题，占总数的 35.36%；列为丙、丁等级的共 1458 道题，占总数的 64.35%。以史论类为例，甲、乙二等可取的文题占 24% 弱，丙等占 57% 强，丁等占 19% 强。就各等题目所占的比例数来看，甲、乙等较前期增加，丁等较前期大减，这确实是显著的进步。但仍然还有《夷齐叩马谏武王》《黄帝伐蚩尤》一类荒远难稽的题目，还有《高祖斩丁公赦季布》一类无聊的题目，还有许多不易评论的人物题目。又如感言类中，还有大量的《感春》《感秋》《清明感言》《端午感言》一类的文题，作者认为"文人作文确是好题目，教中学生作文便成了坏题目"。另外如一些不合实际生活应用的文人雅事或"凭空想象"的题目：如"赏菊""乞菊""赠菊""寻梅""听莺""赏牡丹""梦游月球记""梦游桃花源"等大量入题，这些都是文人教育忽视学生生活需要的流弊的反映。阮真先生认为，当时中学作文教学还是因袭科举时代注重经史文题的习惯；而中学生的作文，还是注重做空文章，很少注意到生活需要的知识技能。① 作者对中学作文命题的总体评价是正确的，但对感言类、文人雅事类特别是想象虚构类题目完全持否定态度，有失偏颇。并非这类题目中学生不能做，只要不是"为赋新词强说愁"的无病呻吟，学生有感而发，有情可抒，有志可言，何尝不可为呢？尤其是那些能启发学生想象、培养学生创造性思维的题目，更有写作的价值。

二、作文载体的变化

科举废除、新学制颁布后的这十几年时间，作文教学在相当程度上依然沿着旧的轨道作惯性运行。这里一个很重要的原因，就是国文教育在读、写形式上没有什么根本性的变化，学生读的教材是文言文，写的作文自然也是文言文。

实际上，白话文写作自清末以来已有了缓慢的发展，提倡"诗界革命"

---

① 阮真. 中学作文题目研究［M］. 上海：民智书局，1930：106 – 165.

的黄遵宪在 1868 年的《杂感》一诗中写道:"我手写我口,古岂能拘牵?"兴起"新文体"的"通俗文言文"。1896 年梁启超在《时务报》上发表《沈氏音书序》说:"语言文字离,则通文者少;语言文字合,则通文者多。"期望"此后吾中土文字于文质两统,可不偏废,文与言合而读书识字之智民可以多矣"①。梁启超创造的"报章体"散文声情并茂,充溢豪气,语言平易畅达,通俗易懂,且杂以俚语、韵语、外来语,运用多种修辞手法,具有强烈的艺术感染力。他所写的政论《少年中国说》即是如此,半个多世纪来,常被许多语文课本所选用。此后又有裘廷梁、吴汝伦等人的大力倡导。但是,正如蔡元培在《中国新文学大系·总序》中所言:"民元前十年左右,白话文也颇流行,……但那时候作白话文的缘故,是专为通俗易解,可以普及常识,并非取文言而代之。主张以白话文代文言,而高揭文学革命的旗帜,这是从《新青年》时代开始的。"②

1917 年 1 月,胡适在《新青年》第 2 卷第 5 期上发表了《文学改良刍议》,提出了文学创作(其实就是白话文写作)的八项基本要求即"须言之有物""不摹仿古人""须讲求文法""不作无病之呻吟""务去滥调套话""不用典""不讲对仗""不避俗字俗语"。文章首次提出以白话文代替文言文作为文学写作的工具,强调白话文学"为中国文学之正宗,又为将来文学必用之利器"。同年 2 月,陈独秀在《新青年》第 2 卷第 6 期上发表了《文学革命论》,高扬起文学革命的大旗。在文中他提出"三大主义":曰推倒雕琢的阿谀的贵族文学,建设平易的抒情的国民文学;曰推倒陈腐的铺张的古典文学,建设新鲜的立诚的写实文学;曰推倒迂晦的艰涩的山林文学,建设明了的通俗的社会文学。文章一经发表立即在知识青年中引起了热烈的欢迎和响应,继而反对的声音也颇汹汹。针对反对白话文学的种种言论,刘半农和钱玄同合作,演了一出精彩的"双簧":由钱氏将反对白话文学的种种言论集中起来,写成《致新青年编者》,署名王敬轩;同时由刘氏写了《复王敬轩书》,针对反对白话的论点逐条痛加批驳,在 1918 年 2 月 4 卷 3 期《新青年》上发表。"此事在当时引起了强烈的社会震动,从理论上动摇了文言文一统天下的地位。"③ 从 1918 年开始,《新青年》发表的文章主要是白话文了。到年底,白话周刊《每周评论》、白话文学月刊《新潮》等相

---

① 梁启超. 饮冰室合集·文集之二(影印本)[M]. 北京:中华书局,1989:2.
② 转引自李杏保,顾黄初. 中国现代语文教育史 [M]. 成都:四川教育出版社,2000:62.
③ 李树. 中学语文教学百年史话 [M]. 济南:山东人民出版社,2007:28.

继问世，形成了强大的白话文学阵线。五四运动以后，白话文学的作者和优秀的白话文学作品新诗、小说、散文、话剧等，如雨后春笋般大量涌现出来，形成了势不可挡的洪流，最终取代了以文言文为正宗的旧文学。白话文学的影响日益扩大，又有力地推动了自民国初元以来有识之士不断提倡推行的"国语统一运动"。

正是在这样的背景下，主张在中小学教学白话文的呼声越来越高。1917年3月，在《新青年》3卷1期上，公布了由蔡元培领衔的《国语研究会征求会员书》，宣称"同人等以为国民学校之教科书必改用白话文体，此断断乎无可疑者"，旗帜鲜明地提出了要在中小学教科书里以白话文替代文言文。继而《新青年》又对白话文教科书编写的问题进行了热烈的讨论。1919年4月，胡适、周作人、钱玄同、刘半农等向教育部提出了一个《国语统一进行方案》，主张把国文读本改做国语读本，国民学校全用国语，不杂文言；高等小学酌加文言，仍以国语为主体。1920年1月，北洋政府教育部向各省发布训令，根据全国教育联合会和国语统一筹备会两个议决案，认为"体察情形，提倡国语教育实难再缓"，通令全国："自本年秋季起，凡国民学校一二年级，先改国文为语体文，以期收言文一致之效。"并修正《国民学校令》，将有关条目中的"国文"改为"国语"。4月份又发表通告，将已审定的文言教科书分期作废，包括国语在内的各科教科书，改用语体文。与此同时，商务印书馆供小学使用的《新体国语教科书》开始面世，接着，又出版了《中等学校用白话文范》。教育部这一举措获得了时人高度评价。胡适认为："这个命令是几十年来第一件大事。它的影响和结果，我们现在很难预先计算。但我们可以说：这一道命令把中国教育的革新至少提早了二十年。"① "使清晰精确的白话文取代言约义丰的文言，其实质乃是以精确性、严密性为特性的近代思维方式取代有模糊特点的传统思维方式。这种取代是文化的重建，也是思维的重建。"② 应该说，语言形式的改变使语文教育更贴近时代，更贴近学习的主体，更能开启民智，富于民主、科学精神。

白话文进入了中小学语文课堂，形成了文言文与白话文共存的事实。语文教学得到了发展，同时也面临诸多困难。由于时代各种思潮的影响，教材编写者、语文教师对语文教材的主张各不相同，在实际的教学中反映出来的

---

① 胡适．胡适教育论著选 ［C］．北京：人民教育出版社，1994：122.
② 顾黄初．中国现代语文教育百年事典 ［M］．上海：上海教育出版社，2001：70.

问题更多。"在这思潮多经剧变的时代，于中学各科教学上影响最大的，又莫过于国文教学。……决不至于像国文一科，各人所教，大有出入，或者竟至完全不同的。"① "至于习作方面，情形更乱。各地的中学各有各的作风，或注意文言，或注意语体，要看地方的风气，校长教员的嗜好为转移。教师中间有偏袒文言的，有赞成语体的，也有毫无成见的，假如一班学生能跟定一位教师，读上六年，倒还可以通习两种中间任何的一种。无论事实上必须换过几位教员，彼此的教法，互相抵触，学生的训练前后不能一贯，以致读了六年一无所成。"② 这种混乱现象背后的原因就在于教师的作文教学观念新旧不一，态度迥异。"举人秀才出身的国文教师，过于偏重形式，专在笔法篇法、起承转合上加功夫，给青年人做那些'秦皇汉武论'的空文章。新文艺研究者，教学的方法一切凭学生自由，丝毫不加以限制，题目自拟，文体自作，时间与字数则更自由。"③ 文言文与白话文混合教学，对学生的作文产生了消极的影响，"因为任何人都知道同时左手画圆右手画方是办不到的事情，……一方要练习用文言作文，一方又要学生记叙发展语体文的技术，读物混淆，思想杂乱，所模仿的又是一类，结果大多数学生弄成不文不白的怪状，这是现时一般中学的真实情况。"④ 上述种种问题，也成为作文命题现代化探索的直接动因。

三、教育制度的支撑

随着文化教育改革的深入发展，民国初年颁布的"壬子学制"已经显得陈旧落后了。如陶行知先生所言："'壬子学制'经十年之实验，弱点发现很多。近一二年来，教育思想猛进，该学制几有不可终日之势。"⑤ 1921年10月，在广州举行的全国教育会联合会第七届会议，重点讨论了学制改革问题，在集中了全国各省提出的议案的基础上，通过了《学制系统案》。会后，又广泛征求意见，加以修订。到1922年11月1日，由北洋政府以

① 阮真．时代思潮与中学国文教学［A］．顾黄初，李杏保．二十世纪前期中国语文教育论集［C］．成都：四川教育出版社，1991：596.

② 浦江清．论中学国文［A］．顾黄初，李杏保．二十世纪前期中国语文教育论集［C］．成都：四川教育出版社，1991：646－647.

③ 和克强．中学生作文成绩低劣的原因及其补救办法［A］．转引自曾毅．20世纪中国语文教育批判研究［D］．华东师范大学博士学位论文，2006：65.

④ 穆济波．新学制中学国文科课程标准纲要问题［A］．转引自曾毅．20世纪中国语文教育批判研究［D］．华东师范大学博士学位论文，2006：64.

⑤ 陶行知．陶行知全集（第1卷）［M］．长沙：湖南教育出版社，1986：190.

《学校系统改革令》正式颁布。这就是有名的"壬戌学制"。该学制从中国的实情出发，全面地总结了清末民初以来中国教育改革的实验，其总的精神反映了"五四"新文化运动以来普及教育、发展个性、注重实用的教育思想，在中国现代教育史上具有里程碑的意义。"壬戌学制"颁布，《新学制课程标准纲要》制定工作也就随后展开。1922 年在济南召开的第八届全国教育会联合会组织了一个新学制课程标准起草委员会，负责拟订各科课程标准。1923 年 9 月，该会公布了中小学课程纲要，其中包括小学、初中和高中的国语、国文课程纲要。国语课程标准纲要巩固了国语运动和白话文运动所取得的成果，在语文教育史上第一次以纲要的形式明确了语文课程教学目的、教学内容、教材体系、教学原则、分段教学要求等，对后来语文课程标准或教学大纲的制定有很大的影响。

《初级中学国语课程纲要》由叶圣陶起草，附表（略读书目）由胡适起草，委员会复订，共分三个部分：

（一）目的

1. 使学生有自由发表思想的能力。2. 使学生能看平易的古书。3. 引起学生研究中国文学的兴趣。

（二）内容和方法

本科要旨在与小学国语课程衔接，由语体文渐进于文体文，并为高级中学国语课程的基础。甲、作业支配（此处仅选取与作文有关的）（丑）作文：1. 定期的作文。2. 无定期的作文和笔记。3. 定期的文法讨论。4. 定期的演说辩论。乙、学分支配（丑）作文：1. 作文和笔记（占四学分）。2. 文法讨论（占三学分）。3. 演说辩论（占三学分）。丙、教材支配。第一段落（丑）作文：命题的或不命题的作文，文体译作语体的译文，及笔记，演说，辩论等；并随时用比较和归纳的方法，作文法的研究。作文以语体为主，兼习文言文。第二段落（丑）作文：作文，译文，笔记，演说，辩论，和归纳的文法研究，作文仍以语体为主，兼习文言文。第三段落（丑）作文：作文，译文，笔记，演说，辩论，和系统的文法研究，兼及修辞学大意，作文语体文体并重。

（三）毕业最低限度的标准

（子）阅读普通参考书报，能了解大意。（丑）作普通应用文，能清楚达意，于文法上无重大错误。（寅）能欣赏浅近文学作品。

《高级中学公共必修的国语课程纲要》由胡适起草，也分三个部分：

（一）目的

1. 培养欣赏中国文学名著的能力。2. 增加使用古书的能力。3. 继续发展语体文的技术。4. 继续练习用文言文。

（二）内容与方法（此处仅选取与作文有关的）

乙．文法 注重语体文与古文文法的比较的研究。最后是用学生所习的外国文和本国文作文法的比较研究。修辞学不必独立教学，可与读书时随时提出讨论。丙．作文 应注重内容的实质和文学的技术。精读名著的报告或研究，可代作文。

（三）毕业最低限度的标准

1. 曾精读指定的中国文学名著八种以上。2. 曾略读指定的中国文学名著八种以上。3. 能标点与唐宋八家古文程度相等的古书。4. 能自由运用语体文体发表思想。①

从以上两个"国语课程纲要"有关作文的规定来看，有以下几点值得注意：首先，它确立了语体文（白话文）在中学作文教学中的地位，白话文取代文言文而一跃成为作文练习的主体和正宗，文言文的写作退居次要地位。第二，追求作文的实用价值并通过作文发展个性在作文教学中受到关注。第三，把"作文"分解成"作文与笔记""文法讨论""演说与辩论"三个学目，作文训练方式得以拓展。既重视课内定期的作文训练，又重视课外不定期的作文训练，二者兼顾，相互为用；既重视文法的练习，又重视作文实践，二者密切结合，避免学用脱节。尤其是"话法"（说）受到重视，注意到了"说"和"写"的联络。第四，第一次用课程标准的形式分别对初中与高中的作文教学提出了不同的要求。

这可以说是在"五四"新文化运动的推动下，语文教育界先进人物积极探索取得的重要阶段性成果。这些规定，将中学作文教学置于一个要求比较明确而相对形成一个系统的基础之上。但是，作文教学体制并不完备，作文训练或作文命题的方式、方法也还需要进一步探讨，需要在实践中检验。从这个意义上讲，国语课标准纲要又为新的历史条件下作文命题的现代化探索提供了权威性的政策制度支撑。

---

① 课程教材研究所.20世纪中国中小学课程标准·教学大纲汇编（语文卷）［M］.北京：人民教育出版社，2001：274-279.

第三节　中学作文命题现代化道路的理论探索

以梁启超、叶圣陶、朱自清、夏丏尊、王森然、阮真等为代表的一大批语文教育家、学者生活在相同的时代，都曾亲身体会到"八股制义"的滋味，对于传统的作文教学有诸多不满，再加上他们大多受过中西文化的熏陶，既能从传统文化中汲取有益的滋养（如以读促写、先放后收等），又能以一种较为科学、公允的态度对待西方教育理论，去其糟粕，取其精华，因而，他们的研究摆脱了简单移植、模仿的痕迹。他们通过对中学作文教学价值、目标与原则等问题的探讨，在作文命题诸多方面取得了共识，构建了一套符合当时国情、符合语文学科规律的作文命题理论。

一、中学作文教学相关问题的探讨

（一）中学作文教学的价值：对个人、社会和国家培植根底

自语文作为一门独立的学科被确定以来，人们就开始探讨这门课程的功用价值。1904 年的《奏定中学堂章程》认为"中国文学"一科的教学要注意"文章于政事身世关系处"，强调了国文教学（作文教学）的社会实用价值。1912 年的《中学校令施行规则》除强调作文教学"使作实用简及之文"外，还提出"能自由发表思想"的新要求，在一定程度上体现了资产阶级革命家要求张扬个性的民主教育思想，第一次发现了作文教学对"人"的作用。"五四"新文化运动爆发后，人们对语文、作文的探讨更加深入，对其功用价值的认识更加深刻、全面。1919 年，北京大学孙本文对中学生阅读能力进行测试、研究后，发表了《中学校之读文教授》。文章开篇指出："补苴罅漏，培植根底""涵养读书擒思之应用能力""惟中学国文科是赖"。[①] 1923 年，穆济波发表了《中学校国文教学的问题》一文，文章重点探讨了中学国文教学的性质、价值目的，是我国早期中学语文教学性质论和目的论研究的重要成果之一。他认为："国文国语在教学上的价值，以为分三方面讲。在个人方面：（1）是满足现实生活的需要；（2）是发展精神生活的需要。在社会方面：（1）是社会生活巩固的需要；（2）社会生命永久

---

① 孙本文. 中学校之读文教授［A］. 顾黄初，李杏保. 二十世纪前期中国语文教育论集［C］. 成都：四川教育出版社，1991：81.

的需要。在国家方面：（1）是国家组织的需要；（2）是国家存在的需要。①不过，作者的国文教学价值观似乎是全面有余，而深刻不足。因为"他把国文教学的目的和整个的教育目的混为一谈"②"他似乎将'人的教育'的全副重担子都放在国文的两肩上了，似乎要以国文一科的教学代负全部教育的责任，这是太过了！"③也就是说，他没有指出国文教学的学科个性、独特性。比较而言，沈仲九的观点较好地抓住了国文教学的言语活动特点。1924年，沈仲九在《中学国文教授的一个问题》中强调："国文最重要的功用，是在人与人的心的沟通联络和文明文化的遗传。""要得到这种功用，须养成两种能力，一是发表的能力，就是能表现自己的情意；二是读书能力，就是能了解别人表现出来的情意。"④由此可见，这时人们已认识到语文学科（含作文教学）于个人、于社会、于国家，都有培植根底的特殊价值。

值得注意的是，作文教学于人、于社会、于国家的培植根底的特殊价值是统一的，并非割裂的，非此即彼的。当然，其首要价值应是"人"的发展价值，即人的语言表达能力的发展，人的情感思维的发展。道理很简单，社会、国家是由人组成的，人生活在社会、国家之中，人的发展也必然促进社会和国家的发展。这就是说，作文教学就要全面体现语文学科的价值，充分发挥语文学科的综合教育功能。可在以后的作文教学实践中，有人过分强调作文教学的社会功用价值，漠视其对人的发展价值；也有人强调作文教学于人的价值，否认作文教学对社会、对国家的价值。这些片面、极端的观点都不利于作文教学实现其综合教育功能。

（二）中学作文教学的目标：技能训练和精神训练相结合

我国古代的作文教学强调文道统一，文以载道。只是当时的"道"是封建伦理道德之"道"、儒家道统之"道"，而"文"则是旧式的作文规范，甚至是八股文的一些僵化了的程式。语文独立设科以后，过去属于"道"的内容，主要由"修身""读经"这样一些科目来灌注。新设置的

---

① 穆济波. 中学校国文教学的问题［A］. 顾黄初，李杏保. 二十世纪前期中国语文教育论集［C］. 成都：四川教育出版社，1991：259.

② 宋文翰. 一个改良中学国文教科书的意见［A］. 顾黄初，李杏保. 二十世纪前期中国语文教育论集［C］. 成都：四川教育出版社，1991：482.

③ 朱自清. 中等学校国文教学的几个问题［A］. 顾黄初，李杏保. 二十世纪前期中国语文教育论集［C］. 成都：四川教育出版社，1991：353.

④ 沈仲九. 中学国文教授的一个问题［A］. 顾黄初，李杏保. 二十世纪前期中国语文教育论集［C］. 成都：四川教育出版社，1991：309.

"词章""中国文字""中国文学"，主要任务是熟悉和探究各类文章以及诗歌词赋的作法。民元以后，取消"读经"，开设"国文"，作文教学重心逐步转向对语言文字的学习，"以文为主，以道辅之"。特别是《中学校令实施规则》把"发表自由思想"作为作文教学要旨，在原则上摒弃了"文以贯道""代圣人立言"的思想，无疑具有巨大的进步性。1923 年的初、高中国语课程纲要明确了语体文（白话文）在中学作文教学中的突出地位，使"自由发表思想"不再是空中楼阁，有了切实的保障。

"五四"新文化运动起，人们对作文教学目标的探讨更加广泛深入。大致有两个角度：一是着眼于作文的外部规律，着眼点是作文的社会功能，关注的重心是作文的人文性，主要是思想性；一是着眼于作文的内部规律，着眼点是写作技能的培养，关注的重心是作文的工具性。由此形成了三种不同的作文教学目标观。

1. 精神训练目标论

这种观点重视作文教学在灌输思想、养成品德、发展心灵诸方面的作用。仲九认为："学校各科目，无非是一种做人的工具。所以国文课的内容，也应该注重人生和环境，使学生能够了解做人的道理。"[①] 穆齐波认为，国语课程纲要以语言学习为中心，是"以手段为目的"，是"教"和"育"的分途，是墨守"知的教育"而忘"人的教育"。[②] 这种过于强调"人的教育"，尤其是把思想政治教育的目标作为语文学科（作文教学）的主要目的，必然会忽视学科本身的目标。科举制度下的作文教学其实质就是以人的思想伦理教化为旨归的。精神训练目标论越来越不能为人们所接受。

2. 技能训练目标论

这种目标论从实用和社会发展的原则出发，强调写作技能训练，主张作文教学要养成学生日常生活所需要的正确理解和运用语言文字的能力。正是基于这一原因，持这一观点的学者也必然重视语体文写作教学。胡适的中学作文教学目标是：（1）人人能用国语自由发表思想——作文、演说、说话——都能明白通畅，没有文法上的错误。（2）作古体文但看作实习文法的工具，不看作中学国文的目的。[③] 孟宪承说得更直接，"作文是一种技能训

① 仲九. 对于中等学校国文教师的意见 [A]. 顾黄初，李杏保. 二十世纪前期中国语文教育论集 [C]. 成都：四川教育出版社，1991：103.

② 穆济波. 中学校国文教学的问题 [A]. 顾黄初，李杏保. 二十世纪前期中国语文教育论集 [C]. 成都：四川教育出版社，1991：261.

③ 胡适. 中学国文的教授（附：再论中学国文的教学）[A]. 顾黄初，李杏保. 二十世纪前期中国语文教育论集 [C]. 成都：四川教育出版社，1991：125.

练，是与他种技能训练，适用同样的原则的。"① 阮真在分析了众家意见之后，在专著《中学国文教学法》中提出了自己的见解。初中作文教学目标是：（1）人人能用国语或国语文自由发表思想感情。（2）作文演说没有文法上的错误，并有层次，有条理。高中作文教学目标是：（1）人人能作通顺的文言文及应用文字。（2）培养极少数的天才学生仿作古文、诗歌及其他文艺。② 以技能为中心的作文目标论是对片面强调精神训练的作文目标论的一种反拨，作文教学关注的焦点开始投向作文自身，是对作文教学认识的质的飞跃。

3. 技能训练和精神训练相结合的作文目标论

这种作文目标论强调技能训练与精神训练相结合，在技能训练和精神训练并重的前提下，把技能训练作为作文教学的主目标，把精神训练作为作文教学的副目标。既突出作文课程独有的教育任务，又兼顾了作文课程"人的教育"中的责任，较好地处理了写作教育和思想教育的关系。1920 年，陈启天在《中学的国文问题》一文中，就已经提出中学作文教学应有"正"和"副"两方面的目的。"正目的"是：要能作现代的应用文——白话文和浅近文。"副目的"是：要启发思想，锻炼心力；要了解和应付人生和自然。陈启天强调，二者虽分主副，却都不可偏废。③ 蒋伯潜也认为作文教学目的有二，其"正目的"是"使学生对生活所需的工具——国文——能应用，能了解，能欣赏"，其"副目的"是"使学生明了我国固有道德的观念及修养的方法，并培养或训练其思辨的能力"。④ 与"正副目标"相类似的提法还有"特殊目标"和"一般目标"。譬如，宋文翰强调技能训练才是作文教学的主要任务，因此他提出作文教学的特殊目标是"发表"，而其一般目标则是"涵养德性，启发思想"。⑤ 1925 年，朱自清发表《中等国文教学的几个问题》，反对将"人的教育"的全副重担都放在国文教师的两肩上，他提出国文学科的双重目的，其实也包含了作文教学的双重目的：（1）养

---

① 孟宪承. 初中作文教学法之研究 [A]. 顾黄初，李杏保. 二十世纪前期中国语文教育论集 [C]. 成都：四川教育出版社，1991：388 - 387.

② 参见顾黄初. 中国现代语文教育百年事典 [M]. 上海：上海教育出版社，2001：153.

③ 陈启天. 中学的国文问题 [A]. 顾黄初，李杏保. 二十世纪前期中国语文教育论集 [C]. 成都：四川教育出版社，1991：156 - 157.

④ 参见顾黄初. 中国现代语文教育百年事典 [M]. 上海：上海教育出版社，2001：255 - 256.

⑤ 宋文翰. 一个改良中学国文教科书的意见 [A]. 顾黄初，李杏保. 二十世纪前期中国语文教育论集 [C]. 成都：四川教育出版社，1991：487 - 488.

成读书、思想和发表的习惯或能力；（2）发展思想、涵育情感。并明确指出："这两个目的之中，后者是与他科相共的，前者才是国文科所特有的；而在分科的原则上，前者是主要的；换句话说，我们在实施时，这两个目的是不应分离的，且不应分轻重的，但在理论上，我们须认清前者为主要的。"① 在这里，朱自清第一次从理论上正确阐述了语文学科（含作文教学）中"文"和"道"的不可分离性以及它们的主次关系。这样一种观点，后来逐渐被多数人所接受，从而推断了三十年代语文教学的发展。②

（三）中学作文教学的原则：基础性、实用性和训练性原则

其实，从《奏定中学堂章程》到 1923 年的国语课程纲要一系列教育法规已经强调了中学作文教学的基础性。只是在写作教学实践中，一些抽象的政论命题和虚幻的文学命题让学生无所适从，学生基本写作技能的培养往往落不到实处。新文化运动之后，中学作文教学的基础性要求再次受到关注。1927 年，王森然编写了《中学国文教学概要》一书，明确指出，中学是普通教育，不是职业学校也不是大学文科，中学生在学问上是为将来深造打基础，在社会上是培养一个完全的人。作文教学就应该从这点出发，订出明确而适当的标准。他认为，中学毕业生在语言文字表达上，最低限度应有成熟地运用语言文字"自由发表思想之技能"：（1）以演讲发表思想，就能运用通俗、生动的语言和适当的声音、姿态充分发表自己的意见。（2）以作文发表思想，就能运用准确、生动的语言，适当的结果形式，充分发表自己的意见。叶圣陶也强调中学作文教学不是把学生人人都培养成作家，而是训练学生写好一般文章。他说："习作一课，我谓宜认定标的，师生全力以赴。标的为何？文理通顺而已。学生明乎此，认真练习；教者明乎此，认真指导，纵必有成。"他又说："对学生作文，标准不宜太高。若说立意必求独创，前无古人，言情必求甚深，感通百世，那么，能文之人也只好长期搁笔，何况学生？"他在回答有人问到"通过写作关"问题时说："所谓通过写作关，目的在能顺顺当当地写好一般文章，记事记得一清二楚，说理说得明白晓畅。文艺创作是另一回事，先要通过了写作关，才谈得上文艺创作。在中学阶段，语文课教学生作文，并不希望学生从事创作。文艺创作不是人

---

① 朱自清.中等学校国文教学的几个问题［A］.顾黄初，李杏保.二十世纪前期中国语文教育论集［C］.成都：四川教育出版社，1991：353.

② 顾黄初，李杏保.二十世纪前期中国语文教育论集·导论［C］.成都：四川教育出版社，1991：17.

人必须办到的，写作关却是人人必须通过的。"① 杨贤江、夏丏尊、朱自清等人谈到了同样的问题。中学作文教学必须坚持基础性原则，这要求作文教学把一个普通人必知的作文知识、必备的作文技能、必做的基本文体作为主攻方向，要求作文教学面向全体学生而不是个别的"作文尖子"。

语文独立设科之后，相关教育法规中明确地规定了中学作文教学的实用性原则。"五四"运动前夕，钱玄同发表了《论应用文亟宜改良》，刘半农也在《应用文之教授》一文中对作文教学和学生作文缺乏实用性的现象进行了尖锐的批评。后来，人们又从多方面阐述了这一原则。梁启超通过历史、现实的考察，认识到作文教学与社会脱节，与生活脱节。他指出，作文的目的是应世之需，是为社会实践活动服务的，作文教学要把重点放在培养学生实践应用能力上。梁启超着眼于文章的内容、结构和功能等因素，把世间所有文章划分为记载之文、论辩之文和情感之文三大门类，主张作文教学应重在指导学生写作记载文和论辩文这两类实用价值最大的文章。阮真从中学生将来的实际需要出发，重视应用文教学。他说："我何以把应用文特别重视呢？一则因为社会各种职业界的人以及学生父兄，都知道应用文的需要特别大，而现在中学毕业生对此特别欠缺。二则现在的中学国文教学，还有大部分的文人教育的因袭的势力。"② 他在《中学国文各学程教学研究中》中，把应用文分为三种：一种是普通应用文；一种是公牍应用文；一种是职业应用文。他主张根据学生需要的缓急初中教普通应用文，高中教公牍应用文。③ 叶圣陶认为作文是人的一种生活能力，不是一种外在的要求，须应生活之需，切生活之用。他说："尽管运用语言文字并不是生活上一种奢侈的要求，实在是现代公民所必须具有的一种生活能力。"④ 以应需为目标，叶圣陶十分注重"非文学的文字""普通文字"的教学。他说："其实国文所包的范围很宽广，文学只是其中一个较小的范围。文学之外，同样被包在国文的大范围里头的，还有非文学的文字，就是普通文字。这包括书信，宣言，报告书，说明书等等的应用文，以及平正地写状一件东西载录一件事情的记叙文，条畅地阐明一个原理发挥一个意见的论说文。中学生要应付生活，阅读与写作的训练，就不能不在文学之外，同时以这种普通文为对

---

① 叶圣陶. 叶圣陶语文教育论集 [M]. 北京：教育科学出版社，1980：721.
② 阮真. 中学国文教学法 [M]. 南京：正中书局，1936：134.
③ 阮真. 中学国文教学法 [M]. 南京：正中书局，1936：137.
④ 杜草甬. 叶圣陶论语文教育 [M]. 郑州：河南教育出版社，1986：92.

象。"① 需要说明的是，上述学者谈到的应用文实则是相对于文艺文而言的，并不是我们现在所指的狭义的应用文体。重视中学作文教学的实用性，加强作文教学与现实的生活，与读书、交际，与工作、社会需求的联系，有利于培养学生的基本写作技能，也有利于培养学生的社会责任感。

　　与基础性密切相关，中学作文教学还具有训练性。即学生作文能力的养成，离不开教师的"训"和学生的"练"。"五四"以前，姚铭恩对这一特性有一番形象的论述，他说："尝譬作文教授，为保姆事业。儿童作文，等于孩提学步。弱小婴儿，必全赖乎怀抱。固已数月以后，足力渐生，则为之保姆者，即当以灵秒之手腕，轻举其纤柔之足部以练习之。"② 1925 年，孟宪承在《初中作文教学法之研究》中认为："作文是一种技能训练，是与他种技能练习，适用同样的原则的。以常识而言，凡技能的娴熟，练习愈多愈好，作文当然也是如此。"③ 这就是说，作文能力的提高要有一个"历练"的过程，企望靠一次两次练习是达不到目的的。作文从来就没有什么"秘诀"。鲁迅说过："做医生的有秘方，做厨子的有秘诀，开点心铺子的有秘传，……但是，作文却好像偏偏并无秘诀，假使有，每个作家一定是传给子孙的了，然而祖传的作家却很少见。"④ 如果说作文一定有秘诀的话，那么，前人总结的"多读多练"四个字便是屡试屡验的不二法门。不过，对作文课训练性的理解不宜狭窄，它不仅包括语言文字表达技能的训练，还包括思维的训练、情感的训练、智力的训练，以至人格的培养。1922 年，梁启超在南京高等师范做《作文教学法》的专题讲演时认为，训练学生作文，就得"先教学生以整理思想为主要条件，使他们知道看文如何看，做文如何做"。⑤ 胡适说："我们相信，文字的记录，可以帮助思想学问；可以使思想渐成条理，可以使智识循序渐进。"⑥ "使思想渐成条理""整理思想"的过程，实际上也就是思维训练的过程。朱光潜特别强调作文训练对习作者的主体健全人格心理品质的建构，他说："练习写作有一个重要的原则须牢记在

　　① 叶圣陶. 国文教学［M］. 上海：开明书店，1947：7 - 8.

　　② 姚铭恩. 小学作文教授法［A］. 顾黄初，李杏保. 二十世纪前期中国语文教育论集［C］. 成都：四川教育出版社，1991：51.

　　③ 孟宪承. 初中作文教学法之研究［A］. 顾黄初，李杏保. 二十世纪前期中国语文教育论集［C］. 成都：四川教育出版社，1991：388 - 387.

　　④ 鲁迅. 南腔北调集［M］. 北京：人民文学出版社，1980：202.

　　⑤ 参见黄邵英. 梁启超作文教学思想的历史视角解读［J］. 广西师范学院学报（哲学社会科学版），2008（02）：135.

　　⑥ 胡适. 胡适文存三集［C］. 上海：亚东图书馆，1930：975.

心的，就是有话必说，无话不说，说须心口如一，不能说谎。"① 在作者看来，作文练习不仅仅是语言的掌握与应用，更应是人自为主宰的，既表现情感思想也滋养思想情感的创作活动。"作文也同诸般技术一样要达到运用自如的境界，必须经过充分的练习。"② "除从读文方面作根本的功夫外，还得专门注意作文的训练；而此训练中最重要的，无过于练习。不注意练习而欲收作文教学之最大效果，那是缘木求鱼，毫无希望的。"③ 中学作文教学的训练性特征，决定了教师必须在作文训练上动脑子，在作文命题上下工夫。

二、中学作文命题要领的理论探讨

（一）中学作文命题要切合学生的生活实际

梁启超从作文的特质入手探讨作文与生活的关系，主张作文命题生活化。他在《中学以上作文教学法》中认为，作文是把自己的思想传达个别人，"思想"的第一要素是"有内容"。"什么是内容？可从反面说：比如替不相干的人做寿序之类，便是无内容的文。又如学校中先生出论题给学生做什么范增论呀，管仲论呀，……学生心中，本没有要说的话，便是无内容，完全是从前八股习气。"④ 夏丏尊认为写作与生活是紧密联系的，他说："作文是生活，而不是生活的点缀。" 他批评教师动辄让学生做《秦始皇论》《汉高祖论》《救国的方针》《富强的根源》之类文题，认为这就如同教他作《太阳晒屁股赋》一样，而且其害处也是一样的。⑤ 叶圣陶从学生作文的特殊性要求出发，强调作文命题要"站在学生的立脚点上替学生设想"，要贴近生活。他认为，作文是内在的思想情感的流露，作文的题目理应生根于作者内心的积蓄，但在平时的命题作文训练中，首先闯入学生胸中的是题目，思想情感无论如何总要迟来这么一步。这显然是违背了一篇文章生成的自然程序的。从这个角度来看，命题原是不得已而为之。"所以我们得退一步，希望教师能够了解学生的生活，能够设身处地地想象学生内部的意思和情感，然后选定学生能够作的愿意作的题目给学生作。如果这样，教师出题目就等于唤起学生作文的动机，也即是代学生标示了意思情感的中心，而意

---

① 朱光潜. 谈美书简：二种［M］. 上海：上海文艺出版社，1999：182.
② 叶圣陶. 叶圣陶语文教育论集［C］. 北京：教育科学出版社，1980：396.
③ 庞翔勋. 初中作文之练习问题［A］. 转引自潘新和. 中国现代写作教育史［M］. 福州：福建人民出版社，1997：264.
④ 梁启超. 梁著作文入门［M］. 北京：中国工人出版社，2007：3.
⑤ 夏丏尊，叶圣陶. 文心［M］. 杭州：浙江文艺出版社，1983：15.

思情感是学生先前固有的。"① 他强调，作文不该看作一件特殊的事情，犹如说话，本来不是一件特殊的事情；作文又不该看作一件呆板的事情，犹如泉流，或长或短，或曲或直，自然各异其致。"我们要把生活与作文结合起来，多多练习，作自己要作的题目。久而久之，将会觉得作文是生活的一部分，是一种发展，是一种享受，而无所谓练习：这就与文章产生的自然程序完全一致了。"② "凡是贤明的国文教师，他出的题目应当不超出学生的经验范围，他应当站在学生的立脚点上替学生设想。什么材料是学生经验范围内的，是学生所能写的，所要写的，经过选择才能定下题目来。"③

如何让作文命题切近学生的生活实际呢？梁启超论及"命题的标准"时说："最好是本地风光。如做记述之文，最好是记学生旅行过的地方，或读过的书。论辩文最好是论与学生有关系的事"。④ 朱自清主张作文训练要从小的范围入手，从切近的熟悉的小题目下手，拣与学生实际生活有密切关系的问题练习写，像关于学校中的伙食问题等。陈启天说："切近是怎样的呢？一必关于学生的事实和问题；二必关于社会的事实和问题；三必关于人生事实的问题，又为中学生能叙述要解决的。若与学生毫不相干的一些经义史论，就可不必逼他胡说乱道了。"⑤ 叶圣陶觉得将生活与作文结合起来的一个好办法是写日记，日记的材料是个人每天的见闻、行为以及感想，概括起来说，就是整个生活，通过写日记，写作就跟生活发生了最密切的联系。⑥ 夏丏尊则主张作文训练的最好方式是学生自由命题，即写小品文。他说："作文也不是一桩特殊的事情，作文正同说话一样，是被包在生活里的一个项目。你若把作文看作特殊的事情，又不知从什么地方去寻取作文的材料，那就只好永久搁笔了。你若已经有了这样的癖性，想要纠正过来，养成容易作文的习惯，最好从试作小品文入手。"⑦ 这就是说，小品文写作能把学生从"命题作文"（给题作文）和寻找"专供作文的材料"中解放出来，获得写作上的放松感。夏丏尊在作文教学中，极其注意矫正学生"只从国

① 叶圣陶．怎样写作 [M]．北京：中华书局，2007：52．
② 叶圣陶．怎样写作 [M]．北京：中华书局，2007：54．
③ 叶圣陶．叶圣陶语文教学论集 [C]．北京：教育科学出版社，1980：413．
④ 梁启超．梁著作文入门 [M]．北京：中国工人出版社，2007：43．
⑤ 陈启天．中学国文的问题 [A]．顾黄初，李杏保．二十世纪前期中国语文教育论集 [C]．成都：四川教育出版社，1991：160．
⑥ 杜草甬．叶圣陶论语文教育 [C]．郑州：河南教育出版社，1986：49－50．
⑦ 杜草甬，商金林．夏丏尊论语文教育 [C]．郑州：河南教育出版社，1987：159．

文去学国文，只将国文当国文学"的偏差，多次批评学生过分依赖《作文作法》之类的指导书目。他曾说："我所第一要学生注意的，是自己的生活，叫题目用现实生活来做作文的材料，养成玩味自己实生活的习惯，对于实生活玩味观察的能力"。① 夏丏尊的作文命题思想无疑深具启示性。"它既使学生解除了对作文的畏惧，感到作文原来是如此轻松、自由的事情，可以不拘内容和形式，又从生活的内涵上揭示了写作的本质，使学生意识到'作文就是生活'，作文是人生的一个组成部分，从而严肃地负起生活的使命，从心理、思想上建立其写作的信心。"②

生活是写作的源泉，脱离生活的写作是无源之水，脱离学生生活的作文命题则无异于缘木求鱼。语文教育界前辈们主张把题目出在学生身边，出在学生生活上，是非常正确的。

（二）中学作文命题要考虑学生的心理特点

语文教育界前辈认识到，学生写作文时受到思维、联想、想象、情感等心理因素的影响，作文题目如果能贴近学生心理，让学生乐于接受，就能最大限度地调动学生的写作兴趣和积极性。黎锦熙认为，作文题目一定要符合"教学的原理和学生的心理。"夏丏尊对此做了一个生动的比喻，他把作文命题视为给爆竹安上药线。命题者要考虑爆竹（学生）是否储备着火药。也就是说，要研究学生心中的"郁积"，有没有到一"爆"为快的时候。③ 叶圣陶主张"命题要钻到学生心里去"。他说："心有所思，情有所感，而后有所撰作。惟初学作文，意在练习，不得已而采命题作文之办法。苟题意所含非学生所克胜，勉强成篇，此与其兴味及推理力摧残殊甚。是以教者命题，题意所含必学生心所能思。或使推究，或使整理，或使抒其情绪，或使表其意志。至于无谓之翻案，空泛之论断，即学生有作，尚宜亟为矫正；若以之命题，自当切戒。"④ 阮真认为，好的作文题目可以把学生从"厌写"拉到"爱写"这一方，把"要我写"变成"我要写"的自觉行动。他说："我们为学生拟题，要给学生一些良好的刺激，引起他们作文的动机和兴趣，使他们有话要说，不能不说；有文要做，不能不做；那么我们的题目在教学上可算发生了功效。"⑤

---

① 夏丏尊. 夏丏尊文集［C.］杭州. 浙江文艺出版社，1982：256.

② 潘新和. 中国写作教育思想论纲［M］. 北京：人民教育出版社，1998：290.

③ 夏丏尊，叶圣陶. 文章讲话［M］. 北京：中华书局，2007：119.

④ 叶圣陶. 叶圣陶语文教育论集［C］. 北京：教育科学出版社，1980：347.

⑤ 阮真. 中学国文教学法［M］. 南京：正中书局，1936：87.

胡适认为"最好是学生自己出题目""千万不可出空泛或抽象的题目"。题目的首要条件便是"要能引起学生的兴味"。他对学生作文的内容与形式并不加以限制，他说："学生平日做的笔记，杂志文章，长篇通信，都可以代替课艺。教员应该极力鼓励学生写长信，作有系统的笔记，自由发表意见。这些著作往往比敷衍的课艺高无数倍；往往有许多学生平日不能做一百字的'汉武帝'，却能做几千字的白话通信。这种事实应该使做教员的人起一点自责的觉悟！"① 杨同芳认为，人类有许多自然倾向（本性），自儿童即已开始。这些自然本性对中学生的作文极有价值。语文教师要以学生为对象，努力促使这些倾向向正常的途径去发展，把它们用为学习作文的动机，以增强学生作文的兴趣。具体来说，中学作文训练或作文命题可尽量反映下面五种本性：（1）心理活动。注意、观察、思想等活动，为人类所共具，作文教学可以满足这种心理活动。（2）搜集。搜集的兴趣人人都有。教师可以利于这种自然倾向，使学生搜集各种参考的材料，以供写作之需。（3）社会冲动。喜欢群居，为人类与生俱来之天性。此外，又喜与人竞争，受人赞美，这些天性统称为社会冲动。教师可利于这种天性发展学生口语和文字的表达能力。（4）冒险。人类都有冒险的兴趣，即使不愿实地冒险，也都喜欢听冒险的故事。这是由于人人具有好奇心，教师可利用学生对于冒险的故事、小说、戏剧的欣赏，进而培养学生描写自然与社会事象的能力。写作如何能动人，能富于情趣，都不得不带有充分的想象。（5）表现。任何人都喜欢对外表现，不问口语的抑文字的。尤其是青春期的中学生最喜把自己的思想表现出来，让别人知道，或是抒发他一己的观感，以引起共鸣。人类又爱将自己的一切炫耀于人前，好显示自己的长处。这种倾向原是不坏的，只要善为利导，都可以得到良好的结果。教师如能将它利于之于写作，一定可以增进学生口语和文字的表达能力。② 上述论述的确全面而深刻，折射出强烈的理论色彩与指导作文教学实践的斑斓光点。

简单干枯的生活里，一切不能着手；趣味的生活里，才可找到一切的泉源。作文应该是教师走进学生心灵的窗户，应该是学生抒发真情实感的渠道。作文题目只有符合学生的心理感受，满足他们的心理需求，才能让学生自己觉得有话可说，有话要说，不吐不快。作文命题注意与学生心理特点相

---

① 胡适. 胡适文存（卷一）［M］. 上海：亚东图书馆，1921：322.

② 杨同芳. 中学语文教学泛论［A］. 顾黄初，李杏保. 二十世纪前期中国语文教育论集［C］. 成都：四川教育出版社，1991：795–796.

结合，是这一时期作文命题研究过程中的一项重要突破。

（三）中学作文命题要符合学生的实际需要

按阮真的说法就是"要有益与学生处世为人"，有实用价值，符合学生目前和将来生活之实际需要。朱自清先生在为《文心》一书所作的序中就曾这样认为："自己也在中学里教过五年国文，觉得有三种大困难。第一，无论是读是作，学生不容易感到实际的需要。第二，读的方面，往往只注重思想的获得而忽略语汇的扩展，字句的修饰，篇章的组织，声调的变化等。第三，作的方面，总想创作，又急于发表，不感到实际的需要，读和作都只是为人，都只是奉行功令；自然免不了敷衍，游戏。"孟宪承在《初中作文教学法之研究》一文中写道："在我们的实际生活中，说话作文是为了有事实要记载，有意思要陈述，有问题要讨论。我们谈话、演说、辩论，我们写信、作笔记日记、新闻报告以及论文，一样都是生活上的需要。就是思想感情经过了丰富化、高尚化而成为文艺诗歌的时候，在他的作者，也一样感着是生活上的需要。学校作文，要能供给这种生活需要，就不能专靠单调的命题式的作文，而须多方面的变换作文的方式。"① 作者认为写作具有实用性，作文命题也应当具有实用性，而且还要通过多种命题方式来体现其实用价值。

胡适注意到了作文教学的实践性和应用性特点，在教学法研究中对此给予了较多的关注。他认为演说和辩论是一种"活的教学法"，提出对中学生在中学前两年教完国语文，到了三、四年，则以演说、辩论课取代它。关于演说、辩论的"择题"，他说："演说题须避太抽象太笼统的题目。如'宗教'，如'爱国'，如'社会改造'等题，最能养成夸大的心理，笼统的思想。从前小学堂国文题如'富国强兵策'等等，就是犯了这个毛病。中学生演说应该选'肥皂何以能去污垢？''松柏何以能冬青？''本村绅士某某人卖选举票的可耻'一类的题目。"② 阮真主张作文命题除了利用学生个人的实际需要事项而外，教师还要用心设计。所谓设计，就是从各方面假设一些环境或问题，使学生在这些环境或问题中感到作文的需要。他提示了5种可利用的机会：（1）利用学生的实际需要事项；（2）利用读物；（3）利用定期刊物；（4）利用校内服务事项；（5）利用社会服务事项。他认为这些方

---

① 孟宪承. 初中作文教学法之研究［A］. 顾黄初, 李杏保. 二十世纪前期中国语文教育论集［C］. 成都：四川教育出版社, 1991：387.

② 胡适. 胡适文存（卷一）［M］. 上海：亚东图书馆, 1921：312.

法，"总说一句，就是要社会化，实际化。有实际生活需要的机会，我们固然要利用；没有实际生活需要的机会，我们也要假设环境，造就机会，去做问题设计。"① 作者认为，作文命题要结合学生的生活实际，使他们感到作文的需要；还要结合学生的学习实际，使读书和作文密切配合。在这中间命题，学生不仅有话可说，有文可做，而且有作文的法度可循。这种读写结合的方法，可为作文教学的经常方法。魏应麒认为作文教学中不少文题"不合时代之精神，即不切学生之需要，或违背学生之心理，或超轶学生之精神，在今日皆无采用之价值"。他认为命题不可限于一隅，当随机应变，就各方面间迭命题，方足以引起学生习作之兴趣。这可从九个方面考虑：（1）与课文有关者；（2）就课外补充读物命题者；（3）以时事命题者；（4）以学校发生事项命题者；（5）使使之记述写实者；（6）以通论性质命题者；（7）命其自由发表思想者；（8）使其自由叙述见闻或往迹者；（9）以应用性质命题者。② 这里的"实用"并不等同于"功利"。作文命题的"实用价值观"的根本出发点和归宿点是"人"，是给学生以可持续发展的成长空间。从人的需要和发展的角度出发，考虑作文命题的内容设置与形式的选取，无论就写作学还是教育学来看，其价值都是不容忽视的。

（四）中学作文命题要注意方式灵活、形式多样

作文命题方式要灵活，既可以由教师命题，也可以由学生命题；即可以限时，也可以不限时。早在民国初年，对于作文教学是否需要教师命题，潘树声提出了自己的看法："初等小学，有时不须命题；高等以上，俟文成而为之标题。或令生徒按文制题，而教师订正之，以洗从前有题无文拉杂塞责之病。"③ 朱自清说："作文宜在课内，抑宜在课外？宜由教师出题，抑宜学生拟题？我认为这是自由与干涉的问题，我是主张自由的。我的经验，出题命学生做，在教室内学生作文，都足以束缚学生的思想力，使他不能发展。这种方法只是可偶一用之，使学生也经验经验限题限时的情境，俾将来遇这种情境时，也可适应。平常则以用自由的方式为宜。"④ 夏丏尊认为教师命

---

① 阮真．中学国文教学法［M］．南京：正中书局，1936：87.

② 魏应麒．中学师范国文作文教学法［A］．转引自潘新和．中国现代写作教育史［M］．福州：福建人民出版社，1997：308.

③ 潘树声．论教授国文当以语言为标准［A］．顾黄初，李杏保．二十世纪前期中国语文教育论集［C］．成都：四川教育出版社，1991：24.

④ 朱自清．中等学校国文教学的几个问题［A］．顾黄初，李杏保．二十世纪前期中国语文教育论集［C］．成都：四川教育出版社，1991：364－365.

题是有好处的："（1）因了教师的命题，可学得捕捉文章题材的方法，（2）可学得敏捷搜集关系材料的本领，（3）可周篇地养成各种文体的写作能力。"① 他认为教师命题可以见出学生各种文体掌握得如何，可以考查出学生训练搜集相关材料、处理文章题材的能力。同样，魏应麒也不赞成由学生自由拟题，认为由学生拟题的主张是忽略了学生作文只为练习之性质与忘记学生之非文学家，这样做有种种弊病，"有悖于教师教学整个之计划"。② 比较而言，蒋伯潜看法更为客观，他认为二者各有利弊，应当斟酌。由学生自由拟题，比较有选择题材的自由，不至于和学生格格不入。但命题并不是件容易的事情，学生也会感到寻找题目的困难。懒惰而取巧的学生，或许会只拣自己认为容易的文体和题材，甚至把自己作过批改过的旧作或他人的成作，抄来塞责。所以他主张不如由教师命题好。题目须有两个以上，使学生仍有选择的余地。即使教学生拟题，也得限定习作的文体。课内限时作文与课外不限时间的作文，当相间行之。因为在课外作，不限时间，也易发生流弊。惰性是人人有的。时限放长了，学生不见得充分利于空余时间去努力作文，往往因循拖延，到必须交卷的时候，方匆匆地写作。甚至也许有请人代替的事情。写作练习，敏捷也是一个条件。所以完全课外作文，是不妥当的。而且课内作文，教师命题，并不是一出题目，便算了事。学生在教室里作文时，教师必须加以指导。除关于文体、题材、作法……共同的提示之外，尤当注意个别的指导。所以课内作文是不应完全废除的。③ 学生拟题有利于减少对学生写作的束缚，但教师命题也并不排斥思想和言说方式的自由，其最终目的在于使写作效果更趋于理想。二者并不矛盾，相反是学生学习作文缺一不可的"两翼"。教师不放手，学生的作文"飞"不起来，但教师一放手，学生的作文是否就能"飞"起来呢？不见得。因此，作文命题应该两手抓：一手抓自由作文，一手抓教师命题，两手都要抓，而且要灵活地抓。蒋伯潜的作文命题"两手抓"的观点是很有见地的。

作文命题的形式要多样，既重视口头作文，又重视书面作文；既重视材料作文，又重视非材料作文。这以黎锦熙的开放式作文训练观为代表。黎锦熙不但注意到作文教学内部与外部的各种矛盾，而且也注意到它们相互统

① 杜草甬，商金林. 夏丏尊论语文教育 [Z]. 郑州：河南教育出版社，1987：45.

② 魏应麒. 中学师范国文作文教学法 [A]. 转引自潘新和. 中国现代写作教育史 [M]. 福州：福建人民出版社，1997：308.

③ 蒋伯潜. 习作与批改 [A]. 顾黄初，李杏保. 二十世纪前期中国语文教育论集 [C]. 成都：四川教育出版社，1991：836–837.

一、相互联系的一面。他提倡相关教学内容的整体联络，主张采用多样化的作文训练方式。一是"非作文的作文"。他说："初年级的儿童，当未能提笔为文时，应特注重'话法'，以为作文的基础。话法就是'语言练习'，也称'口语缀法'。……在高年级的话法教学中，有两件事和作文有关系：（1）讲演。用故事或常识做材料。（2）辩论。用正式集会的形式：拣定一个题目，正面反面，都是有理由的，分全级为两组，各主一说，相互辩驳，由公证员评判胜负。这两事，本身就是一种'口语缀法'的练习，而且事前的预备、事后的记叙，都是作文的最好的机会和材料。——这可说是话法的作文。"① 讲演和辩论，不但小学生可作，对中学生而言也是一种极好的口语和写作训练，因其适应了青少年喜欢争论、表现和群居的心理特质。因此，从某种意义上讲，这种"非作文的作文"比煞有介事的正式作文，练习效果可能更佳。胡适、朱自清等人也是非常赞赏这种作文训练方式的。二是"作文的艺术化"。黎锦熙说："拿图画来补助作文之所不足，或就图画加以叙说，以引起作文的思致，都是初年级所能办得到的；就此法引而伸之，便是作文的艺术化。"② 图画一般都有很强的形象性、故事性，且画面明朗、线条清楚、色彩鲜艳、细节具体、画意明确，与学生的学习生活、家庭生活、社会生活有着密切的联系，为学生所喜闻乐见。这不仅为学生的作文提供了题材，而且能激发他们用语言文字进行表达的积极性。三是"作文与读法教学联络点"。黎锦熙认为低年级儿童最爱的是"故事"，所以读法教材以故事为多，利用这点，以为作文出题的标准，可以培植并助长他们自由创作的心能。高年级学生爱讨论他们环境中所有的或新发生的"事实"和"问题"，利用这点，就国语科或他科讨论、研究一个问题的结果，便命题作文，等到批评发还之后，即选读关于本问题的名著，使可比较自己的文章，知道缺点在哪里。这就将作文命题与学生的读法练习起来。

　　叶苍岑、蒋伯潜等人也谈到了作文命题形式的多样化问题。叶苍岑认为，作文命题需时有变化，且与精读教材、略读教材及文章法则相联络。"在初中学生，分为命题（教师命题或学生自拟），翻译（文语互译或译韵文为散文），整理材料（教师供给材料，由学生作一系统之文字），重写（示以原文，令学生重写，亦可演简为繁或节繁为简），听写（教师演讲一事一题，学生听后写成文字），写生（教师提示实物，学生实地描写），记

---

① 张鸿苓，李桐华．黎锦熙论语文教育［M］．郑州：河南教育出版社，1990：185.

② 张鸿苓，李桐华．黎锦熙论语文教育［M］．郑州：河南教育出版社，1990：186.

录（演说及新闻等之记录），应用文件（书札、契据、章程、广告或普通公文）等项。在高中学生，除依照初中各项练习以外，并增加专题演讲，试写论文。"① 蒋伯潜也倡导广义作文训练观，他说："'作文'固然是一项重要的'习作'，但不能说它是'习作'底唯一目的。周先生所说的翻译、标点、图解……（省略号为原文所有）文法练习，都是'习作'；课外做的周记或日记、讲授笔记、演讲记录或读书笔记，乃至写给教师、同学、亲属、朋友的书信，也都是'习作'。总之，凡是运用本国文字的练习，都是'习作'。'习作'绝不仅是指定期的作文而言。——这是应该认清的一点。"②

（五）中学作文命题要注意命题的系统化

作文命题不仅仅是简单出个题目而已，而是一门学问，需要在教学实践中总结，认真研究，建立符合作文教学规律的，符合学生实际的，有助于提高学生作文能力的命题系统，或命题序列。20世纪20年代起，研究者对作文命题的系统问题进行了可贵的探索。

主要是对中学作文命题文体系统的探索。1922年陈望道的《作文法讲义》出版。这本书的突出成就是确立五种文体基本框架，为后来文体分类基本袭用。我国传统的作文教学的文体分类，如陈望道所说，存在着两个方面的问题：一是存在着"阶级的与凌杂的"毛病，未能形成合理的文章修辞界限与练习程序；二是将一般意义上的文章作品的文体分类，混同于作文法上的分类，缺乏教学意识，不利于学生认识文章的各种表现特征。鉴于此，他一改传统的"文章作品上的分类法"为"作文法上的分类法"，分出了五种作文教学基本型文体：记载文（记载一切存在空间的景象情状的文章）、记叙文（记叙一切经历时间、事物变化历程的文章）、解释文（陈述意向思想，使读者领悟某种意义的文章）、论辩文（条陈是非曲直，树立自己主张的文章）、诱导文（诱导别人行为上起了某种变化的文章）。这种新的文体分类法，不但体现了作文训练与能力培养的由浅入深、由易到难的内在衔接性。"先练习记载文、次练习记叙文、又练习解释文、论辩文和诱导文"。梁启超把文体分为记载之文、论辩之文和情感之文三类，他主张中学作文命题文体要以应用之文（记载之文、论辩之文）最为重要，而非应用

---

① 叶苍岑. 对中学新生谈国文学习［A］. 顾黄初，李杏保. 二十世纪前期中国语文教育论集［C］. 成都：四川教育出版社，1991：665.

② 蒋伯潜. 习作与批改［A］. 顾黄初，李杏保. 二十世纪前期中国语文教育论集［C］. 成都：四川教育出版社，1991：832 – 833.

之文（情感之文）"不必人人皆学"。这里，他强调了作文命题的文体重点，但并非排斥情感之文，排斥纯文学化命题。他又把应用之文分为记事文和论事文两类，在这两类文体中他又以记事文为重点，但并不否定论事文。他说："我并不说论事文不该学做，论事文可以磨炼理解力，判断力，如何能绝对排斥，但我以为不要专做，不要滥做，不要速做。等到学生对于某一项义理某一件事情某一个人物确有他自己的见解——见解对不对倒不必管——勃郁于中，不能不写出来，偶然自发的做一两篇，那么，便得有做论事文的益处而无其流弊了。"① "我主张一学年有两学期，一学期教记叙文，一学期教论辩文。由简单而复杂。记叙文先静后动，论辩文先说喻、倡导，而后对辩。论小事的在先，论大事的在后。使学生知道理法，可以事半功倍。"② 可见，梁启超强调要根据学生思维发展的状况，科学、合理地进行文体训练。阮真在《中学作文题目研究》一书中提出，整个中学阶段作文题目，要考虑学生的知识、技能、兴趣三个方面，形成程度的阶梯性。为此他提出了三级学生作文题目的程度标准。（1）从知识方面来说。初、中、高三级文题所包含的知识，要以其所习之学科、已读之选文及生活上已有的经验为标准。（2）从技能方面来说。初级文题应是"以文从字顺，说理叙事浅显而有层次，在三百字内，能为结束而自圆其说者为标准"。中级文题应是"以文字明白流畅而能修辞；说理叙事较为高深复杂略能描写人物风景，在五六百字内，能为结束而完篇者为标准"。高级文题应"以文字简洁雅驯，说理叙事较为高深复杂，兼能为深刻而生动的描写，在七八百字内，能达意图满，结构严谨者为标准"。阮先生根据以上对中学三级学生文题的技能与量化标准的分析，最后得出一个十分正确的带有规律性的结论，"各级侧重一类使多作练习，教学上易收功效"，并明确定为："初年级重记叙，中年级重陈说，高年级重议论"。这样的文体训练序列是十分科学的，它几乎完全符合我们今天的教育理论、课程标准和教学实践。

　　同时还有对中学作文命题其他系统性问题的探讨。如从内容和形式的关系上看，叶圣陶在《作文论》中，把写作分成"怎样获得完美的原料（思想、感情）"与"怎样把原料写作成文字"两个步骤。叶老说："从原料讲，要是真实的、深厚的，不说那些不可征验、浮游无着的话；从写作讲，要是

---

① 梁启超．饮冰室合集·专集（第 15 册 43 卷）［C］．上海：中华书局，1936：84.

② 梁启超．中学以上作文教学法［M］．上海：中华书局，1925：44.

诚恳的，严肃的，不取那些油滑、轻薄、卑鄙的态度。"① 再如从整体训练与单项训练的配合上看，夏丏尊、刘薰宇等研究者也有新的创造，除了全篇文章的练习外，还就某一点写作要求进行练习。例如在《文章作法》"叙事文的观察点"这一节后，附有这样一个练习："下面的例，是以旁观者的态度做的文字。试置观察点于裁判官方面，把它改作一篇裁判官写给朋友的信。"（材料略）这是一个改变人称的作文训练，同一材料，换一个叙述的角度，使学生体会人称在写作中的作用。

要而言之，这一时期中学作文命题研究至少在以下几方面有较大突破：一是充分认识到作文教学中教师认真拟题对于提高学生作文水平的重要性。二是在评判作文题目优劣标准方面取得某些共识，几乎一致认为优秀的作文题目应具有切近性、兴趣性、层次性、实用性等因素。三是认识到整个中学阶段作文题目无论内容还是形式都应形成程度的阶梯性。四是对作文教学中的应用文写作予以高度重视。这些成果的取得与人们对作文教学暨语文学科性质、功能的深入研究是密不可分的。

第四节　中学作文命题现代化道路的实践探索

"五四"新文化运动前后中学作文教学存在的问题是中国中学作文命题现代化探索的新契机。语文教育界的有识之士认识到问题背后的深层原因，他们在对其进行考察、批评的过程中，也肩负起了时代的责任，开展摆脱作文训练随意、混乱局面，寻求作文命题现代化的实践探索。这里择其二例，予以证之。

一、春晖中学作文命题实践

春晖中学创建于 1921 年，校址在浙江省上虞县乡村的白马湖岸边。创办人和首任校长就是前浙江第一师范校长、著名教育家经亨颐（出资者是上虞富商陈春澜）。经亨颐在建校后很短的时间里，就把这所设在偏僻乡村里的初级中学，办成了誉满全国的名校。春晖中学的语文教学尤为人称道。

春晖中学的语文教学改革，是由著名教育家、作家夏丏尊主持并亲自试

---

① 叶圣陶.怎样写作 [M]. 北京：中华书局，2008：5 – 8.

验的。除夏丏尊之外，国文教师还有朱自清、王任叔等人。夏丏尊在他的名文《白马湖之冬》里说过："当我移居的时候，（白马湖那里）还是一片荒野，春晖中学的新建筑巍然矗立在湖的那一面，湖的这一面的山脚下，是小小的几间新平房，住着我和刘君心如（按：刘薰宇，字心如，著名的数学教育家，曾与夏丏尊合著《文章作法》。）两家。此外两三里内没有人烟。"① 就是在这样一所建在远离闹市的乡村僻静处的普通中学里，夏先生和他的同事们，在 20 世纪 20 年代之初，卓有成效地进行了中学国文教育教学实验，创造了令后人永远敬佩的成绩。春晖中学的作文命题实践有三个显著特点：

（一）作文训练观念求"真"

春晖中学国文教师强调学生端正作文态度，不说空话、老话和套话，要求说真话和实话。1946 年，已经成为著名散文作家的丰子恺在悼念夏丏尊的文章中就讲到这样一点：他教国文的时候，正是"五四"将近。我们做惯了"太王留别父老书""黄花主人致无肠公子书"之类的文题之后，他突然叫我们做一篇"自述"。而且说，不准讲空话，要老实写。有一位同学，写他父亲客死他乡，他"星夜匍匐奔丧"。夏先生苦笑着问他："你那天晚上真个是在地上爬去的？"引得大家发笑，那位同学脸孔绯红。又有一位同学发牢骚，赞隐遁，说要"乐琴书以消忧，抚孤松而盘桓"。夏先生厉声问他："你为甚么来考师范学校？"弄得那人无言可对。这样的教法，最初被顽固守旧的青年所反对。他们以为文章不用古典，不发牢骚，就不高雅。竟有人说"他自己不会做古文，所以不许学生做"，但这样的人，毕竟是少数。多数学生，对夏先生这种从来未有的、大胆的革命的主张，觉得惊奇与折服，好似长梦猛醒，恍悟今是昨非。这正是"五四"运动的初步。② 无论是"惊叹与折服"，还是"长梦猛醒"，都说明在作文课堂教学的"规训"下，学生作文观念的转变。朱自清也特别强调作文的"真"。他说："真就是自然，藻饰过甚，真意转晦。"他要求语言"回到朴素，回到自然"，反对滥用绮丽词句来雕琢描写；要以简洁的笔墨描摹客观现象，抒发主观情愫；以寥寥数言，道出事物的本质，显千情万态于轻描淡写之中；以发自肺腑之声，直诉读者心灵。③

---

① 欧阳文彬. 夏丏尊散文集 [Z]. 天津：百花文艺出版社，1992：127.
② 丰子恺. 丰子恺文集（第 6 卷）[Z]. 杭州：浙江文艺出版社，1992：157.
③ 高照. 白马湖的平屋和一群布衣先生 [J]. 文史精华，2005（5）：62.

（二）作文训练内容求"实"

春晖中学国文教材提倡学生写身边的人和事，强调学生学会观察事物，发现事物的特性，多写短文而务期言之有物。夏丏尊发现学生写的日记，像记流水账，把一日的行事罗列起来，"晨儿时起床，上午上课四班……九点半钟就寝"，结果日记每日一样，每人一样。他还发现学生的作文内容泛泛，套话空话连篇，如以《公德》为题作文，就将"人不可无公德……我们非讲公德不可，我劝同学们大家要讲公德"等套语凑集起来，再加以"为甚么呢？因为……所以……"的自问自答，把篇幅伸长，弄成空泛不实的一篇文字，以致学生对作文不感兴趣，得不到益处。夏丏尊认为这种作文教学已在普通教育中形成"套子"，如此作文，学生做上一千次也是没有用的，于是他就如何改变学生作文做了多次探讨。他主张采用让学生注重自己的生活，作文取材于实际的"写实"的方法。他指导学生写小品文。他所提倡的小品文，是指"外形的长短"而言，二三百字乃至千字以内的短文皆属小品文之列。小品文的性质内容全然自由，可以叙事，可以抒情，可以议论；小品文的写作内容也无所不包，学生可以把每天的所见、所闻、所思、所感形之于笔端，或做日记，或做笔记，或通信，不作字数要求，意尽而止，纯任自然。他的作文命题，基本上都是些生活片断，如《箫声》《插秧》《蚊咬人》《吃饭前后的饭厅》等，让学生尽可能把自己观察所得的印象不加解释地呈现出来，使读者也获得同样的印象。通过小品文训练，学生不但很喜欢做这样的文章，而且写作素养提高得很快。

朱自清反对学生写些内容浅薄的作品，主张要有"味"，要有生活，他告诉学生们："印在纸上，好像没有神气，念在嘴边，也像没有斤两：这就是没味。有味的便不同，譬如，有浓浓的颜色，有清清的音响，便是有味了。味在题材的深处，须细意寻探，才可得着；得着了味，题材的范围与性质都不成问题了。味是什么？粗一点说，便是生活，纯化的生活！便是个性，便是'自我'！"[1]。随即，他把自己游览温州梅雨潭、南京秦淮河的过程讲给大家听，又介绍如何构思，如何写作的经过，说明有味的文章全得之于生活，并非高不可攀，学生很受启发。由于朱自清的教育引导，学生写了许多取材于学校生活的文章，大都内容充实、描写生动。当年《春晖的学生》月刊上刊载的《我所见到的夏先生》（斯尔螽）、《冷静的匡先生》《白

---

① 朱自清. 水上 ［J］. 春晖半月刊（第33期），1924.

马湖的春》（吕襄宝）、《学友郭秋水君》（张贞黻）、《摇船》（沈寿春）、《晚餐后》（夏蕊华 ）等无不如此。为开阔学生视野，春晖中学于春秋两季均安排旅游。朱自清热心此举，认为白马湖风景虽好，毕竟太小，学生接触社会很有必要。1924 年 10 月下旬，他和匡互生等先生率领第二团由学校动身，乘民船过绍兴到杭州作为期一周的秋游。出发前，朱自清布置给学生"途中见闻"的总题目，要大家细心留意身边发生的事情；途中，朱自清和学生吃住在一块，给学生讲述沿途景点、传说故事、风土人情。到了杭州，他又与学生一起漫游景点，登山游湖，解释景点的诗文。杭城之游结束，学生增长了许多知识，回校后便又写出了一批好文章。

（三）作文训练方式求"活"

为了提高学生的作文能力，春晖中学国文教师积极改进作文教学，倡导读写听说相结合。夏丏尊采用了很多方法，如读书笔记，写日记，做口头作文，演讲等等。朱自清也主张"从练习演说入手"，鼓励学生参加演说活动。当时，春晖校刊"校闻"栏目中，经常刊登学生在"五四"等纪念集会上发表演说的消息，"五卅"惨案和济南惨案发生后，学生分头到各集镇作街头演讲，把宣传革命道理和培养说话能力结合起来。经过一段时间的实践，既锻炼了学生的口头表达能力，也提高了书面表达能力，学生不仅能写出内容充实、文笔流利的记叙文、论说文和抒情文，还能写其他多种形式的文体。学生会写学校新闻、学习总结；为宣传革命道理，会写传单。读写听说相结合，既把握住了语文教育的根本任务，又深刻地认识到四者相对独立、相互联系、相互制约、不可偏废的关系，同时，也极大地丰富了中学作文命题的文体形式，拓宽了中学生作文的路径。听说读写全面训练的原则，已成为当今中学语文诸多教学原则中不可或缺的一条。

二、扬州八中作文命题实践

当时中学普遍的情况是，学生视作文为惧文，教师视作文教学为畏途。每两个星期写一次作文，并限定在课堂内两小时内交卷，学生因害怕作文，草草虚构故事而已；而教师拿了几十本卷子一字一句地去改，关上房门，写秃了笔尖，耗费了精神，辛辛苦苦改好了，发给学生，学生不过拿来看了一眼，掷于一旁，其结果终是不行。特别是作文命题是一件非常艰难的事，挖出教师的枯肠有时仍旧不讨好。所以，许多学校纷纷着手作文教学改革。扬州第八中学的"札记"和口头作文教学即是这方面的有益尝试。

扬州第八中学，对"札记"的写作教学十分重视，认为它有兼收国文学习之多方面的效能。把它列入国文课，作为与读文、作文、文字、文法等并列的一个课程，对此做了历时3年的深入研究与实践。这一探索分3期进行。

第一期是"课外随录期"。学生可以自由选择阅读材料（文本）。不过，为了防止学生胡乱抄录文章滥竽充数，教师规定，外国文章、韵文、已经读过的范文和从前的一切八股制义文都不能做读书札记。办法刚施行时，确实有不少优秀的札记，教师每阅一卷常常兴奋数日。但是很快发现了许多弊端。比如，没有一定的标准，学生"各读所读"，教师检查起来极为困难；因为限期收缴，学生往往仓促行事，不求甚解，只想快点完成任务；忘记了教师的规定，一些学生所读的内容无益于身心健康；部分敷衍了事的学生，美其名曰写的札记要发表，可通篇尽是陈词滥调，毫无新意可言。鉴于此，只好改为由教师命题。

第二期是"课外命题期"。规定每四周命题一次，一学期中四次更换题目。同时又把全班学生分成若干小组，每小组一道题，以免参考书不易周转之弊。图书从本校或者小组图书室借出，每次指定一位学生掌管借出的图书，到期按时缴还，教师再重新命题。考虑到学生可能"为独题所窘，拘束太甚"，教师又宣布如果学生要在本题之外另有研究，应上报所拟的题目和参考书目，经教师审核同意后方可进行。这种方法实行后，学生创设了多个图书室，存书最多时达22类、182种、545册。每日借书的络绎不绝，门庭若市，一时间阅读之风在全班盛行。这种方法虽然取得了一定成效，但又发现有种种不足，主要是认为札记如此重要，放在课外不合情理，于是师生均有转入课内的想法。

第三期是"课内选读期"。教师负责推荐阅读书目，由学生自由选购，从事阅读，于是课内选读成为札记的主要渊源。读书时间（含讨论）为每周1-2个小时。教师认为"札记"课的读书，比"讲读"课的范文教学效果好。学生在读书时间，带书和笔记本进教室，先在读本上加上标点，在认为写得好、有欣赏价值的地方作记号，然后就书中的字词的意义，通过查阅工具书在书中加上注释。札记的方法有7种：采录、撮要、跋尾、改纂、参征、答解、图表。因所读内容而异。这样实行了一个学期，教师发现学生变得心明澄澈、心静平和，这种效果远不是上讲读课所能达到的，最后将学生所作的札记结集出版，几届学生出版了杂志多种。教师认为，每当出版物发刊时，那些被选录的作者无比兴奋，备受鼓舞，学生读书的效能大为提高。事实表明，发表法（广义）是增强学生写作动力的有效途径。

扬州第八中学的言语练习，即口头作文，也值得借鉴。该校言语练习的方式有两种。其一是"辩论"，即甲乙双方针对同一个题目依次发言，有攻击，有防御。其二是"演说"，即仅由一个人就某一题目登台演讲，其余学生则旁听。在八中的国文教师，有采用"辩论"的，有采用"演说"的，也有两种方式都采用的。此外，也还有不拘形式"讨论"式的口头作文。上述方式有两点需要注意：一是不谋求少数人的进步，而是面向全体学生；二是不在于专门培养诙诡之辩才，而在于为学生提供学习、增进知识的机会。所以，每次口头作文都指定必须发言人，即便此次未被指定，在开会三次内，至少也要发言一次。而每次发言，教师要根据学生的能力略加以指导；遇到时局要闻，就用命题的方式进行研究。实行之后，因为次数不多，效果尚不太明显。但是，每届学校举行纪念活动，都有很多学生上台演说，虽不是十分精彩，但演说条理还清楚，虽国语不太纯正，但地方音已不明显。①

读书札记有助于积累资料，助于扩大知识面，获得课堂上得不到的知识，能够陶冶情操，砥砺品行，还能够明显地提高自己的写作能力，不至于在写作文时搜索枯肠，无从落笔。况且，读书札记本身也是一种写作文体。口头作文训练课虽说可以侧重于某一方面的训练，但整个训练过程又是一个综合训练的过程，学生在训练的过程当中，得到的是多方面能力的培养。所以，扬州第八中学的作文命题实践从表面上看侧重于某一文体、某种形式，其实是将读书、作文、讲演、辩论等内容相互联络为一体，对学生作文素养的提升有实际的功效。

中学作文命题实践远不止这些。许多中小学教师以专家的思想为理论假设，结合自己的教学实际，做了许多实验：（1）作文是否命题（指教师给题），有系统之自由发表与限题作文孰优？上海、安徽一些学校通过实验，认为命题作文优于自由作文。（2）作文是定期作还是随机训练，上海一些学校通过实验认为定期效果较好。（3）与此相关，作文是在课内限时交卷好，还是课外不加限制好？一些实验无法判断孰优孰劣，采取折中的办法，两者相结合。（4）日记可以代替作文否？杭州的一些学校研究认为自由日记要比限题作文好。（5）作者指导方法方面，经过实验，一般认为应指导

---

① 张震南，等. 中学国文述教"札记篇"［A］. 参见：潘新和. 中国现代写作教育史［M］. 福州：福建人民出版社，1997：111.

学生拟提纲、打草稿，教师命题以后，应加以启发等。① 姑且不论实验的结论是否科学、可信，单是这种脚踏实地的实证研究方法就值得肯定，在今天仍具有借鉴意义。

第五节　中学作文命题现代化探索的基本定型

"五四"新文化运动以后，白话文在语文教育中取得合法地位，其后虽有封建读经复古思潮和国文复兴运动的旧思想、旧传统的反复、回潮，但国语统一，言文一致，作文载体根本性变革已成定局。在先进教育思想的引导下，语文教育界人士积极从理论与实践两方面探讨作文教学的规律，研究作文教学的方法。自 20 世纪 30 年代开始，中学作文命题的形式与内容基本定型。

一、中学作文命题规范与体制的基本定型

1923 年《新学制课程标准纲要》刊布以后，经过五年，由于形势的急剧变化，旧课程标准已经不适应时代的需要。于是，1928 年中华民国教育部组织人员重新编订课程标准，又经过几年的起草整理、实验研究、修改订正，1932 年颁行了《中学课程标准》，1936 年修正颁行了《中学课程标准》。修正前后有关"作文"部分的规定差别不大，现将 1936 年颁行的初、高中课程标准有关内容摘录如下：

《初级中学国文课程标准》的"目标"是：（1）使学生从本国语言文字上，了解固有文化。（2）使学生从代表民族人物之传记及其作品中，唤起民族意识并发扬民族精神。（3）养成语体文及语言叙事说理表情达意之技能。（5）养成了解一般文言文之能力。（4）养成阅读书籍之习惯与欣赏文艺之兴趣。

"教法要点"有关"文章法则部分"是：（1）采用适当材料，预使学生自由研究，以便定期在课室内讲解讨论。（2）所举范例须与精读文联络比较，使学生获得充分的练习与理解。（3）就学生习作中摘出其文法上，体制上谬误之实例，令其改正。（4）应注重语体文法与文言文法之比较及

---

① 吴震春．作文指导方法的比较实验［A］．顾黄初，李杏保．二十世纪前期中国语文教育论集［C］．成都：四川教育出版社，1991：615．

各种体制之异同。有关"作文练习"是：（1）教授作文方法，应时有变化，但不论记叙或议论，均以实质为对象，力避空泛，玄虚之习气。略举数例如下：（甲）命题。由教员命题或由学生自拟教员择定之。题材须取有关现实生活而偏重记叙描写并与精读文之文体有切实关联者。（乙）翻译。翻文言文为语体文，或翻古诗歌为语体散文。（丙）整理材料。由教员供给零碎材料，令学生作一系统之文字。（丁）变异文字之繁简。示以简约文字，令学生愿意演绎；或示以冗长文字，令节简之。（戊）写生。分学生为数组，由教员提示事物，实际描写。（己）笔录。教室听讲及课外读书之笔记。（庚）记录。如日记，游记，演说及新闻等记录。（辛）应用文件。书札，契据，章程，广告及普通公文程式之习作。（2）习作以每星期一次为原则，于课内行之。每次练习，必须有个别或共同之批评，改正以先加各种符号，使自行修改。（3）口语练习，于课外行之。或由教员命题指定学生演说，或由学生自由发表意见，或组织辩论会分组辩论。演说或辩论后，应批评其国音上语法上理论上及姿态上之错误，予以纠正。（4）书法练习，除于课内略为说明用笔结体等外，应注意课外行楷之练习与临摹，先求整洁，次及美观。笔记与作文簿亦可为考查书法成绩之资料。

《高级中学国文课程标准》的"目标"是：（1）使学生能应用本国语言文字，深切了解固有文化，并增强其民族意识。（2）除继续使学生能自由运用语体文外，养成其用文言文叙事说理表情达意之技能。（3）培养学生读解古书，欣赏中国文学名著之能力。（4）培养学生创造国语新文学之能力。

"教学要点"有关"文章法则"是：（1）文法应继续注重语体文与文言文之异同。古书上文法特例，亦应分别说明，以为学生读解古书之助。（2）修辞应注重文章之组织与体制，遣词之方式，词格之类例。关于文学作品之玩味，作家风格之识别，亦应注意，以培养青年欣赏中国文学名著之能力。（3）辩论术，应注重辩论之方式，证据之搜集，判断之正确，敌论之反驳，以及音调姿态之运用等。

有关"作文练习"是：习作以每星期一次为原则，于课内行之。（1）命题作文。养成学生作文缜密敏捷之习惯与尽量发挥之能力。（2）翻译。为训练学生作文技术上之精确计，应注重翻译。例如：译（甲）文言文为语体文，（乙）语体文为文言文，（丙）古韵文为语体散文，（丁）外国短篇文为中国文言文或语体文等。（3）读书笔记。令学生将读书心得或疑问等，写成系统的或片断的笔记，以养成其勤勉审慎之习惯。（4）游览参观之记载。养成学生观察，取材，判断及描写之能力。（5）专题研究。提出研究题目，由学生搜集资料，试写论文，应注意其思想之条理与材料之排列等。（6）应用文件。凡宣言、契据、章程、广告及其他公文书札等，皆可令学生习作。（7）文学作品。凡小说诗歌戏剧，皆可令学生试作。①

　　1940 年的《修正初级中学国文课程标准》在"作文练习"中增加了"听写"，即"由教员演讲一事一题，令学生听后写成文字"。《修正高级中学国文课程标准》其作文教学部分与 1936 年课程标准相同。1941 年的《六年制中学国文课程标准草案》在"作文练习"中强调教授作文文法要"以精读、略读及研究各部分联络为主要原则"，"（作文训练）各项方法，由教员按照学生程度，分别运用，须与各学年教材配合恰当"。1948 年《修订初级中学国文课程标准》突出了"切生活上之应用"的目标；在"实施方法"中强调"练习作文方式应由易及难，由教员斟酌活用"。1948 年《修订高级中学国文课程标准》也突出了"作切合生活上最需要应用最广之文字"的目标。② 自 1936 年以后至中华人民共和国成立前，课程标准对作文教学的阐述虽有所丰富，但总的来说只是小修小补，没有实质性变化。也就是说，20 世纪三、四十年代课程标准对作文教学的论说是比较成熟的，作文命题规范和体制是相对稳定的。具体说来，有以下几个特点：

　　（一）作文命题价值取向合理

　　如果说辛亥革命到"五四"新文化运动前后，作文命题的价值取向是更注重"自由发表思想"的话，那么，这一时期的作文命题既关注"自由发表思想"，也关注"切生活上之实用"；既重视作文技能的训练，也注重作文习惯和思维品质的培养。概而言之，这一时期的作文命题追求"内在发展价值"和"外在工具价值"的统一，从某种意义说，也就是追求人的全面发展价值。

　　（二）作文命题依据更加明确

　　"五四"运动前后，人们批评作文命题空泛、抽象，主张作文命题生活化、实用化，但是，如何生活化、实用化，在何种程度上生活化、实用化，

---

　　① 课程教材研究所.20 世纪中国中小学课程标准·教学大纲汇编（语文卷）[M]. 北京：人民教育出版社，2001：296 - 303.

　　② 课程教材研究所.20 世纪中国中小学课程标准·教学大纲汇编（语文卷）[M]. 北京：人民教育出版社，2001：304 - 320.

命题依据是什么，并未取得一致的认识和富有成效的经验。课程标准指出："题材须取有关现实生活而偏重记叙描写并与精读文之文体有切实关联者"，"精读与作文练习，应注意密切配合，务使每一精读教材之教学结果，即可应用于作文练习，或由每次作文练习，引入精读教材教学"。这就是说，学生的现实生活、学生的学习内容成为作文命题的主要依据。

（三）作文命题方式较为灵活

20 世纪三、四十年代先后数次颁行的课程标准示例的作文命题形式均达十项之多，同时建议"教授作文方法，应时有变化"，"练习作文方式应由易及难，由教员斟酌活用，亦可酌采其他方式"。既有灵活多样的训练方式，亦给予自由选择的余地；既有课内训练，又有课外训练，双线并进，各有侧重，各逞其能。课程标准强调基础文体训练，却也不忽视发展提高，如主张"对于一部分具有文学天才，或兴趣之学生，可令为小说戏剧诗歌之习作，或古文诗词之仿作"等。

二、中学作文命题参照与范例的基本定型

20 世纪 30 年代起，国文教材中体现的作文教学意识明显增强。多数国文教材都是将文选与习作混编，或取文话、文选、文法三位一体的体例。这一时期出版的比较重视作文教学且在当时较为流行的中学语文教材主要有：

孙俍工编的初、高中《国文教科书》（上海神州国光社 1932 年版），初、高中各六册，每学期一册。该套教材最大特点，是以"文章作法"为线索进行单元组合，每个单元都有一个揭示训练中心的小标题；各单元的选文都服从本单元"文章作法"的要求，并为其提供相应的范例；每个单元还按照本单元"文章作法"要求，布置若干作文题目，供教师指导学生写作时选用。初中以语体文为主而辅以文言文，将每学期分成数个单元，每单元教学一种文体，或某种文体的一部分。大抵一年级以记叙文为主，二年级以说明为主，而辅以文艺抒情文，三年级以议论文为主，应用文为辅，兼及古诗词经史知识。高中以文言为主。大抵一年级以记叙各体为主，二年级以学术思想为主，故偏重议论说明两体，三年级以文艺各体为主，而贯以文学史学识。

傅东华编的《复兴初级中学初级中学国文教科书》和《复兴高级中学国文教科书》各六册（商务印书馆 1933—1935 年版）。在初中《国文》"编辑大意"中说：该书供初中 6 个学期国文精读及习作教材之用。因而教科

书的内容主要由选文和习作两大部分组成。其中每册选文 40 篇，习作 20 篇。全套 6 册教科书共收入选文 240 篇，习作 120 篇。选文内容"依新标准教材大纲之规定，力求思想不违背时代潮流及体裁风格堪为模范者，又在可能范围，尽量采用新颖之作品，期能增进教学双方之兴趣。"教材选取了符合儿童心理的文艺作品，如叶绍钧的童话《蚕和蚂蚁》、冰心的《寄小读者》等，还选取救国雪耻的题材，如《抗敌的序幕》《闽安壮士》等。选文的体裁第一年偏重记叙文、抒情文，第二年偏重说明文、抒情文，第三年偏重议论文、应用文。高中《国文》与初中《国文》衔接，供高级中学国文精读及习作教材之用。根据《课程标准》和《教材大纲》，第一学年以文体制为纲，要求选文以能代表或说明各种体制为标准；第二学年以文学源流为纲，注意文章的派别及其流变；第三学年以学术思想为纲，分别讲授代表作品。高中《国文》每册插入 9 课《文章作法》和 9 组作文习题。该套教材的最大特点是，强调读写联络、语文知识与语文能力相互促进，在选文中间穿插编入了系统的"习作"教材，形成了"选文—注释—文章作法—作文练习"的框架，开创了读写教材混合编制、知识能力共同提高的新体制。

夏丏尊、叶绍均合编的《初中国文科教学自修用书·国文百八课》，1935 年到 1938 年先后由开明书店印出四册。全书预期出六册，每册 18 课，共 108 课，故名《国文百八课》，后因抗日战争爆发，仅出四册而中辍。这套教科书，是作者依据他们"往日教学的经验和个人的信念"编辑而成的，既重视选取富有情趣和适合儿童阅读的材料，更突出实用性文章，凡"零星的便笺，一条一条的章则，朴实干净的科学记述，皆适量选入此书。""想给予国文科以科学性，一扫从来玄妙笼统观念"。《国文百八课》的内容安排，用书中"编辑大意"里的话来说，就是"每课文一单元，有一定的目标，内含文话、文选、文法或修辞、习问四项，各项打成一片"。其中文话是编排的纲领，文选配合文法，文法修辞也取材于文选，习问则是前三项知识、技能的习得与迁移。这样就不但是让每一课成为一个单元，并且让全书成为一个有机的整体。《国文百八课》的显著特点之一，就是以文章学的理论统摄全书，以一般文章理法为题材的文话为中心编组单元，单元之间前后关联，左右照应，使全书形成了一个比较完整、科学的文章体系。

此外，还有叶楚伧主编的《高级中学国文》（南京中正书局 1935 年版），陆高谊主编、朱公振编著的《基本国文》和《模范国文》（世界书局 1939 年出版）等。

上述国文教材在编排上坚持读写结合、以读促写的原则。如孙俍工编的《国文教科书》（初级中学使用）第五册第一单元教学目的是"把作者主张严整地系统地建立在坚固的基础上的一种论文作法"，在学习了《建设的文学革命论》《我对于丧礼的改革》和其他三篇文章后，要求学生选作下列题目：《新诗之我见》《我对于结婚仪式的意见》《我们要组织怎样的学生自治会》。再如，傅东华编的《复兴高级中学国文教科书》第一册第二周（第二单元）的篇目是《诗经》中的《六月》《无衣》《民劳》，其后的作文练习是要求"试将《六月》篇演作一个故事"；第四周（第四单元）的篇目是曹植的《白马篇》、陆游的《书志篇》和文天祥的《正气歌》，其后的作文练习要求"任作一题（在课室内）：（一）述志（语体散文诗），（二）说奋斗精神，（三）不朽论，（四）时事感言"。这些作文题目和文选内容结合非常紧密，且有较强的时代感。这种编写体式打破了传统文选型教材读、写分家的局面，以阅读带动写作，对作文教学有积极的促进作用。由此，显示出这一时期中学作文命题参照和范例的基本特点：

其一，作文命题内容丰富化。这些国文教材的题材极其广博，有名胜风景、社会风俗、人物传记、文化思想，还有科学方法、人生观念、文艺评论、宗教评述等。因而，作文命题内容也颇为丰富。从编者给出的参考作文题目就可以看出，如《我的旅行日记》《我所在的一条街》《中国人的说话》《学生的怠性》《关于校风》《好好先生》《谈故乡的教育》《校刊发刊词》《男性不应讲贞操吗》《打倒所谓国学》《约友人论求学书》《答友人讨论学生时代底修养书》《苦与乐》《官与匪》《月光》（独幕抒情剧）《非宗教论》等。不难看出，编者注意从各方面命题，引导学生关注生活和社会，有益于学生作文水平的提高、心智的成熟和社会责任感的培养。这些命题设计鲜明地体现了"为人生"的现实主义作文命题观。

其二，作文命题体裁多元化。由于教材选文体裁的多元化，作文命题体裁也相应地多元化，记人、叙事、写景、抒情、游记、说明、议论、小品文、小说、戏剧、古今诗词，乃至专题研究等应有尽有。以《国文百八课》为例，第一册仅应用文就有十多篇，其中有书信、调查报告、宣言、仪式上的演说词、出版物前面的凡例、公文标点与款式、说明文达二十多篇，如《梅》《螳螂》《动物的运动》《霜之成因》《二十三年夏季长江下游干旱之原因》《细菌和血清》《苏打水》《导气管的制法》《机器人》《图画》《雕刻》《农民的衣食住》《科学名词跟科学观念》《何谓自由》《美与同情》

等。显然，在这些课文的影响下，中学作文命题文体是极其丰富的。

其三，作文命题题型多样元。有教师给题作文，如"试以《风筝》为题，作一篇约三百字的叙事说明文"，对文题、字数和文体都有限定。有备多个题目，供学生参考选择的，如孙俍工编的高级中学《国文教科书》第一册杂记后作文题目是：《酒后漫步》《读书杂录》。第四册第五单元作文题目是：《普罗文学评议》《论新浪漫主义》《论所谓"东方文明"》《"国粹"与"国渣"》。也有兼取两种方式的，如要求学生"将《李后主词》译为语体文或新体诗，并以相同的抒情方式作小品文二首，题目自拟"。甚至还有"说"的训练，即口头作文命题，如要求学生"叙述自己的或别人的一件恐怖的经验""讲讲杜甫的两句诗"，把读、写、说紧密联系起来。大量的则是学生的自由命题，如写日记、读书笔记、游记、文学作品创作等。

其四，作文命题整体序列化。如《国文教科书》（初级中学使用）作文命题训练上一年级以记叙为主，二年级以说明为主，三年级以议论为主应用为辅。局部的具体安排也是如此。如在进行人物描写训练上，先训练人物的外部描写，下一单元再训练人物的内心描写。再如，《国文百八课》的"文话"选择应用文作为学生首先学习的文体，接着讲记叙文、说明文、议论文，在其间穿插小说、诗歌、散文、戏剧等文学样式，体现出编辑者力求适应学生不断发展的交际需要的倾向。这样安排，使得整个中学阶段的作文训练有了一个合理的序列和梯度，有利于学生写作能力循序渐进地提高。

三、中学作文命题形式与内容的基本定型

1929 年，阮真对安徽天长县中学、湖南明德中学、岭南大学附中、中山大学附中、广州市立中学、集美女中等 13 所学校的作文命题进行调查，征集到 1095 个文题；另外，还从《全国中学国语文成绩大观》（该书为世界书局出版，1928 年向全国征集）中获得 316 个文题。去掉其中重复的 6 个，总计 1405 个文题。

作者对这些题目进行了纵横考察和比较鉴赏。研究表明，这一时期的作文命题有如下特点：

其一，文体多样，记叙文、议论文、说明文、抒情文成为中学作文命题的主要文体形式。阮真把 1405 个文题分成五大类、若干小类（目）。（1）议论文类（含经论目、史论目、时论目、理论目、评论目、研究目、杂论目）共 151 题，占总数的 10.75%。其中，议论文类题目中又以时论为主，

史论约只有十分之一，经论只有二十分之一。而在 1921 年以前，史论、经论占多数。可见，这一时期的议论文题多取材于时事。（2）陈说文类（含理由及意义目、陈述意见目、陈述理想目、说心情目、说心得目、告语目、演说辞及宣传目、希望及志愿目、计划及方法目、杂说及杂谈目）共 296题，占总数的 21.07%。民国十年以前的陈说题目，大都偏重于说理由及意义，其余皆为杂说，而尤其以说格言成语者为多。而这一时期的陈说题目，增加了许多内容，如说意义、理想、心情、心得、计划、方法、希望、志愿、告语、宣传等。这表明，这一时期的中学作文教学更关注写作主体的情感抒发、思想表达和作文的实际功用，"为人生"的作文教学观业已确立。（3）记叙文类（含游览及旅游目、典礼及开会目、记参观目、名胜及建筑目、生活及日记目、风俗及民生状况目、时节及气候目、风景及欣赏目、人物及言语目、故事及歌谣目、学校及师友目、家乡及家庭目、见闻及随录目、记杂事目、记杂物目）共 377 题，占总数的 26.83%。同前期相比，这一时期的记叙文类增加了风俗及民生状况、故事及歌谣、学校及师友、家乡及家庭等内容，文题的时代性显著增强。（4）应用文类（含书札目、通启及通告目、公牍及电文目、宣言目）共 94 题，占总数的 6.69%。（阮真认为这一时期的应用文题仍不够多，仍不为中学国文教师所重视。笔者以为，阮先生对应用文类的划分过于褊狭，实际上，论说文类和记叙文类的一些文体都具有应用性质，总的来看，应用文题应不在少数。）在此前，应用文题只有书札和通启两种，这一时期增加了公牍电文及宣言两种。（5）文艺文类（含小说目、戏剧目、小品目、诗歌目、寓言及虚拟目）共 293 题，占总数的 20.85%。之前，文艺文类以诗词歌赋为主，兼有少量寓言即虚拟文（想象文）；而这一时期戏剧、小品文闪亮登场，特别是能记叙、能描写、能抒情的小品文深受学生欢迎。（6）杂体文类（含感言目、书后目、辨释解考目、答问对策目、序跋赠言目、传状目、哀祭目、杂文目）共 194 题，占总数的 13.81%。在各类文题中，记叙文题占据首位，次为陈说文，再次为文艺文。

　　另外，阮真还采用前两期的标准对文题进行了分类统计。阮真认为文艺文题不便鉴别，除去文艺文题，其余各类共为 1112 题。这 1112 题仍按以前分类标准统计，分为 14 类（见表 2－1）。这一时期的论说文题（含经论类、史论类、通论类、陈说类、辨释类、答问类）共 506 题，占总数的 45.5%，比例数较前有所减少；记叙文题（含杂记类、游记类、序跋类、传状类）共411题，占总数的36.69%，比例数较前大为增加。"民国十四年至十八年——中学作文教学，其思潮与前大变。其最显著的进步，即在记叙文题之增加，论说文题之减少；而论说之中经史论题，较前两期几减去十分之九。"① 统计结果也表明，记叙文在中学作文命题中已占据主导位置。

表 2-1　民国十四年至十八年作文题目分类、分等统计结果②

类别 ＼ 等别	甲等题数	乙等题数	丙等题数	丁等题数	各类数统计	百分数
1. 经论类	0	5	0	0	5	00.45
2. 史论类	1	6	12	2	22	01.98
3. 通论类	20	55	47	2	124	11.15
4. 陈说类	32	142	122	0	296	26.62
5. 辨释类	5	12	14	1	32	02.88
6. 答问类	5	10	12	0	27	04.43
7. 感言类	0	24	26	0	50	04.50
8. 书启类	8	49	32	5	94	08.45
9. 杂记类	36	148	127	0	311	27.97
10. 游记类	0	39	26	1	66	05.83
11. 序跋类	6	7	3	0	16	01.44
12. 书后类	0	21	14	1	36	03.24
13. 传状类	0	12	5	1	18	01.62
14. 杂文类	0	11	4	0	15	01.35
各类统计数	113	541	444	14	共计1112题 100%	
百分比	10.16	48.65	39.93	01.26	共计1112题 100%	

　　阮真的收录的文题仅限于20世纪30年代以前。1937年抗日战争爆发以后，客观反映现实、记录生活原貌的记叙文更是得到了广泛的应用和发展。学生们经历动荡，多以记叙描写的手法写战争影响的方方面面。如写战

① 阮真. 中学作文题目研究 [M]. 上海：民智书局，1930：217.
② 阮真. 中学作文题目研究 [M]. 上海：民智书局，1930：257-258. 笔者对表名做了改动。

争祸乱的有《挣扎》《除夕》等；写故乡沦陷的有《我们的松花江》《故乡沦陷记》等；写妻离子散、失业煎熬的有《流亡者》《爸爸失了业》等；写战争中各类人物的有《八路军》《老甲长》等；写对未来和前景企盼的有《寒窗笺》等。广大学子们关心国家的前途命运，关心民众疾苦，关心社会政治的变化，以赤子般的心灵叙写时事多艰、救亡图存的篇章。

（二）作文命题的基本定型，促进了中学生作文的繁荣发展

首先，作文在立意方面，真实自然，充满生气；慷慨悲歌，热血沸腾。这一时期的不少作文以议论、杂感散文、日记等多种形式抒写个人思想情愫，宣言"五四"人文精神，呼唤个性解放，自由独立，读来真实自然，令人深思。作文还反映了青年学生从封建传统思想的束缚中解放出来后的乐观与开朗，他们以美好的心灵、细腻的笔触，描绘校园多彩的生活、师生之间亲密情谊、假日游览活动的欢悦，流露出年轻心灵冲破旧思想、旧文化藩篱的喜悦。有些作文揭露了帝国主义强盗入侵、战祸连连、妻离子散、民不聊生的社会景象，描绘了一幅幅农村天灾人祸、卖儿求生、失业失学的悲惨画面以及人民挣扎抗争的场面，充满了反帝反封建反侵略的高昂战斗精神。

其次，作文在文体方面，形式多样、分类合理，学生自由写作的热情高涨。以前作文没有明确的文体分类标准，写得纷杂琐碎，缺少科学性、合理性。这一时期，教师在先进作文命题思想的引导下，作文实践中逐步形成了记叙、议论、说明、抒情等几种主要文体。特别是学生自由拟题、自由选择文体的命题方式，极大地激发了学生的写作热情。当时，文学社团星罗棋布，文艺刊物蓬勃发展，出版刊物一年内竟达 400 种之多。不少中学生作文杂志开始创办，大量刊登学生小说、诗歌、评论、剧本、杂文等，为中学生开辟了交流、切磋的园地。

第三，作文在文风方面，新颖活泼，朴实无华、通俗易懂的新文风基本形成。国语统一，言文一致，加之作文命题的生活化、实用化，逐渐扭转了脱离现实、脱离时代、空话连篇、死板教条的旧文风。青年学生用自己的话，写自己的文章，表达"合乎事理的真理，切乎生活的实况"，出现了不少充满时代气息的激扬文章和富于科学精神、哲学思辨的论述宏文。抗日战争爆发以后，中学生更是一反过去崇尚丽词佳句、求艰深晦涩的文风，他们以"上口不上口""要让人听懂"为评判标准，以平常心写普通文，力求语言的大众化，写作平民化，作文中多了一些原汁原味的原初语言，明白晓畅，自然朴素。这种完全白话化、大众化后的作文风格，更加贴近民众社会

实际，一直影响到新中国成立之后。

　　纵观这一时期的研究，可以看出，中学作文命题现代化探索和定型与其时学界对传统作文教学的反思以及中西教育文化思潮交流、碰撞的时代背景密不可分，尤其与语文本体意识的觉醒是相辅相成的。语文教育界人士在对传统作文教学空泛无实等流弊批判的基础上，在西学东渐的背景下，广泛地吸收西方教育学、心理学等学科理论成果，并结合中国写作学理论，力图通过理论反思和实践研究，重构中学作文教学的基本规范。正是随着对作文教学研究的深入，人们才更多地思考语文教育的性质、目标；也正是随着对语文教育性质和功能等认识的不断深化，中学作文教学（含作文命题）才越来越趋向科学与实用。

第三章
中学作文命题的初步发展与波折(1949—1978 年)

　　新中国的建立开创了历史新纪元。与过去相比，新中国教育思想和教育方向发生了根本性的转变。这种转变一度为语文教育带来了活跃的新气象。然而，由于种种原因，中学生写作能力培养没有得到足够的重视，作文命题无计划的现象普遍存在。随着"教育大革命"的兴起，中学作文教学又被生硬地套上了政治评判标准，虽不乏有识之士之呼吁，但在极"左"思潮的干扰下，作文教学的政治倾向并没有根本扭转，中学作文命题的价值追求在"外在工具价值（文）"和"内在思想价值（道）"两端徘徊。"文化大革命"爆发后，中学作文教学完全沦陷为政治斗争的工具，学生作文多是以"革命"和"造反"为主题的"大字报"式的文章，中学作文命题实践走进了死胡同。

第一节　中学作文命题转变的文化教育背景

　　随着社会文化的变迁，学校教育的变革也在所难免。正如法国社会学家涂尔干所言："教育的目的要唤起或发展儿童身体、理智和道德方面的某些状态，这些状态是整个政治社会和儿童必定要生活于其中的特定环境所要求他们的。"① 要理解新中国中学作文命题变革的历史轨迹和深刻原因，有必要将其放在文化变迁的背景中，乃至具体到政治、文艺、教育思想变迁的背景中加以考察。

---

　　① ［法］涂尔干. 教育的性质与任务［A］. 瞿葆奎. 教育学文集·教育与社会发展［C］. 北京：人民教育出版社，1989：19.

一、新民主主义文化范式的确立

一个国家、民族的文化是随着这个国家、民族的经济生活和政治生活的变化而变化，这种变化首先表现在文化范式的根本改变上。所谓"文化范式"，是指决定一种文化形态根本面貌和属性的最核心的命题。一旦这个核心命题发生根本性变化，包括文艺、教育在内的整个文化形态也将随之改革。

新中国的成立，标志着新民主主义革命的胜利，从此，一个具有浓重文化传统的泱泱大国进入史无前例的社会主义文化改造和建设时期，新中国形成了有别于"五四"新文化的新民主主义文化范式。正有如学者指出，新民主主义文化"对传统文化进行了革命的改造，它继承了传统文化的理性主义和世俗精神，排除宗教；改造了传统文化的群体本位模式，变家族本位为国家本位的集体主义；把传统文化的道德中心主义变为政治中心主义，具有鲜明的政治中心倾向"①。

20世纪40年代新民主主义文化范式已基本形成。1940年1月，毛泽东在《新民主主义论》中，对新民主主义文化作了明确的概括，指出："现阶段上中国新的国民文化的内容，既不是资产阶级的文化专制主义，又不是单纯的无产阶级的社会主义，而是以无产阶级社会主义文化思想为领导的人民大众反帝反封建的新民主主义文化。"② 就新民主主义文化的内容，毛泽东指出：它是民族的、科学的、大众的文化。所谓民族的，"它是反对帝国主义压迫，主张中华民族的尊严和独立的。它是我们这个民族的，带有我们民族的特性"。所谓科学的，"它是反对一切封建思想和迷信思想，主张实事求是，主张客观真理，主张理论和实践一致的"。所谓大众的，"它应为全民族中百分之九十以上的工农劳苦民众服务，并逐渐成为他们的文化"。③ 从理论上看，毛泽东所设计的新民主主义文化体现了民族精神与开放意识有机结合的特点。它坚持继承文化遗产和吸收外来文化同步进行的原则，这显然是中国文化发展的正确方向，另外，新民主主义文化强调的大众性，使它明显不同于其他的文化。近代以来中国文化变革的缓慢和不彻底，一个非常

---

① 程晋宽. 20世纪中国文化变迁和教育变革的历史分析 [J]. 河北师范大学学报（教育科学版），2001（1）：38.

② 毛泽东. 毛泽东选集（第2卷）[C]. 北京：人民出版社，1991. 706.

③ 毛泽东. 毛泽东选集（第2卷）[C]. 北京：人民出版社，1991. 707.

明显的事实，那就是这种变革基本上是在少数知识分子中进行，没有形成广大人民群众参与的全面性的社会文化运动。新民主主义文化把人民群众作为文化建设的主体，克服了旧民主主义文化的这种局限。新民主主义革命实践表明，新民主主义文化以其救亡和"启蒙"的双重作用促进了中国社会的变革。因为作为反帝反封建的文化，新民主主义文化使千千万万的劳苦大众在一定程度上掌握了文化知识，接受了新思想，开始觉悟，从而积极地投身到反帝反封建的革命洪流中，造就了轰轰烈烈的土地革命和历史上空前的民族解放战争。所以，首先应肯定它是一种进步性的文化。不过，我们也要认为到，新民主主义文化是在紧张激烈的阶级斗争中建设起来的新文化，或者说新民主主义的文化范式是以阶级斗争为核心命题的，自然潜伏着一定的危机和内在的紧张因素。这主要是因为它带有浓厚的政治功利性。强调新民主主义文化的阶级斗争性，把它作为教育人民、打击敌人、消灭敌人的有力武器，这在当时是必需的，是符合客观要求的，而且也使新民主主义文化产生了相当大的效用。然而，文化毕竟有其独立性，有其自身发展规律，完全功利地对待文化建设，除了革命的之外，其他的文化形式都成了忽视和被排斥的对象，这种做法和这种模式从长远看，必然违背了文化发展的客观规律。

不仅如此，作为具体历史条件下的产物，新民主主义文化必须与时俱进。因为即使在当时是进步的、有益的东西，在现实条件下也可能是落后的。可是，随着新中国的成立，特别是在社会主义制度已经确立、社会主要矛盾和党的工作重心发生改变的情况下，由于人们对革命胜利经验的直接吸收和历史的惯性，加之党的领导人对阶级斗争形势的错误估计，未能适时地发生转变，新民主主义文化思想几乎原封不动地袭用下来，阶级斗争依然是文化建设的核心。表现在经济领域里，是"抓革命、促生产"，反对物质刺激，批评唯生产力论；在政治领域里，是采取大规模政治运动的方式来巩固无产阶级专政；在思想文化领域，历史上和国外的一切文化遗产都被说成是"封、资、修"的毒草，思想文化成了阶级斗争的前哨阵地，文艺成了阶级斗争的"晴雨表"，教育则成了无产阶级专政的工具，作为语文教育的重要组成部分，与文艺联系密切的作文自然也不会例外。以阶级斗争为纲的文化范式或直接或间接地制约着中学作文命题的良性发展。

K. 麦克法夸尔与费正清编写的《剑桥中华人民共和国史（1949—1965年）·序》中所言："与帝国和民国时期不同，在中国共产主义者的领导下，没有一个生活的方面，也没有一个国内的地区不受中央当局坚决使中国革命化这一努力的影响。研究中国社会的任何方面，如果不从中国共产党努力改造中国社会这一背景出发，那简直是毫无意义的。"① 这里关于研究新中国问题的前提的论述无疑是很有见地的。对新中国中学作文命题的思考也必然要放在"中国共产党努力改造中国社会"这一社会文化背景之下来进行。

二、新民主主义文艺思想的形成

1942 年 5 月 2 日至 23 日，为配合延安整风运动，中共中央召开了文艺工作座谈会，毛泽东做了讲话，全面阐述了中国共产党文艺方针的一系列观点。这个讲话以《在延安文艺座谈会上的讲话》为题发表在 1943 年 10 月 19 日的《解放日报》上。《讲话》的正式发表，标志着新民主主义文艺思想的形成，同时也标志着一种新型文艺叙事典范的确立。新民主主义文艺思想对新中国中学作文命题的影响是十分显著的。

正如毛泽东自己所说，其《讲话》目的是研究文艺工作和一般革命工作的关系。② 该讲话主要阐明了以下几个问题：

首先即是文艺的中心问题，即文艺的服务对象的问题。毛泽东说："我们的文艺，第一是为工人的，这是领导革命的阶级。第二是为农民的，他们是革命中最广大最坚决的同盟军。第三是为武装起来了的工人农民即八路军、新四军和其他人民武装队伍的，这是革命战争的主力。第四是为城市小资产阶级劳动群众和知识分子的，他们也是革命的同盟者，他们是能够长期地和我们合作的。这四种人，就是中华民族的最大部分，就是最广大的人民大众。"③ 他说："为什么人的问题，是一个根本问题，原则的问题。"④ 这种文艺服务对象的"倾向性"特征使文艺并非只是文艺那样单纯，而是与意识形态联系在一起。这在文艺与党的整个工作关系的问题上得到了进一步的强调。他说："在现在世界上，一切文化或文学意识都是属于一定的阶级，属于一定的政治路线的。……无产阶级的文学艺术是无产阶级整个革命事业的一部分，如同列宁所说，是整个革命机器中的'齿轮和螺丝钉'。因此，党的文艺工作，在党的整个革命工作中的位置，是确定了的，摆好了

① ［美］K. 麦克法夸尔，费正清. 剑桥中华人民共和国史（1949—1965 年）［M］. 北京：中国社会科学出版社，1990：第十四卷序.
② 毛泽东. 毛泽东选集（一卷本）［C］. 北京：人民出版社，1964：804.
③ 毛泽东. 毛泽东选集（一卷本）［C］. 北京：人民出版社，1964：804.
④ 毛泽东. 毛泽东选集（一卷本）［C］. 北京：人民出版社，1964：804.

的；是服从党在一定革命时期所规定的革命任务的。"①

在文艺与政治的关系上，文艺从属政治的地位得到了确立。这一观念还具体实施于文学批评实践中，他说："文艺批评有两个标准，一个是政治标准，一个是艺术标准。"② 有关这两个标准的关系，他认为："各个阶级社会中的各个阶级都有不同的政治标准和不同的艺术标准。但是任何阶级社会中的任何阶级，总是以政治标准放在第一位，以艺术标准放在第二位的。"③ 这种在特定时期确立的文艺批评标准显然是不适宜于任何历史时期，且毛泽东有关文艺的批评标准虽强调政治第一，艺术第二，但并没有否定文艺的艺术性："我们的要求则是政治和艺术的统一，内容和形式的统一，革命的政治内容和尽可能完美的艺术形式的统一。缺乏艺术性的艺术品，无论政治上怎样进步，也是没有力量的。因此，我们既反对政治观点错误的艺术品，也反对只有正确的政治观点而没有艺术力量的所谓'标语口号式'的倾向。"④

《讲话》从当时的革命实际和革命文艺运动的实际出发，重新解决了革命文艺的服务对象问题及如何服务的问题，从理论上强调了文艺必须为人民大众服务的无产阶级文学党性原则，并成为革命文艺的指针，带来了革命文艺的大发展。这对新中国成立后的文艺创作（当然也包括学生作文）紧密联系工农大众，联系社会革命和建设事业具有积极的促进作用。然而，由于人们在理解和具体运用的偏差，《讲话》所产生的负面影响也是不容忽视的。特别是毛泽东在特定时期提出的"文艺从属政治"的观点后来被演绎为"政治标准第一，艺术标准第二"的文艺评价标准，在以后的历次政治运动中甚至变成了"政治唯一"，文艺常常被演变为政治斗争的工具。"毋庸讳言，当时无论解放区还是非解放区，进步文艺界在对《讲话》精神的理解和具体运用方面都存在一定的缺点、不足与某些偏差、失误。所有缺点错误集中于一点，是没有很好划清思想问题与政治问题的界限，轻慢文学的本体性，以致构想文学与政治一体化。"⑤ 从 20 世纪 50 年代中后期人们对作文教学的批评来看，这种文艺创作与批评标准影响是非常鲜明的。

---

①　毛泽东. 毛泽东选集（一卷本）[C]. 北京：人民出版社，1964：822.

②　毛泽东. 毛泽东选集（一卷本）[C]. 北京：人民出版社，1964：825.

③　毛泽东. 毛泽东选集（一卷本）[C]. 北京：人民出版社，1964：826.

④　毛泽东. 毛泽东选集（一卷本）[C]. 北京：人民出版社，1964：826.

⑤　许道明. 中国现代文学批评史新编 [M]. 上海：复旦大学出版社，2002：256.

三、新民主主义教育方针的提出

新中国的成立，我国教育也发生了革命性的变化，历史性的转折从根本上改变了旧中国半殖民地半封建的性质，包括语文教育在内的中小学学科教育成为人民大众文化教育事业的一个重要组成部分，开始担负起为工农大众服务的重任。中学作文命题内容随即开始面向"工农大众"，面向"革命斗争"和"社会主义建设事业"。

早在 1940 年 3 月，中共中央书记处就明确提出："应该确立国民教育的基本内容为新民主主义的教育，这即是以马列主义的理论与方法为出发点的关于民族民主革命的教育与科学的教育。"① 1949 年 9 月，中国人民政治协商会议第一届全体会议通过的《共同纲领》第五章"文化教育政策"明确规定了新中国教育的性质和任务："中华人民共和国的文化教育为新民主主义的，即民族的、科学的、大众的文化教育。人民政府的文化教育工作，应以提高人民的文化水平，培养国家建设人才，肃清封建的、买办的、法西斯主义的思想，发展为人民服务的思想为主要任务。"② 同时规定了教育方法和教育改造的步骤、重点："中华人民共和国的教育方法为理论与实际一致。人民政府应有计划、有步骤地改革旧的教育制度、教育内容和教学法。""有计划有步骤地实施普及教育，加强中等教育和高等教育，注重技术教育，加强劳动者的业余教育和在职干部教育，给青年知识分子和旧知识分子以革命的政治教育，以应革命工作和国家建设工作的广泛需要。"③ 为了贯彻这一方针，1949 年 12 月教育部召开第一次全国教育工作会议，明确了新中国教育工作的目的，即"为人民服务，首先为工农服务，为当前的革命斗争与建设服务"。"两为"作为我国新民主主义教育方针，是毛泽东新民主主义教育思想的具体体现，确立了新中国成立初期我国教育的基本职能和作用。

在肯定新民主主义教育方针进步性同时，我们又必须承认它具有一定的局限性。"为工农服务，为当前的革命斗争与建设服务"，使得新中国的教育目的更加明确。实践表明，在这一方针的指导下，新中国培养了大批思想

---

① 中央教育科学研究所. 老解放区教育资料（二）[Z]. 北京：教育科学出版社，1986：82.

② 中央教育科学研究所. 中华人民共和国教育大事记 1949—1982 [Z]. 北京：教育科学出版社，1984：3.

③ 中央教育科学研究所. 中华人民共和国教育大事记 1949—1982 [Z]. 北京：教育科学出版社，1984：3.

道德和文化科学素质较高的劳动后备军和大批德才兼备的建设人才，造就了一大批活跃在国家社会主义建设各个领域的骨干力量。然而，也就是在这种教育方针指导下，人的"自我"被"大我"所淹没，人的自由全面发展被"革命斗争"和"社会主义建设"所取代，由此带来的教训是深刻的。为落实新民主主义教育方针，教育部于 1950 年 8 月颁布了《中学暂行教学计划（草案）》和《中等学校暂行校历（草案）》。这对于稳定当时的教育局势，统一全国的课程设置及教学起到了一定的作用。但由于它们的临时过渡性，因此有许多不尽如人意之处，如必修课一统天下，学生个性得不到发展；初高中有些科目内容重复，政治教育贯穿各科，政治性太强等。

从 1952 年开始，我国教育开始了由新民主主义教育向社会主义教育的过渡，教育中的社会主义因素不断增长。1954 年 2 月，周恩来在政务会议上提出："我们向社会主义、共产主义前进，每个人要在德、智、体、美等各方面均衡发展"；《1954 年文化教育工作的方针和任务》中提出："中等教育和初等教育，应贯彻全面发展的教育方针……为培养社会主义的建设而奋斗。"1956 年，我国生产资料所有制的社会主义改造基本完成后，全面转入大规模的社会主义建设时期。为使教育事业适应大规模社会主义建设对人才的急需，我国社会主义教育方针逐步明确提出："我们的教育方针，应该使受教育者在德育、智育、体育几方面都得到发展，成为有社会主义觉悟的有文化的劳动者。"这一重要论述将马克思主义关于人的全面发展思想贯穿于社会主义教育培养目标之中，形成了新中国全面发展的社会主义教育方针。然而，受"左倾"思潮的干扰，直到 1978 年之后，这一方针才得到贯彻执行。

还需指出的是，新中国成立之初，我国教育界在"必须彻底地系统地学习苏联的先进经验的"口号下，大量翻译苏联教育著作，引进苏联的教学大纲、教科书，邀请苏联专家讲学、参加学校管理等。1953 年以后，对中小学教育的整顿与改进，在很大程度上，就是借鉴苏联经验的结果。苏联教育经验的借鉴，使我国的中小学教育调整了教学内容，改进了教学方法，一定程度上提高了教育教学质量，但同时也出现了结合中国实际不够、生搬硬套的偏向。以语文学科为例，1956 年的汉语、文学分科教学，主要是受了苏联的影响。苏联的母语教育更强调文学教育，利用文学作品对年轻一代进行社会主义教育，帮助学生树立社会主义政治方向，培养其共产主义道德、共产主义劳动态度和集体主义精神，把青年学生培养成社会主义事业的接班人。而这些，正是新生的中华人民共和国所需要的，因此，从 1956 年教育部颁布的语文教学大纲中，我们可以看到大纲更偏重于文学教学，事实上，在实施过程中，文学教学在课程中占了很大比重。汉语、文学分科以后，作文教学不属于汉语或者文学，但是另一方面，大纲又规定，汉语和文学都有作文教学的任务。结果造成了汉语、文学对作文教学两不管的局面。1958 年中苏关系恶化后，汉语、文学分科教学中途夭折，同时我国也开始了对苏联教育学的批评，批评它不要教育与生产劳动相结合，不要教育为无产阶级政治服务，不要党的领导。"冷静下来分析，我国对苏联教育的批评是猛烈的，但并未切中要害，因此也是无力的。苏联教育的基本观念、基本制度、教学模式以致教学方法已经被我们全盘接受过来。"①

第二节　新中国成立之初中学作文命题的初步发展

新中国成立之初（1949—1958 年），党和政府有步骤、谨慎地对旧有学校从办学方针到课程设置、教学内容和教学方法等方面进行了一系列改革，语文教育体现出新的时代精神。不过，就作文教学而言，由于语文教学大纲对作文教学的要求笼统，语文教学人员构成的身份比较复杂，教学水平参差不齐，学生作文基本上处于无序状态，中学作文命题发展缓慢，中学生的写作能力普遍较低。

一、新中国成立之初中学作文命题的主要问题

新中国成立之后，我国中学语文教育逐步走向了正轨，广大国文教师着手努力提高学生的国文程度，教学方法开始有了若干改进，学生的国文水平有所提高。但同时还存在着很多毛病，尤其是学生写作水平很低。有不少学生，见到作文就发愁，看着题，不知道怎样下手。于是，有的就想一句写一句，七拼八凑；有的光搬教条，把"为人民服务""响应党的号召""努力学习"等当做"药里甘草"用来救急；有的自认为写不好，胡乱几句，交

---

① 顾明远. 中国教育的文化基础 [M]. 太原：山西教育出版社，2004：243.

了就算。因而有的文不对题，有的杂乱无章，有的语句不通，错字连篇。①
北京市第三十一中学语文教研组总结了该校学生在写作方面的严重问题：在
思想内容方面，多半是空洞的政治口号，像一个模子印出来似的。例如，写
"我的一天"，就写从早到晚，最后联系到"三好"，为社会主义而奋斗；写
"我们的首都——北京"，就写北京从早到晚，或是从古到今，最后又联系
为了首都的社会主义建设，一定要做到"三好"。在写作方法方面，几乎都
是千篇一律地平铺直叙，罗列现象，次要的写了很多，主要的却写得很少。
章法混乱，甚至是文不对题。②造成中学生写作能力不强的原因是多方面的，
既有学生的原因，也有教师的原因；既有历史的原因，也有现实的原因。就
作文命题而言，语文教学大纲中作文命题规范不明，作文写作实践中教师作
文命题随意，高考作文命题价值取向单一等，也是造成作文教学质量不高的
重要原因。

（一）教学大纲中作文命题规范不明

1949 年春，华北人民政府教育部成立教科书编审委员会。叶圣陶从上
海绕道香港到达北平，担任该委员会委员。在为编制全国范围内使用的教材
而进行的讨论中，将旧有的"国语""国文"一律更名为"语文"，中小学
都以学习白话文为主，中学逐渐加学文言文，作文一律写白话文。自此开始
了"语文"新时代。"什么叫语文？平常说的话叫口头语言，写到纸面上叫
书面语言。语就是口头语言，文就是书面语言。把口头语言和书面语言连在
一起说，就叫语文。"③"语文"这一学科名称的确立，具有极其重要的本
体论意义，它不仅吸收了"五四"以来国语运动和国语教育的成果，而且
还采纳了老解放区语文教育重视口语教学的宝贵经验，因而极大地丰富了语
文教育的内涵，标志中学语文进入听、说、读、写综合训练的时代。但我们
也应注意到，当时学界多是从工具价值来认识语文学科的，而对其超工具价
值（如人文价值）却有所忽视。这也为后来语文学科的"唯工具"甚至
"唯政治服务工具"埋下了伏笔。当年 8 月，由叶圣陶草拟了《中学语文科
课程标准》（草稿，供内部使用），提出了语文学科进行情感意志培养和语

---

① 编辑部短评 [J]. 江苏教育，1953（9）：10.
② 北京市第三十一中学语文教研组. 我们初步改进了作文教学 [J]. 人民教育，1956（8）：
22.
③ 叶圣陶. 叶圣陶语文教育论集 [M]. 北京：教育科学出版社，1980：138.

言全面训练的目标。遗憾的是，当时中国全面学习苏联，汉语、文学分科教学开始酝酿，这个课程标准在新中国成立以后并未得到颁行。

中华人民共和国成立后的第一个语文教学大纲的颁布是在 1956 年。当时，汉语和文学分科教学，教育部颁布了《初级中学汉语教学大纲（草案）》《初级中学文学教学大纲（草案）》《高级中学文学教学大纲（草案）》（高中语文学科只设文学而不设汉语，故只有《文学》大纲）。20 世纪 50 年代的汉语与文学分设，是语文教学史上的创举，这一实验探索很有意义，但是，在实验探索中也出现了一些问题，其中一个问题是写作教学没有与汉语、文学教学进行很好的配合，总体上对作文有所忽略。在《初级中学汉语教学大纲（草案）》的阐述中，能算作作文教学目标的是"提高学生……应用汉语的能力"和"具备……正确地表达自己的思想的能力。"① 之所以用"能算作"一语，是因为大纲中并没有正面论述作文教学。在《初级中学文学教学大纲（草案）》"初级中学文学的教学任务"中有一条涉及作文教学："指导学生在学习文学作品的过程里，丰富语言知识，并学习用口头语言和书面语言明确地表达思想感情。"在"初级中学文学教学法"中稍微提及了作文："作文是一种创造性的综合性的练习，目的在训练学生的写作能力，发展学生的想象能力和思考能力，有时候，还可以帮助学生复习课文，巩固获得的知识。在初级中学各年级，作文都是一种应该特别重视的练习。"② 在《高级中学文学教学大纲（草案）》"高级中学文学的教学任务"中也仅有一条涉及作文教学："在指导学生学习文学作品和文学论文的时候，指导学生熟悉文学作品的语言，使学生初步认识中国文学史各主要阶段的作品的语言特点，指导学生用口头语言和书面语言明确地描述客观事物和表达比较复杂细致的思想感情。"在"关于高级中学文学教学法的一些指示"中对作文教学也是一语带过，无关痛痒。"在提高学生的写作能力方面，书面作业有很大的作用，教师应该指导学生作各种书面作业。在各种书面作业里，作文是很重要的一种。"③ 三个大纲对作文教学的要求都不够明

---

① 课程教材研究所.20 世纪中国中小学课程标准·教学大纲汇编（语文卷）［M］.北京：人民教育出版社，2001：323.

② 课程教材研究所.20 世纪中国中小学课程标准·教学大纲汇编（语文卷）［M］.北京：人民教育出版社，2001：333、340.

③ 课程教材研究所.20 世纪中国中小学课程标准·教学大纲汇编（语文卷）［M］.北京：人民教育出版社，2001：386、392.

确，作文教学目标混杂于汉语教学和文学教学两科的教学目标之中，作文教学完全沦为汉语、文学教学的附庸。所以在汉语、文学分科教学实施以后，1957 年，人民教育出版社中学语文室又草拟了《中学作文教学初步方案（草稿）》。《方案》内容较为详备，分为四个部分：作文教学的任务；初中和高中作文教学的具体要求；初中和高中各年级作文教学的内容；作文的指导批改和讲评。① 但这个方案当时并没有公开发表实施，这就使得 1956 年的语文教学大纲最终没有对作文教学有一个明确的目标和任务要求。

　　新中国成立 6 年竟没有语文教学大纲，姗姗来迟的 1956 年的语文教学大纲对作文教学又没有明确要求。可想而知，这样就必然导致一线语文教师在实施时没有方向。

　　（二）写作训练中教师命题各行其是

　　新中国成立之初的中学作文教学没有统一、明确的规范，教师作文命题只能各显其能、各行其是。作家从维熙在一篇回忆文中写到了他中学时候的几位语文老师。初中二年级的田秀峰老师，"他是个性格豪放的人，在语文课堂上，经常侃侃而谈，从语言讲到文学，从文学谈到鲁迅、郭沫若。当他兴致极浓时，常常忘记了自己的身份"。"我们都爱听他讲语言课，他学识渊博，立论清晰，虽然有时自我陶醉放肆地表现他的狂傲，但还是取得同学们的尊敬。"他教作文课，"总是在黑板上列上三四个题目，叫学生自由选择，后来，他干脆连作文题目也不出了，叫学生自由命题。他的论据是：任何题目，对其气质不同的众多学生来说，都在一定程度上束缚着形象思维自由驰骋，应该叫学生在作文课堂上思想任意飞翔"。高中的一位语文老师是北师的某先生，"高中语文第一篇是毛泽东主席《在第一届中国人民政治协商会议上的开幕词》。他在讲这一课文时，竟然叫我们拿出笔记本，来抄他在黑板上写出的著名政协委员名单"。"他讲的课，充满了抽象的政治说教，除此之外，就是主题、人物、语言……的程式排列。"虽然那时候从维熙已经在《新观察》《天津日报》等报刊上发表了作品，受到读者的好评，可是在这位重视政治的语文教师的眼里，从维熙是作文劣等生，因为不按他的命题作文，经常只给刚及格的分数。②

　　北京旅游学院的杨乃济教授于 1945 至 1951 年在北京市立二中读初高

① 李杏保，顾黄初. 中国现代语文教育史［M］. 成都：四川教育出版社，2004：287.

② 参见李树，编. 中学语文教学百年史话［M］. 济南：山东人民出版社，2007：125.

中。他在《我在二中学语文》中忆起 1950 年受聘来北京市立二中任教的余文先生。"对语文教学例行的命题作文，余先生总是结合当时授课的内容又结合时事来命题。如 1951 年春志愿军入朝作战取得辉煌战绩，当时又刚刚讲了一篇鲁迅的杂文，于是就出了一个'到底是春天了'的文题，很多同学也学着写起了政论性的杂文。也就在这个时候，我和同班的几个同学一起（由戴宏森同学执笔），集体创作了一个时事活报剧《圣诞节回家》，就由同班同学来演出，扮演美军军官的同学是后来成了著名影星的李亚林。这出戏在校内校外演出都极获好评，余先生也在上课时向我们表示祝贺。究其实，我们所以能写出这个戏正是余先生教学的成果，最该接受祝贺的恰恰是我们的余文老师。"①

学者钱理群先生初高中就读于南京师范附中，他曾写了一组回忆文字，怀着无限的深情，回忆了他在南京师范附中上学的情景："我们这一代人读中学正好是共和国上升时期，1950 年到 1956 年，也是共和国的黄金时期。我当时读的是南京师范学院附中，是第一流的学校。那时候学习非常自由，尤其语文课是绝对地提倡想象力和创造力。我印象最深的是每个礼拜六我都和一个要好的同学一起，到南京的玄武湖去划船。我们把船划到荷叶深处，我在那儿编童话故事，他在那儿画画。""记得是刚刚进入初中二年级的那学期，班上同学风传将要调来的语文老师是一位儿童文学作家，这在崇拜名人的中学生中，自然引起了许多猜想。但在久久期待后终于出现在面前的卢冠六先生却使我们有几分失望：矮矮胖胖的身材，朴素的衣着，都与我们想象中的作家大不相同，只有那高度的近视眼镜，以及时时露出的慈祥的微笑，让人想起儿童读物中经常出现的'讲故事的老人'"。"一次作文课上，卢老师出了《慰问皖北受灾的小朋友》的作文题后，按惯例在教室里来会巡视，走到我面前，突然停止了，指着我草稿上写的一行字：'可恶的西北风呀，我恨你，你让我的小朋友挨饿受冻。'问我：'你在写诗？'我大吃一惊，因为在我的心目中，写诗是大人的事，与我是怎么也联系不上的，连忙站起来说：'不，不，我……'，大概我当时脸涨得通红，卢老师笑了，温和地说：'是呀，只有稍微改一改，押上韵，就像儿歌了。'我很快醒悟过来，没等老师走开，就急切地坐下来，心中涌动着创造的激情，手不停笔地

---

① 参见王丽. 名家谈语文学习 [M]. 上海：华东师范大学出版社，2007：88 – 89.

刷刷刷写下去，不到下课时间，一首题为《可恶的西北风》的儿歌写成了，兴冲冲地交上去以后，就陷入了难耐的等待中，一个星期以后，作文发下来了，只略略改了几个字，篇末就是一大篇热情洋溢的鼓励之词。我兴奋得不能自持，好几个星期都晕乎乎的，只是不停地写着，写着……"，"从此，在我的面前展开了一个新的天地"。（见《我还感觉到我的手温》）"有时候，上课时，也这样胡思乱想，即兴创作。记得高中语文课讲《春蚕》时，我忽然对小说中的荷花产生了同情与兴趣，很为作者写得过于简略而感到可惜与不平，干脆自己编起来，写了一篇《荷花的故事》。我的这种'改作'（扩写）似乎是得到老师鼓励的，甚至是老师启发的产物。记得高二年级的语文老师高鸿逵先生就出了一个作文题，要我们将鲁迅先生《药》的侧面描写改成正面描写，写一篇《夏瑜的故事》。光是这个题目，就让我兴奋不已，花了一个多月的课余时间，读了许多有关书籍，甚至对清朝刑罚也作了一番考证，最后写成了一篇万把字的短篇小说《夏瑜之死》。这不仅是我最初的文学创作，甚至是我学术研究的起点。这一切都发生在不知不觉之中，即所谓不自觉的创作与研究，其可贵之处也恰在于此。"[1]（见《曾有过自由做梦的年代》）

从名人的回忆中可知，当时中学作文命题因学校而异，因教师喜好而异，有紧扣时代紧跟政治的，也有贴近生活贴近学生心灵的。总体上看，这一时期的作文命题随意性强，缺乏计划性和规范性。

（三）高考作文命题的价值取向单一

1949 年，高等学校实行单独招生，中国普遍意义上的高考并未真正来临。1950 年，高校实行的是地区联合招生。而到了 1951 年，全国被划分为东北、华北、西北、西南、中南、东南等多个招生考试区域，实行大行政区内高校统一招生。从 1952 年起，经过院系调整的全国高校开始全国统一考试招生。这几年的语文都只考一篇作文。高考作文是一面镜子，它反映了社会发展的进程，同时，也反映并影响着中学作文教学的方向。新中国成立之初的高考作文命题价值取向单一，尽管其政治中心意识没有后来尤其是"文革"期间极端，但已经初见端倪。从作文题目中我们可以感觉到那个时代破土重生的蓬勃朝气，同时我们也可以嗅到浓重的政治意味。毕竟一个全

---

[1]　参见李树. 中学语文教学百年史话 ［M］. 济南：山东人民出版社，2007：126 – 127.

民讲政治的年代刚刚过去，透过高考作文题我们可以感觉到当时政治生活在社会生活中所占的巨大比重。

表 3 - 1   1951—1957 年高考作文题目统计表

年份	作文题目	命题方式	命题内容	文体类型
1951	《一年来我在课外努力地工作》 《论增产节约的好处》	命题作文 二选一	生产建设	记叙类 议论类
1952	《记一件新人新事》 《我投身到祖国的怀抱里》	命题作文 二选一	新人新事	记叙类 夹叙夹议类
1953	《写一个你所熟悉的革命干部》 《记我最熟悉的一个人》	命题作文 二选一	革命新人	记叙类
1954	《我报考的志愿是怎样决定的》	命题作文	革命理想	夹叙夹议类
1955	《我准备怎样做一个高等学校的学生》	命题作文	革命理想	夹叙夹议类
1956	《我生活在幸福的年代里》	命题作文	时代赞歌	夹叙夹议类
1957	《我的母亲》	命题作文	人物亲情	记叙类

从命题方式看，这几年是清一色的命题作文（给题作文），其中，前三年是二选一的命题作文。命题作文是我国语文写作命题的传统题型，其优势就在于题目简洁明了，它有一个严格的统一标准，可以比较准确地检测出写作者的作文水平。写作者在同一个标题下立意成文，写作水平的高低可以在同一标题下较明显地反映出来，从而能区分开来。更重要的一点是命题作文能体现命题者的思想和意志，发挥思想导向的作用。命题作文的缺点也是明显的，过多的限制和要求束缚了学生的手脚，主题先行，压制了学生的想象力和创造性，像螺蛳壳里做道场，包袱很重。比如，《一年来我在课外努力地工作》学生必须要写在读书之余为国家建设添砖加瓦、贡献力量，不论你是否有工作的体验；《论增产节约的好处》只能结合时代要求谈增产节约的好处；《我生活在幸福的年代里》只能歌颂新时代，出题者早就用一个确定句，替考生规定了答案。

从命题内容看，1951 年至 1956 年出题内容是重于歌颂新成立的中华人民共和国，从新社会新气象的角度，认识新人新事新思想，提高觉悟，体会幸福，加强建设祖国的责任感，题目都烙上鲜明的时代特征。如 1951 年新中国开展了一次大规模的群众运动——增产节约运动。开展增产节约运动的目的是为了进一步增加抗美援朝的力量，为国家大规模的经济建设积累资金。为此，党中央号召全国人民必须加倍努力，增加生产，厉行节约。该年的高考作文也以此拟题。新中国的成立，新解放区的青年学生有了新的感受，而一些海外华侨学生也开始陆续回国，1952 年的高考作文便以《我投入到祖国的怀抱里来》为题。再如 1952 年的《记一件新人新事》、1954 年的《我的报考志愿是怎样决定的》、1955 年的《我准备怎样做一个高等学校的学生》，反映的是进入"新社会"后，如何做一个崭新的人的迫切愿望，充溢着革命的理想主义。1956 年《我生活在幸福的年代里》与人民翻身当家做主人，体验社会主义新中国生活的幸福相呼应。值得一提的是 1957 年的《我的母亲》，这个颇有人情味的题目，可以说是 20 世纪 50 年代作文题中的另类。

从文体要求来看，基本上是以记叙文写作为主，比较典型的有 1952 年的《记一件新人新事》、1953 年的《写一个你所熟悉的革命干部》、《记我最熟悉的一个人》、1957 年的《我的母亲》。其次是夹叙夹议文，或者叫记叙型议论文，比如 1951 年的《论增产节约的好处》、1954 年《我报考的志愿是怎样决定的》、1955 年《我准备怎样做一个高等学校的学生》等。采用以记叙这种表达方式为主的文体，便于学生真实地记录一场场社会运动、一个个社会热点，便于学生满腔热情地歌颂时代、歌颂人民、歌颂党、歌颂领袖、歌颂祖国，唱出昂扬高亢的赞歌。

这种价值取向单一的高考作文命题对学生的写作带来的消极影响也是明显的。如作文主题单一，思维求同有余，求异不足；表现形式程式化，写作者的个性与创造性未得到充分的发展；政治口号较多，有些人物描写有拔高的倾向等。请看当年高考优秀作文片段①：

> 祖国这个概念该怎样理解？我也许说不准确。但新中国诞生以来，我深切地感到祖国母亲的可爱。我爱她一碧如洗的蓝天，姿态万千的白云，站在她的苍穹之下，我就像投入她的怀抱；我爱她那妍红天际的朝辉，如火如血的晚霞，生活在她的时空里，我就像投入了她的怀抱；我爱她的一草一木，一花一石，一砖一瓦……祖国新生了，我时时处处感受到了她的体温。
>
> （福建一考生《我投入了祖国的怀抱》）

---

① 李文杨，苏文俊，张一虹，过洪石 . 中国作文百年纵览［Z］. 郑州：文心出版社，2001：538－546.

在毛泽东时代，我几乎每天都被一些事情感动着；我的思想感情的潮水，在放纵奔流；它使我想把一切东西都告诉人们。请看，在我们广袤的国土上，幸福的暖流到处回荡。梯田修上云头，河水流上高山，峰峦开怀献宝藏，河流奔涌吐电花，那数不尽的明镜般的水库，把大地装扮得像穿着闪闪发亮的银甲。在烈士们倒下的荒丘上，修起了高楼大厦；在列强曾经踩蹦过的地方，展开了中国历史上从来不曾有过的最壮丽的进军！……勤劳勇敢的中国人民，在党的领导下，正在"一穷二白"的土地上兴建幸福的乐园。

（福建一考生《我生活在幸福的年代里》）

二、新中国成立之初中学作文命题的实践探索

新中国成立之初，并无系统的作文教学理论，零散的中学作文命题理论研究多是对新中国成立之前中学作文命题经验的总结。但在实践中，广大中学语文老师的探索较有积极意义。

（一）加强中学作文命题的计划性

一些老师认为中学作文命题要有计划性，要根据课文实际、学生实际、学校实际、社会实际命题，特别要根据课文实际和学生实际来命题，"至于学校实际和社会实际都与学生实际密切相关，因为学生是不可能离开学校、社会而生活的。实际上，教师在考虑作文题目时，这两种实际也是经常结合在一起的"。① 北京市第三十一中学语文教研组在结合课文命题方面展开了实践探索。该校语文教研组认为，低年级的课文多半是记叙文，作文题就以记叙文为主；高年级有了议论文，作文题也应有议论文。同时还特别强调，教科书有的课文写得并不好，不能做典范。该校各年级都制订了作文计划。

现将该中学初中三年级一学期的作文计划摘录如下：

目的要求：

（1）根据课文，要求学生主要学会写记叙文。做到主题分明，层次清楚，能较完美地表达自己真实的感情；语言通顺，能使用全部标点；字要写得正确、整齐。

---

① 倪放. 有关作文教学的若干经验和问题 [J]. 人民教育, 1956 (9)：43.

（2）通过作文，使学生进一步领会课文，认识生活中积极的因素，培养其共产主义道德品质。

步骤：

全学期共作文六次。第一次在第一周，结合"伟大而质朴的人"一课，教学生学写相当于印象记一类的记叙文，作文题是"我最爱的人"。要求做到：①写新社会新人物的优秀品质；②学习写印象记，从日常生活中选择题材，学习那课首尾概括的表现方法，并学习用对话和行动来描写人物。

第二次在第四周，结合"高尔基"一课，教学生学写传记体，作文题是"我的童年"。要求做到：①通过童年的回忆，使学生热爱今天幸福的生活，准备创造更幸福的生活；②学会那课用小标题的分段方法。

第三次在第七周，结合"不能走那条路"一课，出了"不能走那条路的读后感"、"谈谈宋老定"两个题目，教学生学写说明文。要求做到：①进一步认农业社会主义改造的必然胜利；②初步学习用说明文来分析文学形象。

第四次在第十周，结合"一件小事"一课，教学生学写记叙文，题目是"最难忘的一件小事"。要求做到：①记一件有意义的事，必须得自己亲身经历或见闻的，必须是揭发旧社会的黑暗或歌颂新中国的光明的；②学会那课运用首尾呼应、突出主题的表现方法；③结合运用过去学过的其他的写作方法。

第五次在第十三周，结合"历史降落在美国大门口"一课，教学生学写记叙文，题目是"1956 年'五一'节"。要求做到：①歌颂社会主义高潮；②必须表现出 1956 年"五一"节的特点，突出地写一两个热烈的有意义的场面，避免"流水账"的写法。学会描写环境气氛和人物的心理活动。

第六次在第十六周，作文题是"一学期作文的总结"（根据前五篇作文与教师五次讲评课的情况和问题来写）。要求即将毕业的初中学生懂得写总结。①

---

① 北京市第三十一中学语文教研组．我们初步改进了作文教学 ［J］．人民教育，1956（8）：24.

这样制订的作文教学计划就使课文与作文紧密地结合起来了。学生作文时必须想课文，课文就成了学生作文的范例。根据课文的思想内容、写作方法命题，能够巩固学生已有的经验，培养运用知识于实践的能力，也克服了作文命题的随意性。

但是，仅根据课文命题，有时学生仍然写不出或者写不好文章，因此，还必须结合学生的知识、写作以及思想生活的实际来命题。广西桂林市第三中学语文教师梁任葆认为，如果出《本学期学习语文的心得》这样的题目，对初中一年级学生便不恰当；如果把它改作《我准备这样度过暑假》，才比较符合学生的知识、写作水平。辽宁省锦州市第一中学王倩萍老师事前经过充分考虑，在初中一年级第一次作文课上曾出过《接到录取通知的一天》这样的题目，写作前给学生以适当的指导，结果成绩相当好。根据学生反映，他们之所以能够写得比较好，就是因为他们曾经有过这样的事情，因而拿起笔来便感觉有话可说。一些老师还认识到，学生的认识水平、生活实际是在不断发展、变化的，因此要善于了解学生，真正做到从实际出发；如果老一套，今年如此、明年也如此，对这班学生这样，对那班学生也这样，就会降低教学效果。

此外，在实践中语文教师还发现中学作文题目要具体、明确、富有启发性，不宜太宽泛或者太狭隘。太宽泛的题目如"回忆""感想"之类，就会使学生茫无头绪，不知从何处说起；又如《为什么说历史是劳动人民所创造的》这个题目要一个中学生在两个小时内交卷，自然是不可能写好，即使指定在课后写作，也是不易做得好的。太狭隘的题目像《记一堂自习课》《记晚上的事》之类，也会拘束学生的思路，使他们感到无话可说。

（二）创新中学作文命题的方式方法

一些老师认为，经过教师充分考虑拟定出来的题目，一般说来，学生是能够接受的；但是，这不等于说学生就会按照题目作文，而且做得好。因此，教师还要创新作文命题的方式、方法，有的采用了结合课文学习命题的方法（如北京市第三十一中学），有的采用看图作文、写旅行日记的方法，这里还有几种结合实际活动进行作文命题的方法：

结合电影或戏剧分析来命题。河北省通州陈尔畅老师在介绍经验时谈到，在指导学生分析电影或戏剧之前，教师要对故事情节、写作方法、有关词语等做好准备。在分析时与学生进行谈话，通过谈话使学生得到口头练习，再写成文章。其做法是：让一学生谈谈电影或者戏剧的故事情节，让其他学生修正、补充，使故事情节逐渐完整，然后教师一面小结，一面板书剧中主要人物、故事发生地点……有时并提出一些估计学生看不懂或者容易滑过的剧情与学生再谈话。例如，在分析电影《教师》时，就曾提出"教师的父亲为什么不让儿子去当教师"这样的问题。最后教师介绍写作方法：用记叙体叙事故事情节（一般适用于低年级）；用论说体分析主题、人物形象或者表达自己的观感（一般适用于高年级）。

结合学生实地考察指导来命题。广西桂林市梁任葆老师在作文教学中曾出了《春到漓江》这样的题目，当时，桂林已进入社会主义改造高潮，漓江上的船户实现合作化，船民生活起了很大变化，他主要让学生观察、体验这些；同时也让学生观察、欣赏桂林山水，用美丽的、欣欣向荣的景物来衬托社会主义蓬勃发展的新气象。在作文课上，他向学生提出要求，带领学生进行实地观察，随时从旁启发指导，最后还要学生访问船民，和船民谈话。这次作文成绩相当好，一般能做到主题明确，内容比较具体、生动，写景能够为主题服务，有的还能运用今昔对比的方法来突出主题。作家柳萌在《少年起步正当时》一文中写到新中国成立初期一位在写作指导上对他帮助很大的中学语文老师。"他特别注重学生的实践。在课文活动的时候，他经常组织学生讲演比赛，由他出一个题目让同学们即兴讲演，既锻炼了学生的口才，又培养了学生的思维，同时学习了词语结构等语文知识。""有一次班里组织参观天津钢铁厂，回到学校后老师跟我说：'你看工人师傅的劳动干劲，多么让人感动啊，你参加了文学社，可试着写写参观感想。'在老师的鼓励和启发下，我写了一篇叫'可敬的人'的文章，当作作文交给了老师，不曾想未过几天，这篇文章在《天津青年报》上发表出来，原来是老师觉得写得不错转去报社的。"①

结合学生假期节日活动指导来命题。有的教师在谈经验时提到，过去每逢假期节日，会出《节日观感》《假期生活》这一类题目，学生往往写不出来，他们说："国庆节虽然到处热闹，但在我的脑子里却是模糊一片。""假期里的生活，还不是起床、吃饭、游戏、睡觉这一些！"经过分析研究，才知道产生这种现象主要由于教师没有指导，没有把命题作文和实际活动有机结合起来。后来有的教师在学期末给学生布置一个任务：每人做一件有意义的事情。到第二学期的第一次作文课上，仍然出《回忆寒假生活》这个题

---

① 王丽. 名家谈语文学习 [M]. 上海：华东师范大学出版社，2007：159 - 161.

目，写作前教师启发学生回忆。结果，全部学生都能按时交卷，不少学生还写得比较突出、生动，大大改变了苦思冥想、记流水账、言之无物那些现象。①

新中国成立之初的中学作文命题在继承传统中改进创新。就继承传统而言，主要表现为以命题作文、以写学生的生活为主。在改进创新方面则表现为命题方式方法更加丰富，除结合课文命题外，还有结合课外阅读、课外活动、口头训练等命题；除命题作文外，还有重写、改写、缩写等方式。把阅读与写作统一起来，也是这一时期语文教学的显著特点。

第三节 "教育大革命"前后中学作文命题的波折

从 1958 年"教育大革命"到 1966 年"文化大革命"这八年时间里，中学作文教学没有一如既往地按照自身的轨迹运转，受到政治运动的冲击，道路曲折，命运多舛。这一时期，中学作文命题的政治意识进一步凸显，但面对作文政治化、政治"左倾"化的双重压力，中学作文命题科学化探索的步伐并未停止。

一、中学作文教学"文道关系"的反复

1949 年新中国成立以后，为了巩固新政权，适应新民主主义革命和社会主义改造的要求，语文教育高度重视为政治服务。"每一个教育工作者必须认识到：'新民主主义的教育方针是要把顾影自怜的个人主义彻底肃清，革命的英雄主义与集体主义必须建立。'"② 不过，当时语文教育界主流思想还是强调从尊重语文学科自身的特点出发，进行政治思想教育。1950 年，《人民教育》发表了时任东北人民政府教育部副部长董纯才的文章《改革我们的中学国文教学》。这篇文章在辩证分析思想内容与语文形式关系的基础上，明确提出了中学国文教学的任务："要使学生学会了解与运用中国语文，获得一般的文学教养；同时又从学习语文与文学中，获得革命思想与道

---

① 倪放. 有关作文教学的若干经验和问题［J］. 人民教育，1956（9）：45.

② 刘国盈. 关于中等学校国文教学［A］. 顾黄初，李杏保. 二十世纪后期中国语文教育论集［C］. 成都：四川教育出版社，2000：9.

德品质的教养。这就是说，中学国文教学含有语文教育与思想教育的双重任务。前者是语文课本身独特具备的特殊任务；后者则是各科共同具备的一般任务。"并提出了中学生写作能力应达到的具体标准：能写日常常用文件，如书信、函件、日记、笔记、记录、工作报告、新闻通讯、调查报告、讲演提纲、普通论文等。① 1956 年汉语、文学大纲分别强调了汉语、文学"是对青年一代进行社会主义教育的有力工具"。同时也强调"应该结合初级中学汉语教学进行爱国主义思想教育，培养学生的民族自豪感和爱国主义热情"。初、高中文学帮助学生树立社会主义政治方向等教育任务是在完成培养学生阅读、写作能力等教育任务的过程中完成的。这就在教学大纲中明确界定了作文教学与政治思想教育的关系。

但是，由于左倾思潮的影响，教育界也开始了"教育大革命"。1958 年9 月，中共中央、国务院发布了《关于教育工作的指示》。指示认为此前的教育工作"在一定时期内曾经犯过脱离实际、脱离生产劳动和忽视政治、忽视党的领导的错误"。② 中学语文教学批评了脱离政治、脱离实际、脱离劳动的倾向，提倡"三结合"，在教学内容、教学形式、教学方法等方面进行了改革。"政治内容第一、艺术形式第二"的文艺批评标准，被生硬地搬进作文教学，要求作文教学要重视政治性、思想性，主张学生作文要反映阶级斗争、生产斗争，忽视了语文学科本身的特点。为了同生产劳动相结合，同政治运动相结合，有的学校不顾学生的实际和作文训练本身的程序，学生炼钢就让他们写炼钢，学生参加农业劳动就让他们写农业劳动。"学校进行整风运动就指导学生写有关整风运动的文章。"③ 有时作文竟被政治活动、生产劳动所代替，常见的作文命题形式有大跃进颂歌、总结、广播稿等。而且，社会生活、政治生活中不正常的现象也直接影响着作文教学。例如，"大跃进"时期，作文教学也跟着"放卫星"，"上海市一所中学语文教研组总结道：'在阅读和写作教学进行了三周（义务劳动时间除外）的时候，我们已教了九篇教材，作文十次以上。'南京市'有几个学校的学生创作指标达到几万篇，如市立师范，在一个月左右时间里，学生就完成了四千多篇创

　　① 董纯才. 改革我们的中学国文教学［A］. 顾黄初，李杏保. 二十世纪后期中国语文教育论集［C］. 成都：四川教育出版社，2000：17－18.

　　② 中央教育科学研究所. 中华人民共和国教育大事记（1949—1982）［Z］. 北京：教育科学出版社，1983：231.

　　③ 王松泉，钱威. 中国语文教育史简编［M］. 北京：社会科学文献出版社，2002：245.

作'。"① 受极"左"思潮的严重干扰，中学作文教学质量大幅度下降，引起教育界深深的忧虑。

1959 年中央教育工作会议决定以语文为重点学科，要求各级教育领导部门抓紧语文教学的改革，切实提高语文教学质量。为此，上海《文汇报》开辟专栏，首先展开"关于语文教学目的的任务的讨论"。不久，《光明日报》《天津日报》《北京日报》等报刊也先后组织了类似的讨论与笔谈。在讨论中，很多同志都袭用"文"与"道"的用语来说明语文教学中思想教育与语文知识教育这两种任务的关系。对这两种任务的不同理论和争论，即所谓现代语文教育史上的"文道之争"。对"文"和"道"关系的认识，当时主要有下述三种理解：一是以文为主。理由是语文知识教学是语文学科的基本任务或主要任务，它体现了语文学科的特点。忽视这一特点，就等于取消这门学科。二是以道为主。理由是"政治是灵魂，是统帅"，语文学科具有强烈的思想性。另外根据"政治内容第一，艺术形式第二"的文艺批评标准，思想教育在语文教学中起着决定作用。三是文道并重。理由是"文以载道"说明"道在其中"，并不表示"文"与"道"孰先孰后，孰轻孰重。两者是水乳交融，亲密无间，偏重了哪一方面也是不妥当的。在深入讨论的基础上，1961 年 12 月 3 日，《文汇报》发表社论《试论语文教学的目的任务》，从语文学科的性质、语文知识教学和政治思想教育的关系及语文教学的规律方法三个方面对语文教学的目的任务做了深入分析。

这场"文道关系"的争论及《文汇报》的社论，结束了相当长一段时间内语文教学不正常的局面。1963 年教育部颁布了《全日制语文教学大纲（草案）》，可以说，这个大纲是对 1958 年以来"教育大跃进"历史背景下中学语文教学的一次拨乱反正。《大纲》主要由七个部分组成：语文的重要性和语文教学的目的；教学要求；教学内容；选材标准；教学内容的安排；教学中应该注意的几点；各年级的教学要求和教学内容。大纲首次明确提出和重点强调了语文的基础工具性，"语文是学好各门知识和从事各种工作的基本工具"，"中学语文教学的目的，是教学生能够正确地理解和运用祖国的语言文字，使他们具有现代语文的阅读能力和写作能力，具有初步阅读文言文的能力。"大纲认为，理解内容和理解语言文字是紧紧联系在一起的，正确地反映客观事物和准确地运用语言文字也是分不开的。"无论说'以道

---

① 王松泉，钱威. 中国语文教育史简编［M］. 北京：社会科学文献出版社，2002：245.

为主''以文为主'，或者说'道和文并重'，都是把'道''文'割裂开来，既不符合思想内容和语言文字不可分割的客观实际，也不符合培养阅读能力和写作能力的教学实际。"①

　　后来受"四清运动"的影响，从 1964 年起，强调语文教学为阶级斗争服务，中学作文教学又一次受到极"左"路线的破坏。"文化大革命"开始后，作文教学淹没在政治口号之中，完全沦为政治的工具。

二、中学作文命题政治意识的凸显

（一）体现在中学作文命题研究中

　　"教育大革命"开始后，中学作文命题提倡"三结合"。一些研究文章把学生难以下笔的原因归结于作文命题脱离政治、脱离实践、脱离劳动。"不是通过生产劳动和社会活动，把学生的注意力引向轰轰烈烈的社会主义建设，而是把写作限制在狭窄的小天地中。作文题是'我的妈妈'，'我的朋友'，并且提出要'写优美的句子'之类的空洞要求，使得学生感到枯燥无味，难于下笔。"② 1963 年 10 月，《人民教育》发表了许宗实、王泰然、敢峰批评资产阶级教育思想自然成长论与母爱教育的三篇文章，由此拉开了持续两年的、轰轰烈烈的、围绕"爱的教育"思想的大讨论的序幕。在阶级斗争扩大化的当时，阶级教育的观点明显占了上风，而"爱的教育"被当做资产阶级思想教育遭到了猛烈的攻击。1965 年 1 月 15 日开始，《文汇报》展开了"如何指导和评价学生的作文"的讨论，历时 8 个多月（1965年 1 月 15 日至 1965 年 9 月 27 日）。讨论是由对上海市第二中学初三学生的一篇作文《茉莉花》的评改分歧而引起的。这是一篇以花寓情、文笔细腻、构思颇具新意的一篇习作，小作者写了对同学赠送的一盆茉莉花的喜爱和眷念，表现了同学间纯洁无瑕的友情。这本是人之常情，但在当时却是与"一切都是阶级斗争"的思想潮流相违背的。在讨论中，很多文章对此文横加指责，认为学生写这种日常生活里的"小摆设"，没有无产阶级感情。这场讨论结束时，发表了上海市部分教师的座谈记录《作文教学必须不断改革》，在"编者按"中说："学生通过作文，既进一步学习字、词、句、篇

---

① 课程教材研究所.20 世纪中国中小学课程标准·教学大纲汇编（语文卷）［M］.北京：人民教育出版社，2001：415 –416.

② 刘芳泉，吕启祥，李道熙.语文改革势在必行［J］.北京师范大学学报（社会科学版），1960（3）：19.

等语言文字的基本知识，更学习如何运用语言文字去表达无产阶级的思想观点。在任何一篇作文中，思想内容与语言文字是不可分割的。它们是对立统一着的两个方面。政治是统帅，是灵魂，必须贯串在整个作文教学的始终；……作文教学必须政治挂帅，使政治落实到作文教学的各个环节……"。这一场讨论，是作文教学、作文命题走向"极端政治化"的前奏。1966 年《安徽教育》第 4 期编辑部综述《作文教学必须突出政治》强调："在写什么的问题上，有一个突出不突出政治的问题"，"你是引导学生接触实际、扩大眼界、关心大事，多写些反映三大革命运动和各种富有积极意义的题材呢，还是把学生眼光局限在学校的小圈子里，或者引导到鸟语花香、日落日出的自然景色的陶醉中去，专门写些脱离现实、缺乏积极意义的题材呢？是多写生产、生活中常用的文体，培养有用的写作能力，还是一味追求'艺术性'，把应用文等常用文体排斥在作文教学以外呢？前者就是突出政治，后者就是不突出政治。"强调中学作文命题要突出政治，使作文教学更好地为无产阶级政治服务，为工农兵服务，为阶级斗争、生产斗争和科学实验三大革命运动服务，这已经成为这一时期人们研究中学作文命题的思维定势，也反映出"文化大革命"前后各种政治口号或政治运动对作文教学的深刻影响。

（二）体现在语文教材作文命题中

1958 年的语文教材受当时政治运动的影响，片面强调加强政治思想教育和结合政治形势，教材中编入了不少政论文和一些时事性强但并不典范的文章，几乎变成政治性读物和报章杂志的集锦。语文教材作文练习数量极少，且多是与课文结合紧密的政治性文题。1960 年 8 月，教育部在北京召开十年制学校新教材研究会，在《语文、历史、地理、常识四科教学研究会纪要》中指出："语文教学和其他一切工作一样，应该政治挂帅，以毛泽东思想为指针。语文是思想性政治性很强的一门课程，必须……极大地提高学生的共产主义思想觉悟和道德品质。这是极其重要的政治任务，必须很好地完成。"这为以后编制和修订教材定下了基调，也为教材政治化作文命题定下了基调。1961 年人民教育出版社编辑出版了《全日制十年制学校中学语文（试用本）》，全套共 10 册，初中 6 册，高中 4 册。课本《说明》强调语文教学"不是一种单纯的技术训练，而首先是一种思想的训练"。要求"反复地向学生进行革命传统教育、阶级斗争、对敌斗争的教育，培养学生艰苦奋斗的革命精神，立志做个革命继承者"。全套课本选有政论文 70 篇，占课文总量的 23%，其中，毛泽东著作 20 篇。课本笔者统计了初中语文第一册、第三册、第四册课后练习作文命题，见表 3 - 2。

表 3 - 2　教育革命时期部分语文教材作文题目统计

序号	课文	作文题目	文题内容	文体类型
1	《徐特立同志谈艰苦奋斗》	阅读笔记有三种写法：一种是摘录书里重要语句，以便反复体会；一种是作出段落提纲，便于掌握文章的主要内容；一种是写下自己的心得。用上述一种方法，写一篇阅读笔记。	思想品德教育	笔记类
2	《回延安》	前面学过的四篇课文，教育我们发扬革命的光荣传统，发愤图强，艰苦奋斗，做共产主义事业的接班人。写封信，把你的学习心得报告给你从前的老师。	革命传统教育	书信类
3	《机械的诗》	写一篇记叙的文章，或者记一次有意义的活动，或者记一处美好的景物。	记活动或景物	记叙类
4	《赣南游击词》	背诵这篇课文，并且改写成散文。	革命精神培养	散文类
5	《延安作风万岁》	写一篇短文，记一个艰苦朴素的同志，注意材料的选择和记叙的详略。	革命传统教育	记叙文
6	《清川江畔》	写一篇通讯，报道学校里或者班上最近的一次活动。	学校活动报道	通讯类
7	《大气》	写一篇短文，说明某种事物（例如某种标本或者模型，某种实验的做法，等等）。	事物实验说明	说明类
8	《做敢想敢说敢做的人》	这个单元的两篇课文指出，在飞跃发展的社会主义时代里，要树立集体主义思想和共产主义风格。前一单元的三篇课文正是具体反映这种时代精神的。写一篇读后感，谈谈你学习这几篇（或其中的某一篇）课文的心得。	革命精神培养	读后感
9	《普通劳动者》	写一篇短文，谈谈你近来参见生产劳动的经过和收获。	生产劳动教育	综合类
10	《沙漠的改造》	就你所熟悉的某种事物的变化情况，写一篇说明文。	事物变化说明	说明类
11	《观刈麦》	把这首诗改写成现代散文。	思想品德教育	散文类
12	《开展大规模的生产运动》	把课文内容列出一个比较详细的提纲。	革命精神教育	提纲类
13	《稻》	写一篇关于某种植物生长情况的说明文。	植物生长说明	说明类

由于语文教材是按照政治观点和思想内容选文、组合单元的，教材练习设计强调"突出政治""联系实际"，思想政治教育内容比重大，严重地忽视语文学科的规律。练习中的作文命题也多是思想政治教育类题目，初中3册语文教材共13次作文训练，其中政治思想类命题数量逾半。作文文体虽然以应用体居多，如笔记、书信、读后感、提纲等，但也是为思想政治教育服务的。总体上看，这些作文题目密切配合三大革命运动，即贴近阶级斗争、贴近生产劳动、贴近科学实验。

（三）体现在教师作文命题实践中

为了解决作文教学服务革命运动的问题，一些学校进行了作文教学改革，在作文命题上的主要做法有：一是紧跟国内外形势、结合学校的思想政治教育工作命题。例如我国原子弹爆炸、苏联赫鲁晓夫下台，有的老师就以此为题，要求学生写评论、谈看法。在批评《三家巷》《苦斗》《早春二月》等文艺作品时，就指导学生写批评文章。有的教师指导学生就越南形势问题写了《给越南南方小朋友的一封信》《给农村社员做次关于越南形势的报告》《评约翰逊"暂停轰炸"的鬼把戏！》。在学习毛主席著作的热潮中，就指导学生写学习体会、经验介绍，或者以毛主席的思想分析一个具体问题。在知识青年上山下乡教育活动和毕业班的一颗红心多种准备的教育活动中，就引导学生写这方面的文章。在下乡生产劳动中，根据学校教师工作的要求，向学生布置写作练习，并要求坚持写日记，写贫下中农问苦记，整理队史和村史等，劳动后写劳动思想总结等。江苏师范学院附属中学的张力生认为，结合当前的政治时事命题，不仅使学生掌握基本的逻辑的表达知识，而且能培养他们正确地分析具体问题的能力。他所教的高二班作文一般就是从以下四个方面命题的：（1）党和政府发出的号召和重要的方针政策；（2）祖国社会主义建设事业的发展情况和当时的时事；（3）各项政治性、群众性的革命运动；（4）当前国际上的重大事件和发展形势。①二是发挥课本中政治教育文章的战斗性和教育性，使讲读教学指导写作，作文命题和讲读教学密切结合。例如，在学《文艺批评的标准》之后，作文命题是用毛主席的文艺思想批评分析一篇"坏作品"（如《早春二月》和《北国江南》等）。②"教《我走过的路》、《斗争韩老六》，让学生着重学习课文选择代表

---

① 张力生. 谈作文命题［J］. 江苏教育，1961（15）：23.
② 河北保定女中语文组. 为三大革命运动服务，改进作文教学［J］. 人民教育，1965（7）：40.

性事例，说明中心，和具体描写言行，表现人物的写法。结合课文，指导学生读《万恶的地主阶级》、《在资本家的笑脸后面》等书；到工农群众中去访问，记录工人、贫下中农的家史。学生受到了教育，写了《在地主门前》、《翻身不忘共产党》等有阶级觉悟、有文采的作文。"① "在教过莫泊桑的'项链'后，我们准备叫学生写读后感，题目为'丑陋的社会，肮脏的灵魂'，经过一再研究，觉得这样命题缺乏正面积极的教育意义，这时适值学生看了电影'为了六十一个阶级兄弟'，因而另出了个题目：'共产主义的凯歌'。"② 即使是古典文学作品，老师也想方设法挖掘其斗争因素，并以此命题。"例如，讲《中山狼传》之后，指导学生写《狼，就是狼，而不是狼外婆》的杂感，结合当前反帝、反修国际形势，借古喻今说明一个道理。" "有些有消极因素的古典作品，我们也结合作文谈体会，展开讨论，例如讲完《屈原列传》、《勾践栖会稽》和《西门豹治邺》等，写人物评论，肯定哪些，批评哪些。"③

（四）体现在全国高考作文命题中

1958 年至 1965 年的高考作文除 1964 年《读报有感——关于干菜的故事》是材料作文外，其余均为命题作文，作文文体多是便于简单记录生活、抒写政治热情的记叙文或夹叙夹议的议论文。除 1962 年《雨后》外，其他命题大多直接与政治热点挂钩，题材以讴歌新时代、追求崇高理想为主，思想结构及价值取向显得十分单一，考查面狭窄，侧重考查学生对社会的洞察力及与社会的相融性，忽略了对学生自省力的考查（见表 3-3）。《雨后》这个题目的文学性很强，也很开放，对于当时过于追求"阶级斗争政治"的社会氛围有些许宽松调节意义。据说，此后许多中学语文老师给学生的作文题目就是"踏花散记""桂花飘香的时候""惜春""晨""笑"等等。1965 年末，《中国青年报》发表了一篇重要文章，提出中学生作文要突出政治，突出阶级斗争这个主题，尖锐批评了 1962 年的高考作文题目《雨后》是宣扬小资产阶级风花雪月，是要把青年学生引向资产阶级修正主义道路云云。

---

① 成都盐道街学校中学部语文组. 不断改造思想，努力改革作文教学 [J]. 四川教育通讯，1965（9）：15.

② 张力生. 谈作文命题 [J]. 江苏教育，1961（15）：24.

③ 河北保定女中语文组. 为三大革命运动服务，改进作文教学 [J]. 人民教育，1965（7）：42.

表3-3　1958—1965年全国高考作文题目统计

年份	作文题目	命题方式	命题内容	文体类型
1958	《"大跃进"中激动人心的一幕》	命题作文	时代赞歌	记叙类
1959	《记一段有意义的生活》	命题作文	社会主义新生活	记叙类
1960	《我在劳动中受到了锻炼》《"大跃进"中的小故事》	命题作文二选一	政治思想教育	记叙类
1961	《一位革命先辈的事迹鼓舞了我》	命题作文	政治思想教育	记叙类
1962	《说不怕鬼》《雨后》	命题作文二选一	政治思想教育及其他	议论类记叙类
1963	《唱国际歌所想起的》《"五一"国际劳动节日记》	命题作文二选一	政治思想教育	夹叙夹议类
1964	《读报有感——关于干菜的故事》	材料作文	政治思想教育	议论类
1965	《给越南人民的一封信》《谈政治与业务的关系》	命题作文二选一	政治思想教育	书信类

　　政治化的作文命题带来的直接危害就是"伪圣化"作文大行其道。全体学生都一个模式思维，用一套话语说话，用伪神圣、假崇高的观点去看待"高尚""健康""先进""有意义"等真正的人文价值范畴。学生作文思想和语言都远离真实的人生和现实生活。在这样一个求同的时代，学生作文存在种种缺陷也就不足为奇了。请看两段当年的优秀考试作文①：

　　教室里还是一幅为了幸福的明天而刻苦学习的图景。时候已经不早了，同学还舍不得离开教室，有的在做作业，有的在起草文稿。透过书页，我仿佛看到了百花竞秀；顺着笔尖，我似乎听到了闪电雷鸣。别看这儿静寂无声，其实，同学们正在苦练基本功，探索向科学的珠穆朗玛峰进军的途径……顿时，我领悟到了来校晚修途中遇到李大伯时，他老人家所说的话中含蕴着的道理；也明白了老师们辛勤执教的一言一行中的"为什么"；还明白了同学们苦学深钻的目的。全国人民一盘棋，大家勤奋工作学习，都是朝着一个共同的目标：为了建设繁荣昌盛的社会主

① 李文杨，苏文俊，张一虹，过洪石. 中国作文百年纵览［Z］. 郑州：文心出版社，2001：557、568、569.

义祖国，为了迎接光辉灿烂的明天。

（山东一考生《为了幸福的明天》）

在社会主义社会里，人们读书的动力和前进的方向与旧社会迥然不同了。今天认真读书，刻苦学习，是为了更好地革命，更好地建设社会主义。在这个方向的指引下和这个动力的推动下，人们都要努力学习，因为作为革命队伍中的一员，总得对革命做出贡献。……如果没有革命的立场和观点，学习的目的不是为了建设社会主义祖国，而是为了个人，那么，一遇到挫折，就容易灰心，难以坚持下去。……我们若能树立革命理想，一切从党的利益和人民的利益出发，就会不怕任何困难和挫折，披荆斩棘地坚持学习下去。

（河南一考生《谈革命与学习》）

三、中学作文命题科学体系的新构

即便在这样一个政治运动频繁的年代，人们对中学作文命题进行探索的步伐并未停止，这主要表现在新中国中学作文命题科学体系的构建方面：

（一）语文教学研究强调中学作文命题要重视科学体系的构建

著名教育家林砺儒认为，命题是作文教学最重要的开端，这一招若有错误，将难免输掉全局。他说，写作是教学生写出他们心里要说的话，把他们自己的经验整理一番，做有条理的表达，从而发展他们胸中的积理，那么，命题必须能启发学生心中所要说、所能说的话。倘若跟学生的经验相距十万八千里，毫不相干，那只能逼着学生说假话或作无病的呻吟。教师若不知道给命题以足够的重视，那就谈不上教学。①著名教育家尹伟（吕型伟）指出，学生写作水平的高低，集中反映了语文教学的成果。"要学生文章写好，除了要使他们丰富生活和多读多写以外，教育有目的、有计划地进行写作教学，抓好命题、指导、批改、评讲等几个环节，非常重要。"他认为，命题要结合学生实际，使学生有物可写，学生才能"言之有物"。从目前情况看，有些题目出得太大、太空了。如初三学生读了《青年运动的方向》，教师就要学生写"坚持延安青年的方向"，学生读了《正确地掌握语言，为祖国语言的纯洁健康而奋斗》，教师就要学生写"学好祖国语言，为全面提高学习成绩而奋斗"，真叫学生无从着笔。这样做，也许教师认为就是读写结

---

① 林砺儒.语文教师是经师，也是人师［A］.顾黄初，李杏保.二十世纪后期中国语文教育论集［C］.成都：四川教育出版社，2000：278.

合。读写要有联系，但必须从实际出发，也不一定每篇都要联系。如果脱离了学生的实际，机械联系，要求学生读了什么就写什么，题目很大、很空，学生缺乏具体材料，当然只好东拉西扯，乱说一通了。还有些学校高三年级整个一年都是出的论说文题目，也太偏了。高三可以练习写论说文，但记叙文的能力也要继续培养，何况目前不少学生在初中阶段学写记叙文的基础实在还没有打好。其实，一学期中也可以有一两篇作文让学生自己去命题、创作。① 尹伟先生认为读写结合不错，但作文命题不可机械联系，要以学生经验为主；另外，他还主张初、高中作文命题要相互衔接，不能决然分离。洛寒在《不要把语文课教成文学课》一文中也强调中学作文命题要注意科学化，他批评中学作文命题一度出现的文体文学化倾向，"只限于教学生练习写记叙文的文章，绝大部分都是写景、写故事，说明文和应用文却很少练习的机会。"② 上述种种，显示了语文教育界人士在构建新中国中学作文命题科学化体系方面的思考和努力。

（二）教学大纲初步构建了新中国中学作文命题的文体阶梯序列

1963 年教育部颁布的《全日制中学语文教学大纲（草案）》对作文明确提出了加强训练的要求，在"教学中应该注意的几点"中提出用多写的方式来提高学生的写作水平，"'拳不离手，曲不离口'，要提高写作能力，非多写多练不可。"在"教学内容"中指出，"应该适当增多学生写作的机会。"大纲努力探讨中学作文教学与训练的科学化，着力构建作文训练（命题）文体系统，可谓是新中国成立后作文命题体系的滥觞。在"教学内容的安排"上，"以培养学生阅读能力和写作能力的顺序为主要线索，组成由浅入深、循序渐进的体系。顺序主要表现在：（1）从阅读内容比较单纯、篇幅比较短的文章到阅读内容比较复杂、篇幅比较长的文章。（2）逐步理解和掌握写作的基本方法，从词句到篇章，从比较单纯的方法到比较复杂的方法。（3）逐步理解和掌握记叙、说明、议论等主要的表达方式和常用的几种体裁的文章的写法。整套教材要就上述这些方面作出安排、明确各年级、各学期的教学重点。"③ 大纲对初、高中各年级作文训练（命题）分层提出目标和要求（见表 3-4）。

---

① 尹伟. 切切实实提高中学语文教学的质量 [A]. 顾黄初，李杏保. 二十世纪后期中国语文教育论集 [C]. 成都：四川教育出版社，2000：271-272.

② 洛寒. 不要把语文课教成文学课 [A]. 顾黄初，李杏保. 二十世纪后期中国语文教育论集 [C]. 成都：四川教育出版社，2000：343.

③ 课程教材研究所. 20 世纪中国中小学课程标准·教学大纲汇编（语文卷）[M]. 北京：人民教育出版社，2001：417-419.

表 3 - 4　各年级作文训练（命题）目标和要求

年　级	作文训练（命题）目标和要求
初中一年级	着重培养记叙能力，理解记叙的要素以及观察和记叙的关系，写记叙文力求中心明确、条理清楚；培养写应用文的能力，学会通知、书信等的写法。
初中二年级	着重培养说明能力，理解和掌握说明事物的一些要点和方法，说明事物力求准备清晰，有条有理；继续培养记叙能力，学习记人和写环境；继续培养写应用文的能力，学会记录、报告等的写法。
初中三年级	着重培养议论能力，理解立论、驳论和论证的方法；继续培养记叙和说明能力；继续培养写应用文的能力，学会合同、表格、计划等的写法。
高中一年级	在初中的基础上，进一步提高现代语文的阅读能力和写作能力，掌握比较复杂的记叙方法，培养记叙、说明、议论综合运用的能力。
高中二年级	培养比较复杂的议论能力，理解和掌握论证的方法和步骤，注意概念准确，判断严密，推理合乎逻辑，能够有理有据地发表意见。
高中三年级	进一步巩固和提高各种表达能力，掌握比较复杂的议论方法，注意观点正确鲜明，材料充实可靠，论证严密，语言简练。

　　上表反映的是中学各年级作文教学的文体训练目标，因而也可以说是作文命题的文体要求。大纲还关注初中与高中作文命题的衔接，大纲对初、高中作文命题的总体要求是："初中阶段，要求能写记叙文、应用文和简单的说明文、议论文。高中阶段，要求能写比较复杂的记叙文、应用文和一般的说明文、议论文"。显然，高中阶段的作文命题要求是建立在初中阶段作文水平基础之上提出的。这个训练体系，着重培养学生对每种文体特征、文体模式的把握，通过训练掌握每种文体的写作知识、写作方法，从而形成记叙文、说明文、议论文的文体规范，其积极意义不容置疑。不过，我们也应认识到，"他的全部写作教学思想都建立在对客体（范文）特征模仿的静力学、机械论的基础之上，遵循写作能力的内在机制，从写作兴趣的激发、写作动力的产生到思维模式（不是文体模式）的习得和联想、想象的培养，都没有从一般写作素质和思维能力、创造能力的角度去探讨作文教学改革之路。"① 也就是说，这种文体训练体系对中学生的写作兴趣、写作动力缺乏

---

　　① 马正平．中学写作教学新思维［M］．北京：中国人民大学出版社，2003：77．

足够的观照，这也是造成过去作文教学成效甚微的主要原因。大纲还对课外作文命题提出了要求，"课外写作指导对培养学生的写作能力也很重要，例如指导学生写日记、笔记，帮助学生编壁报或级刊，练习写作。课外的阅读指导和写作指导，既要有统一的布置和一般的要求，又要适当地考虑到学生能力的差别和爱好的不同，尽可能做到切实具体，因材施教。"① 大纲在一定程度上也注意到中学作文命题的多样性和灵活性。

（三）语文教师在教学实践中探索中学作文命题的科学化体系

比较有代表性的是云南昆明市第八中学李必两老师的分步、分阶段作文命题。李必两老师通过实践认识到，整个中学阶段的写作训练应由浅入深，自易及难；从记叙到说明，到议论，分成若干阶段，一步一步地训练；而在一学年、一学期，乃至一学期中的每一阶段，仍应一步步要求、一步步训练。以高中一年级作文训练为例。根据大纲要求，本年级分为四个训练阶段：状物、叙事、记人、写景。这四个阶段中，每一阶段仍需分步要求。以"状物"为例。状物，略似绘画中的静物写生，要求解决"具体"的问题，要求学会描写。第一步（两次写作练习）只要求具体下来，直接描写"物"的形状，注意记述顺序，而不要求一定成文。譬如写《牛》，第一次写作练习可指导中等程度的学生按"由总而分，从头至尾，自上而下"的顺序，以比喻、形容等法，写牛之形；对程度较高的学生则指导以衬托、烘托等法写牛之形及牛之性。要求明确单一："具体下来"。第二次习作题目变换（如《拖拉机》），要求相同。更以第一次写作练习中的优秀作文为指导，要求相同，则学生便于克服前一次习作中的缺点，发扬前一次习作中的优点，逐步完成训练要求，且易于学习别人前一次习作中的长处。第二步，即要求成文，要求命意点题。仍分两次。第三次习作再变换题目，要求是"具体下来，联想开去"。再以第二次习作的优秀文章作指导。如此三次，学生既不感到重复，而状物方法经反复锻炼，亦已掌握。第四次，则不命题，让学生有自由选择的余地。

李老师认为，训练既需分阶段，则学年、学期写作训练应达到何等要求，用何方法，均宜心中有数。作文命题尤忌临时起意。拟定作文教学计划时，即应拟就一套题目及训练要求。以记叙文命题为例：

---

① 课程教材研究所.20世纪中国中小学课程标准·教学大纲汇编（语文卷）[M]. 北京：人民教育出版社，2001：419-420.

一、状物。

要求：选材具体，掌握联想。

题目：《手》《水》《牛》《拖拉机》《红旗》。

二、叙事。

要求：选材具体、生动、能围绕主题；学会点面结合的写作方法。

题目：《一件小事》《我的初中生活》《记一次有意义的班集体活动》《参观（访问）××记》《秋收小记》《农村琐记》。

三、记人。

要求：选取有典型性的材料，写一个人的思想、品质；立意明确、单一。

题目：《农业战线一尖兵》《我熟识的一个共青团员》《我的老师》《自传》。

四、写景。

要求：由总而分、由远而近的顺序；前后一致的观察点；节令和地区的特点；立意积极。

题目：《校园早读》《昆明之晨》《家乡新貌》《雨》。①

学步阶段，不可望其奔跑，中学生作文教学亦是如此。李必两老师的作文命题分阶段、明要求，遵从了中学生写作的基本规律，对提高学生写作水平的提高有实际功效。

此外，北京师范大学女附中周学敏老师从实际出发，灵活命题，在当时也产生了广泛的影响。周学敏老师的作文命题有这样几个特点：（1）深入了解学生的思想和生活情况，命题从实际出发。周学敏认为，学生作文，往往觉得"没有东西写"。作文之所以没有东西写，教师命题脱离学生实际，要她们写不熟悉的东西，是一个重要原因。因此，她常常和学生生活在一起。有时，还有意识地和学生谈心。比如，暑假后刚开学，就和学生谈谈暑假生活。这一来，学生的话可多啦！有的说，回了农村的老家一趟，有的说，在海边过了一段生活，都有新见闻。于是作文写一篇《暑假生活小记》，结果学生都有话可写。②周学敏认为作文命题应该掌握学生的心理。在实践中她体会到中学生具有记忆力强，对新事物敏感、好动、热情、善变、

---

① 李必两. 作文教学初探 [J]. 人民教育，1963（11）：36 - 37.

② 求是. 周学敏怎样教作文 [J]. 人民教育，1964（4）：33.

好奇心强、爱幻想、上进心强等心理特点。这个年龄的学生，在作文选材时，常常想要一些古怪的和别人不一样的材料写。那么作文命题就要利用这一点儿童心理，出《最_____的 》（学生自拟的题目有《最伟大的革命歌声》《最可爱的劳动》等）、《_____的联想》（学生自拟的题目如《路的联想》）等题目。"只要把年龄特点引导到正路上去，就会产生莫大效果。"① （2）题目指明作文要说明的问题和读者对象，使学生有明确的写作目的，有所为而作，不为作文而作文。周学敏曾出过这样一些题目：①给本校黑板报写一篇通讯，报道班上的好人好事；②队会讨论防止近视眼，写一篇发言稿，说明应该怎样防止近视眼，保护视力；③班会讨论怎样在班上开展批评和自我批评问题，写一篇发言稿，谈谈你对开展批评和自我批评的认识；④写一篇短文，向同学们介绍一本你自己最爱读的书。（3）命题方式灵活，有启发性。学生看话剧《年青的一代》，原想拟《〈年青的一代〉观后》一题，但这样宏大的话剧，初中孩子从哪里下笔，抓哪一点都够写的。便从不同角度命题启发，让学生边看戏边思考。题目有：《萧继业和林育生的两条道路》《萧继业做得对！》《林岚岚的志愿》《林坚伯伯和林妈妈》《可敬的萧奶奶》《小李的转变》《好险啊，夏倩如同志！》《真正的友谊》《"修桶"一段对白的启示（什么地方跌倒，就在什么地方爬起来）》《从〈年青的一代〉想起的几件事》。同一题材的题目，有时也变通出几个，以适应学生的具体情况。（4）出一些关于应用文的题目，让学生练习写应用文，以适应实际需要。周学敏认识到教中学生作文，不是为了培养文学家，要她们学习创作文艺作品；而是要教会她们运用语言文字，写出文理通顺的文字，并学会写各种应用文，以满足她们中学毕业以后，从事劳动和学习的实际需要。她还认为，应用文是多种多样的，要有计划地让学生练习写。先写简单的，逐步写较复杂的，并且要结合学生的实际教学。②

　　周学敏老师注意密切结合学生的思想实际和生活实际命题，命题方式不拘一格，比较灵活，尽量让学生有题材可选择，有议论可发挥，调动了学生作文的积极性，收到了良好的预期效果。

---

　　① 周学敏. 改进语文教学的几点体会 ［A］. 顾黄初，李杏保. 二十世纪后期中国语文教育论集 ［C］. 成都：四川教育出版社，2000：362.
　　② 求是. 周学敏怎样教作文 ［J］. 人民教育，1964（4）：34.

第四节　"文革"期间中学作文命题的重创

1966 年到 1976 年"文革"期间，语文教育因为贯彻"突出政治""批评智育第一""批评教育黑线"等指导思想，遭受到史无前例的巨大破坏。原来的语文教学大纲和教材遭受到彻底批评而被全盘否定，大纲被指责为"打着纯工具的旗号推行资产阶级政治，抹杀了语文的阶级性"，教材被诬陷塞满了封、资、修黑货，毒害青少年。十年"文革"，全国没有统一的语文教学大纲，也没有统编的语文教材，语文课一度改为"政文课""革命文艺课"，教师和学生读的是"毛主席著作"和反映"三大革命斗争"的文章，写的是"大批评""小评论"文章和"四史"（厂史、社史、村史、家史）等。当时热衷"停课闹革命"，大多数课程都荒废了，唯独作文作为一种对学生进行政治教育，批判"封、资、修"及歌颂领袖和新社会的工具，不但保留下来，而且有所加强，只不过已沦为极"左"政治的附庸。

一、语文教材作文命题的政治化

（一）表现教材的选文上

"十年动乱"时期，许多无产阶级革命家被诬陷为修正主义分子，他们的作品理所当然地成了"大毒草"。20 世纪 30 年代左翼文艺运动既然是新中国成立后十七年"文艺黑线"的发端，许许多多著名作家的作品也全成了"黑滕上的黑瓜"。还有从孔夫子到龚自珍，从莎士比亚到契诃夫，全属于打倒之列，所有这些作家的作品都不能选作教材。而这一时期的文学创作活动实际处于停滞状态，几乎没有作品问世，因此，各省市语文课本的选文范围极其狭窄，内容十分贫乏。"文化大革命"之始，《人民教育》曾发文批判 1963 年版的《全日制中学语文教学大纲》，文章指出按大纲要求，初中三年六册语文课本 180 篇课文中，毛泽东著作只 13 篇，占 7%；"当代无产阶级革命领袖和作家的文章 49 篇"，占 27%；而古典作品选入 66 篇，"其比例竟高达 36%"！为此，文章作者指斥该大纲是"艺术标准第一，政治标准第二"，在"错误路线的统治下"，中学语文教学被"搞得乌烟瘴气，既害了教师，又害了学生，给资产阶级、修正主义推行‘和平演变’帮了大忙，为资产阶级复辟埋下了定时炸弹”。① 在这种政治高压下，经典文章、优秀文学作品被排斥于语文教材之外就在所难免了。下面，我们以 1972 年版江西省中学语文试用课本第七册、河南省初中试用课本语文第三册、上海版中学语文第三册和 1975 年版安徽省初级中学试用课本语文第六册为例，分析“十年动乱”时期语文教材选文方面的情况：

表 3 - 5　“文革”期间部分中学语文教材课文分类统计

教材版本	总课时	毛主席著作	马恩列斯文章	鲁迅作品	“样板戏”选场	评论总结	家史通讯	古代诗文	其他
江西版第七册（1972）	16	4	1	1	1	4	4	1	0
河南版第三册（1972）	19	3	1	2	1	3	5	2	2①
上海版第三册（1972）	16	6	1	1	1	3	2	2	0
安徽版第六册（1975）	20	3	1	1	1	3	6	3	2②
总计	71	16	4	5	4	13	17	8	4
比例	100%	22.54%	5.64%	7.04%	5.64%	18.3%	23.93%	11.27%	5.64%

　　① 一篇为鲍狄埃的《国际歌》，另一篇为贺敬之的《回延安》。

　　② 一篇文为《工农兵演唱》（其中含对口快板《批林彪》和山东快书《端炮楼》），另一篇为高尔基的《海燕》。

　　上述语文教材的共同特点是：突出毛主席的文章和诗词；以政论文为主，政论文又以革命大批评为主；记叙文则选革命通讯和“四史”等；选少量古代诗文，则必加批判性的说明和提示。这样编写语文教材，给作文教学带来一系列问题。第一，作为学生学习写作范本的教材严重脱离学生实际。当时的中学生，整体文化水平包括语文水平都很低，大多数仅为小学水平，理解毛主席和马恩列斯著作，学习其语言和作法，困难很大，学生只能

---

　　① 王兴田，陈水秀．全日制中学语文教学大纲中的修正主义方向必须批判 [J]．人民教育，1966（6）：16－23．

死记硬背，生吞活剥，又如何能读写结合呢？第二，教材选编严重违背中学生作文规律。多年来的语文教学实践证明，中学生读、写记叙文或说明具体事物的文章比较容易，而读、写议论文这类抽象事理的文章则较为困难。上述教材违背这一规律，不论低年级、高年级，所选的经典文数量大体相同。如再加上其他评论文章，各年级教材中议论性文章均占 50% 左右，学生连简单的叙事、写人都远远未曾过关，却不得不啃这类评论文章，反映在写作上，必然是空话连篇，不知所云。第三，所有的选文都有极强的政治色彩，势必造成学生作文视野的狭窄和思想的贫血。这样的选文必然让作文教学意识形态化、形式化和教条化，作文教学对主流意识形态完全服从，对自身规律彻底抛弃，学生在作文中除了喊一些时髦的政治口号外，又会有多少心灵的流露、人性的闪光呢？

（二）表现在训练的设计上

"革命的文章是'团结人民、教育人民、打击敌人、消灭敌人的有力的武器'，我们应该积极掌握这个武器，为捍卫毛主席的无产阶级革命路线，巩固无产阶级专政而斗争。""材料的来源是三大革命运动。毛主席教导我们：'人民生活中本来存在着文学艺术原料的矿藏……它们是一切文学艺术的取之不尽、用之不竭的唯一源泉。'只要我们认真读马列的书，读毛主席的书，深入工农兵中去，在三大革命运动中积极接受再教育，同工农兵相结合，并努力提高写作能力，就能写出为工农兵所喜闻乐见的文章，为中国革命和世界革命服务。"① "文革"期间中学语文教材作文命题不折不扣地贯彻了这种指导思想。笔者统计了其中三册中学语文教材作文题目（见表 3－6）。三册中学语文课本共有课后作文练习题目 13 道，作文练习量很小，特别是 1974 年江西初级中学试用语文课本第三册仅有两次作文练习。语文教材作文命题的内容几乎都与政治思想意识有关，相当一部分被注入了极"左"的思想观点，有的甚至是反动思想，譬如肆意攻击邓小平、污蔑天安门群众运动等。写作文体也十分单一，基本上是便于记录政治运动或所谓革命新人的记叙文（包括通讯、新闻），其次便是议论文（大批评、小评论之类），说明文和应用文极少，即便有也是为政治服务的，如思想汇报（笔记）、样板戏改写等。

---

① 江西省初级中学语文 ［M］. 江西省中小学教材编写组，1972：80、82.

表 3 - 6 "文革"时期部分中学语文教材作文题目统计

教材版本	课文	课后作文题目	文题内容	文体类型
江西初级中学试用课本第三册(1974)	《中国工人阶级的先锋战士——铁人王进喜》	访问老工人、老贫农、老红军或老干部，写一篇记叙他们的共产主义思想、风格的短文。	思想教育	记叙类
	《大寨又迈大步 灾年再夺丰收》	访问一个生产队或工厂，写一篇以抗灾或克服重重困难夺得高产为中心的通讯。	生产劳动教育	通讯类
安徽初级中学试用课本第六册(1975)	《彻底批评林彪反党集团利用资产阶级法权攻击无产阶级专政的罪行》	划分段落，编写段落提纲。	大批判	提纲类
	《尊孔反法是为了反华》	划分段落，编写段落提纲。	大批判	提纲类
	《春天，在我的窗前》	到附近工厂或农村进行一次参观访问，写一篇反映工厂或农村新貌的抒情文章（并结合批判林彪一伙污蔑大好形势的谬论）。	社会赞歌	散文类
	《新闻二则》	写一篇新闻稿，反映本校（或本班）同学学工农的情况。	学工农兵活动	新闻类
	《工农兵演唱》	写一篇短小的批林批孔的对口词或快板；并在全班组织一次以演唱形式进行的批评会。	批林批孔	演唱类
江西省二二制中学试用课本高中第一册(1976)	《论人民民主专政》	结合本课的学习，联系批邓和反击右倾翻案风的斗争实际，写一篇读书笔记。	思想批评	笔记类
	《绝望的哀鸣——对一首反革命黑诗的批注》	结合自己的思想认识，写一篇声讨一小撮阶级敌人制造天安门广场反革命政治事件的文章。	思想批评	批评类
	《五公新事》	在开门办学中，学习本文的写法，写一篇以记事为主的通讯。	革命教育运动	通讯类
	《情深如海》	用自己的话，把这场戏的剧情简要地写出来。	革命活动	改写类
	《防微杜渐——记西铺大队干部坚持继续革命的事迹》	结合开门办学，学习这种写法，写一篇记叙工农兵先进事迹的文章。	学工农兵活动	记叙类
	《"旱海"春潮——记吉林省白城地区的农田水利建设》	结合开门办学，深入三大革命斗争第一线，开展调查访问，写一篇反映当地农业学大寨的通讯。	革命活动	通讯类

二、中学作文命题实践的政治化

（一）命题方式流于形式

"文化大革命"爆发后，"改革旧的教育方针和方法"也成为无产阶级"文化大革命"的"一个极其重要的任务"。语文教学也进行了所谓的改革，经常采取"开门办学""走出去请进来"等办法。所谓"走出去"就是指课堂搬家，在工厂、农村找个房间上课；所谓"请进来"，就是请工农兵上讲台。就作文命题方式而言，就是组织学生向社会作调查。当时很多学校遵照毛主席关于"文科要把整个社会作为自己的工厂"的指示，组织学生深入农村、工厂，同贫下中农、工人一起批评林彪与孔孟之道，搞社会调查。调查的题目根据当时政治斗争的需要而定。调查的方式通常是将一个班分成若干小组，各组按照事先拟定的提纲，听取调查对象作预先准备的谈话。然后，各组根据这一、二位调查对象的谈话写出调查报告；或者更进一步，以各组调查所得为依据，综合成一份调查报告。一些学校的语文考试（其实就是作文考试）也采用这种方式。如龙川县赤光中学语文组的主要做法：(1) 结合农村"双夏""三秋"等中心任务，带领学生到生产队参加劳动，进行调查访问，并用调查得来的材料搞田头广播和编写快报（内容短评、消息报道、山歌、快板等），宣传党的方针政策和好人好事，推广先进经验，然后由教师、学生、贫下中农三结合评议考核成绩（包括评下乡劳动表现、口头和书面的表达能力），并将写得较好的稿件送公社广播或编成墙报在生产队张贴。(2) 结合农业学大寨运动和公社组织召开劳动模范大会，组织学生走出去调查访问，为先进单位和劳动模范总结经验，写成调查报告、总结和通讯等文章，到所到单位宣读，请贫下中农评卷，把考试变成"写模范事迹，学模范品质"的学习活动。(3) 结合农村开展党的基本路线教育，以"进行党的基本路线教育，促进农业大上快上"为主题，组织学生调查本队的阶级斗争、路线斗争的事例，为本队政治夜校写一篇辅导课讲稿，并进行宣讲，请贫下中农和辅导员鉴定考试成绩。他们认为这种考试命题方式"有利于贯彻执行毛主席的教育革命路线，坚持正确的办学方向，培养无产阶级革命事业接班人""有利于理论联系实际，培养学生分析问题解决问题的能力和辩证唯物主义的观点""有利于教学为三大革命运动服务"。① 实际上，这种调查的范围一般都相当狭窄；再由于学生人数多，本

---

① 农川县赤光中学语文组. 以社会为考场进行开门考试 [J]. 华南师范大学学报（社会科学版），1974（6）：20.

身没有调查的迫切愿望，也没有掌握调查的基本技能，这种调查往往很不深入，流于形式，因此，所谓"调查报告"在多数情况下只是谈话记录的整理。当然，这种命题方式也并非一无是处，同以往简单的课堂命题方式相比，通过调查活动，学生接触社会稍为广泛、深入了，学生的独立活动也稍为多一些。问题是"十年动乱"中，这种命题方式都是在错误的教育思想指导下，又为错误路线服务的，况且过于频繁地采用这种方式无疑不利于提高作文教学效率。

（二）命题内容突出思想批评

"十年动乱"时期的作文教学被纳入了所谓"革命大批评"的轨道。对于中学作文教学的内容，当时的语文教材是有所提示的：1972 年以前，主要是批评"十七年黑线统治"；1973 年以后，主要则是"评法批儒""批林批孔"。在这种政治形势下，各地中学作文题目都具有很强的政治性，如《阶级斗争的重要一课》《发生在我们周围的阶级斗争》《革命前辈讲家史》《我与父亲（或雷锋）比童年》（这类题目使得一些出身不好的同学很为难，问老师，老师也不知道怎么办）。广东省揭西县龙潭中学语文组"在指导写作过程中，注意紧密联系批林批孔和学生的写作实际"，当师生运用大字报批林批孔时，语文组老师发现有些学生不知大字报怎样写，于是选了《为什么老走不出去？》《旧的考试制度要不得》等学生的大字报作为样板，讲"如何写革命大字报"的写作知识专题，要求学生写大字报。他们认为，通过这些活动，进一步发挥了同学们为革命写大字报的积极性，提高了大字报的质量。同时，他们注重结合讲读教学进行写作指导，发挥范文的作用；注重指导同学写各种体裁的文章，除写批判文章之外，还要写批林批孔的诗歌、调查报告、记叙文（如"批林批孔中的好人好事"）等。[①] 广东省紫金县龙窝中学语文组认为学生的口头表达能力不能适应三大革命斗争的需要，主要原因是平时少参加群众斗争，少做讲话训练。因此，该校注重让学生到群众斗争实践中练胆量、练讲话。"在批林整风运动中，就组织学生到挂钩生产队去与贫下中农一起战斗，上台作大批判发言。"[②] 北京市怀柔县玻璃庙中学在中央有关文件传达之后，"师生分成五个组到碾子湾大队的五个生

---

① 揭西县龙潭中学语文组. 以批林批孔为纲组织语文教学［J］. 华南师范大学学报（社会科学版），1974（5）：25.

② 紫金县龙窝中学语文组. 从农村实际出发改革语文教学［J］. 华南师范大学学报（社会科学版），1974（3）：26.

产队，配合主力军贫下中农作战，和贫下中农同学习，同批判，同劳动，为贫下中农办批林批孔的专板报、广播，编演批林批孔的文艺节目。学生在十天里共参加了批判会三十二次，写批判稿一百一十篇，广播通讯稿二十六篇，办批判专栏十一期，黑板报十期。""为了配合批林批孔运动，组织学生编写批孔故事，组织学生宣讲自己编的故事。……全班学生共讲故事一百二十人次。"① 然而所谓"批评"，无非是当时报刊上那一派胡言乱语、假话空话的重复堆砌而已，"批判"中充塞着空洞的政治口号，毫无感染力可言。倘说"文革"时期的中学生在学校里受到的作文训练，大概首先就是以抄录毛主席语录和"两报一刊"文句为能事的写"大批评文章"吧。

（三）文体训练配合政治斗争

为了适应"十年动乱"时期的政治斗争的需要，当时各地的语文教材都要求高小以上学生学习四种文体，即家史、小故事（小通讯）、小评论、大批判，中学生还要加上调查报告和总结。语文教师的作文命题也是围绕这些文体打转。这六种"文体"中，所谓"大批评"是什么东西，概念非常含糊，这点我们姑且不论。至于其他几种文体，本身自然是没有阶级性的。但是，由于强调作文教学为"无产阶级革命"服务，为政治斗争服务，学生不论用何种文体写作，题材都非常单一，内容相当贫乏。在文章中闻不到大自然的清新空气、鸟语花香，只有与"走资派""地富反坏右"斗争的"火药味"和"忆苦思甜"的"苦药味"；听不到校园生活的欢歌笑语，少男少女心灵深处的独白私语，只有盲目崇拜、个人迷信的虔诚誓言，狠斗"私"字一闪念的忏悔；也感觉不到人间亲情、友爱，只有体现原则、教条的所谓"阶级"感情。这些文体承载的内容一旦脱离了学生的生活和思想实际，也就失去了其应有的生机与活力。那时的批评文章、发言讲稿形成了"文革体"的三段论，所谓"开头加个帽，中间抄段报，结尾喊口号"。记叙文的写作格式也出现"格式化"，无论记事写人，遇到矛盾找语录解决，立场转变靠"忆苦思甜"，战斗动员用批评开道，感情升华需"灵魂革命"，结尾归结用包医心病的灵"丹"妙"药"，"药"到病除。这种思路可用同一模子去套不同作文文体，反映了形而上学的思想方法和僵化教条的思维模式。当时，也有老师希望能根据学生的程度进行文体训练，以期提高学生运用语言文字的能力。比如广东省揭西县河婆中学语文组"根据学生实际，

---

① 玻璃庙中学紧密结合三大革命实践，改革语文教学 [J]. 首都师范大学学报（社会科学版），1975（1）：86.

制订各年级作文计划""原则上是高一以记叙文为主,结合写一些短评;高二以论说文为主,记叙文则要求写表现手法比较复杂的通讯报道。使学生在整个高中阶段,按照从简单到复杂的步骤,逐步掌握小故事、小评论、日记、通讯报道、政论文、读书笔记、专题总结和调查报告等文体的写作方法。""布置写村史时,就要求写作能力较低的学生写自己的家史,或者是替贫下中农写家史;布置写通讯报道时,就要求这些学生写歌颂好人好事的小故事,从实际出发去提高他们的写作水平。"① 从形式上看,这样安排似乎符合学生学习作文的一般规律,然而考察其实际效果,却发现这种努力终究只是一厢情愿,其根本原因就在于在某种意义上文体已异化为阶级斗争的工具。

1976 年 10 月,江青集团的覆灭,虽然可以看作"文革"结束的标志,可当时党中央主要领导人继续贯彻"既定方针",坚持"两个凡是"②。此后,针对"两个凡是"进行的"拨乱反正"的斗争十分激烈,直到 1978 年底,中共十一届三中全会的召开,才对"文化大革命"做了彻底的否定。1976 年 10 月以后一年多的时间里,全国还是处在"两个凡是"的阴影之下,教育界依然受着"两个估计"③ 的威压,中学语文教学仍然脱不掉"文革"的氛围,作文命题的政治色彩依然浓厚。这从 1977 年的高考作文可见一斑。1977 年恢复高考,由各省市命题的语文考试多以一篇作文为主,高考作文题目有:《心中有话对党说》(湖南);《我在这战斗的一年里》(北京);《在抓纲治国的日子里——记先进人物二三事》;《知识越多越反动》(上海);《我的心飞向毛主席纪念堂》;《为抓纲治国的大好形势而拍手叫好》(河南);等等。题目多是歌颂时代、歌颂党,甚至鼓吹个人崇拜;切合学生生活实际、触动学生心灵的题目是少之又少。经过十年浩劫,作文训练完全畸形化,学生作文"假、大、空"盛行,中学生写作水平普遍下降。有的高中毕业生甚至不会写信,不会写便条。有中学生写信给父亲,开

---

① 揭西县河婆中学语文组.用唯物论的反映论指导作文教学 [J].华南师范大学学报(社会科学版),1973(3):9.

② "两个凡是"最早在 1977 年 2 月 7 日《人民日报》、《红旗》杂志、《解放军报》的社论《学好文件抓住纲》中提出。这篇社论中提出"凡是毛主席作出的决策,我们都坚决维护,凡是毛主席的指示,我们都始终不渝地遵循"。

③ 1971 年 4 月 15 日至 7 月 31 日,全国教育工作会议在北京举行。在会议通过并经毛泽东同意的《全国教育工作会议纪要》中,提出了所谓"两个估计",即:解放后 17 年"毛主席的无产阶级教育路线基本上没有得到贯彻执行","资产阶级专了无产阶级的政";大多数教师和解放后培养的大批学生的"世界观基本上是资产阶级的"。

头就写"爸爸们"，被父亲痛骂一顿。文句不通、错别字连篇更为常见。有学生在作文里写道："太阳下山了，收割任务完成，班主任和我们一起同归于归。"有学生写请假条："我因病故请假三天"。还有学生将"斧"字写成"爷"字，变成"我拿起爷头就砍。"所有这些，都成为当时的笑柄。作家毕飞宇在《我所接受的语文教育》中说，"我的语文教育开始于 1969 年，启蒙老师是我的母亲。我的母亲花了整整一个学期带领我们喊'万岁'。这个'万岁'，那个'万岁'。'万岁'铺上了我的语文教育的底色。""说起语文教育，当然就不能不提起作文。毫不夸张地说，那时候我的所有的作文里头没有一句我自己的话，没有一句真正属于我内心的话。"① 古人讲"修辞立其诚"，没有诚意，不仅写不出好文章，而且会放弃对人生真实和真理的追求。"撒谎作文"不仅造就了虚假造作的文风，更会对孩子们的心灵成长产生严重的影响，让孩子从小缺少独立意识和责任意识。请看一篇 1977年高考满分作文片断②：

> 我们革命青年一定要继承革命前辈艰苦奋斗的优秀传统。因为它是无产阶级的革命本色，是无产阶级革命和建设的胜利的一个重要条件，也是继承革命的重要保证……
>
> 我们革命青年是无产阶级革命事业的接班人，我们要保持无产阶级的本色，夺取社会主义革命和建设的新胜利，就必须继承革命前辈艰苦奋斗的优良传统。如果我们没有继承，贪图享受，怕苦怕累，拈轻怕重，这就失去了无产阶级的革命精神，发展下去，势必被资产阶级思想俘虏，蜕变为修正主义，夺取革命和建设的新胜利就变成了空谈……
>
> 让革命前辈艰苦奋斗的优良传统在我们身上发扬光大！

整篇作文看起来就是一篇供领导发言用的党代会报告，看不到半点中学生的童真与灵气。满分作文尚且如此，其他学生的写作水平就可想而知了。当年的阅卷老师归纳了当时优秀作文的评价标准：字数较多，结构基本完整，内容基本符合题目，能记住报刊上的一些时髦词语，而且能把这些词语写得连贯，错别字较少。在这样的试题面前，"文革"期间毕业的中学生和

---

① 　王丽．名家谈语文学习［Z］．上海：华东师范大学出版社，2007：332－333.

② 　南宁二中《高考优秀作文选评》编写组．高考优秀作文选评［M］．广西：广西人民出版社，1979：4.

"文革"前的"老三届"学生比，水平是天壤之别。考试成绩优秀者，几乎全是那些在"知识越多越反动"的十年黑色浓雾笼罩下，坚持自学文化科学知识，从中得到了丰富滋养的"上山下乡知识青年"。十年"文革"带给语文教育的灾难太深重了！政治化作文命题极大地削弱了学生的写作能力。

中学作文命题的变迁，堪称中国语文教育的缩影。新中国成立以来至1978年，社会政治大环境跌宕起伏，风云突变，语文教育思想的发展体现出前所未有的复杂性和变动性。受语文教育思想及各种政治运动与社会思潮的影响，中学作文命题打上了鲜明的时代烙印。

第四章
中学作文命题的回归与创新（1978 年至今）

以粉碎"四人帮"为标志的"文化大革命"的结束，中国开始了历史性的转变。解放思想，实事求是，拨乱反正，打碎精神枷锁，实行改革开放，中国人民开始了具有里程碑意义的第二次创业腾飞。这是一次巨大的转变，社会结构的调整，文化思想的转型，教育理论的发展，写作理论的创新，促使中学作文命题逐步从政治舞台上回归到学生的生活世界，回归到写作主体上来。作文命题开始注意激发写作者的主体意识，命题方式趋向灵活多样，学生作文从单一应景的书写载体逐步演变为多姿多彩的心灵窗口。21世纪前后，我国改革开放的步伐加快，东西方交流日趋频繁，多元化文化格局形成。在此背景下的中学作文命题更是发生了质的飞跃，变得开放、多元、丰富，"乐于表达""自由表达""个性化表达"等"人本"作文教学理念成为中学作文命题猎猎飘扬的旗帜。

第一节　新时期中学作文命题演进的思想背景

1977 年 8 月，中国共产党第十一次全国代表大会宣布"文化大革命"结束。1978 年 12 月，中国共产党第十一届三中全会提出了"解放思想、开动脑筋、实事求是、团结一致向前看"的指导方针，做出了把工作重心转移到社会主义现代化建设上来的战略决策。党的十一届三中全会的召开在当代中国文化发展史上无疑具有十分重要的意义，它实现了对新民主文化范式的超越，使"以阶级斗争为纲"的文化范式走向"以经济建设为中心"的文化范式。① 与此同时，我国教育理论、写作理论也从困惑中复苏，从荒凉

---

① 程晋宽. 20 世纪中国文化变迁和教育变革的历史分析 ［J］. 河北师范大学学报（教育科学版），2001（1）：39.

走向繁荣。中学作文教学就是在这样的思想热潮中，形成了一股势头强劲的激流，焕发出前所未有的蓬勃生机。

一、文化思想从单一封闭转向多元开放

1978 年党中央开始拨乱反正，中国社会跨入了崭新的发展阶段。改革开放使中国社会走向新的历史发展时期，这种宏观的整体性变革，我们称之为"文化转型"。在这个社会转型期，"十年浩劫"时单一的思想文化一统天下的局面被瓦解，原有的文化逐步失去其绝对的统治地位，新的文化因素开始出现，但还未能建立起稳定的地位，社会上出现了多种文化并存的局面，而多元文化的形成与冲突，又导致了新世纪人类文化价值观念的重大变革。

（一）社会结构的变化导致民众文化心态的根本变化

改革开放前，中国社会结构的基本特征可以被概括为"总体性社会结构"，即社会的政治、行政、经济和意识形态的中心重合为一，国家和社会融为一体，社会的绝大部分资源由国家掌握并由国家支配。这种社会结构是在政治权力的渗透之下组织起来的，其主要特征是政治权力要运用各种手段促进社会政治、经济、文化、教育、艺术、宗教、人际关系、思想观念、行为等方面的变化。改革开放以后，中国社会发生了"双重转型"，即从传统农业社会向工业化社会、从计划经济体制向社会主义市场经济体制转型。在这个转型过程中，中国社会权力结构也发生了变化。虽然国家权力仍是社会的主导性权力，但随着市场经济体制的确立和发展，市场权力获得了很大的自主性，而国家对大众传媒限制的放松也使社会权力的自主性得到了一定的发展。市场权力和社会权力从国家的全能性权力中逐渐剥离出来，并形成了国家、市场和社会的三元结构模式，以往绝对自治的国家权力对市场权力和社会权力严格控制，使其毫无自主性而言的权力结构已经开始出现分化。由此导致新的社会关系、新的生活方式、新的文化风格的形成，导致如独立个体意识、公平竞争观念、法律法制意识，以及文化开放视野等新文化精神的张扬，导致对主体精神、多元、差异、平等和宽容等文化内涵的强调，从而极大地冲击了传统的道义观、公平观、生活观、交往观等，民众的文化心态开始发生根本性的变化。正是社会结构的变化导致的文化转型，形成了现代文化与中国占主导地位的几千年传统农业文化精神和文化模式的争论，传统的自然主义和经验主义对现代社会发展，对自由的现代人格形成的消极作用受到批评。

（二）改革开放后多元文化并存导致文化价值的冲突

1. 外来文化的冲击

改革开放为同其他国家进行文化交流提供了广阔的空间，在这一时期，本土的传统文化受到了外来文化的挑战。外来文化中的各种观念消解了人们已经建立的心理平衡，对传统的价值观念造成不小的冲击。

2. 对传统文化的反思

"文化大革命"给了传统文化致命一击，改革开放以来崇洋媚外的社会风气又在很大程度上消解了人们对传统文化的温情与敬意。对历史的误读导致了民族文化情感的迷茫。20 世纪 80 年代的人们开始对民族文化进行反思。一些学者认为，国人应该以更科学的态度对传统文化进行改造，促进其前进，使之现代化与世界化。文化界也试图寻找曾一度失落的传统文化之"根"，这一时期兴起的"寻根文学"便是这一思想的突出反映。

3. 大众文化的兴起

大众文化的兴起是当代中国最为壮观的文化风景线，它是真正产生于市民中间，为普通百姓所认同和消费的文化。随着改革开放的逐步深化，大众文化也正以一种独具特色的形式广泛渗透于日常生活的各个领域。大众文化消费逐渐成为社会生活中的一部分。言情小说、武侠小说、娱乐电影、热播电视剧、流行歌曲等具有通俗性、可复制性、无深度感、娱乐性等特点，市民文化不断消解着以精英文化为基础的传统文化。

4. 科学主义工具理性的强化

邓小平在 1978 年 3 月召开的全国科学大会上指出："四个现代化，关键是科学技术的现代化。没有现代科学技术，就不可能建设现代农业、现代工业、现代国防。"① 1995 年 5 月 22 日，《人民日报》发表题为"科教兴国"的社论，明确指出："党的十一届三中全会以来，全党的工作重点已经转移到以经济建设为中心的轨道。实施科教兴国的战略，是这一转移的进一步深化和向更高阶段的发展，必将促使我国生产力产生新的飞跃。"②科学技术在建设社会主义现代化事业中的作用更加被强化，由此便是科学主义工具理性观念的不断强化，并影响着人们的思维与实践活动。当时社会上流行的一句话便是"学好数理化，走遍天下都不怕"，可见此观念深入人心。多元文化之间并不是和平共处的，异质文化的并存也决定了冲突存在的必然性。文化

① 邓小平. 邓小平文选（第二卷）[C]. 北京：人民出版社，1983：83.

② 人民日报社. 科教兴国 [N]. 人民日报，1985 - 5 - 22（1）.

图景的纷繁复杂在带给人们更大的选择空间的同时，也使人们面临选择的困惑与迷茫。多种文化的冲突、融合与价值选择，已成为世界各国面临的重大问题。中国的改革开放政策，拓展了人们的视觉空间和活动领域。一方面，这为中国的社会文化、价值取向的更新提供了视野和转机；另一方面，这又使传统文化与现代文化、东方文化与西方文化、主流文化与非主流文化、大众文化与精英文化的矛盾冲突，全面而又充分地显示出来。

（三）多元文化的形成与冲突导致新世纪文化价值观念的变革

伴随着多元文化的形成与冲突，人类文化价值观念发生了重大的变化，这一变化集中体现在可持续发展观的提出。可持续发展观作为人类社会一种新的发展观，已得到世界各国的广泛认同和国际社会的大力推动。我国已把实现经济、社会的可持续发展作为本世纪发展的战略。可持续发展观的提出，是人类面对全球问题的困惑所作出的必然选择，是对长期以来所遵循的以国民经济收入和国民生产总值的增长为目标的传统发展战略进行反思的结果。它所代表的是这样一种发展观，即既能满足当代人的需要，又不损害后代人满足其需的、持续的发展能力。它注重的是发展的持续性、整体性和协调性。从其实践或操作层面来看，它具备三个基本特征：一是维持全面的生活质量；二是维持对自然资源的永续利用；三是避免持续的环境损害。如果从现象上看，这一新的发展观所要力图解决的是现代化过程中的生态、环境、资源、人口等问题，但从深层次的文化精神和价值层面看，则是一种人类文化价值观念的转变，它把关注的重点从物转向人，从关注政治、经济生活转向关注人的精神文化世界。因而重建人的精神理念，提升人性，开发人的精神资源，以建立一种人与人、人与自然、人的精神与肉体圆融统一、和谐发展的新秩序，就成为了可持续发展观的本质所在，也是实现社会可持续发展的前提和基础。

文化作为一种社会现象，它与教育相伴而生，相随而长，在漫长的历史长河中，互为前提，互相砥砺，互映互动。文化给教育以社会价值和存在意义，教育给文化以生存依据和生机活力。新时期以来，民众文化心态的变化，多元文化格局的形成与冲突以及人类文化价值观的重大变革，都对教育产生了深刻影响。纵观新时期以来的中学作文命题，其价值取向上政治教化色彩逐渐淡化，内容题材上体现出开放特点，多元文化的影响十分明显。

二、教育思想从服务政治转向人的发展

改革开放使我国教育发展进入了一个新阶段。在"解放思想，实事求是"的思想路线指引下，我国教育理论界认真反思新中国成立以来的教育理论建设，同时努力吸纳世界各国教育改革的新理论、新经验，力图创建有中国特色的社会主义教育理论体系，建设中国教育的新传统。

1978 年《学术研究》第 3 期，发表了时任中国社会科学院副院长于光远的文章《重视培养人的研究》，文章指出，教育这种现象中，虽含有上层建筑的东西，但不能说教育就是上层建筑。一石激起千层浪，"教育本质"的讨论在全国教育界迅速展开。关于"教育本质"的讨论，实际上是对教育功能、教育目标的反思。新中国成立以来一直到"文化大革命"结束，在中国，从领导到普通中小学教师都把教育视为"无产阶级专政的工具"。也就是说，教育的功能是为政治服务，教育的目标是改造人的"非无产阶级政治思想"。现在要搞经济建设，科学技术是第一生产力，教育是培养人才的基础，那么，教育有没有政治以外的其他功能？有没有政治以外的其他目标？通过讨论，人们的认识不断加深，思想逐步得到统一。1985 年中共中央作出的《关于教育体制改革的决定》明确指出："教育必须为社会主义建设服务，社会主义建设必须依靠教育。"这就使我国的教育走上了正确的轨道。1995 年颁布的《中华人民共和国教育法》规定："教育必须为社会主义现代化建设服务，必须与生产劳动相结合，培养德、智、体等方面全面发展的社会主义事业的建设者和接班人。"这是在新的历史时期对我国教育方针的全面而系统的阐述，并以法律形式加以确立。实践证明，教育不仅有政治的功能、经济的功能，还有文化的功能。教育要为社会的物质文明服务，还要为社会的精神文明服务。教育是培养人的活动，教育要重视人的发展和超越。只有个体的全面发展才有群体的全面发展，才能促进整个社会的进步和发展。

改革开放政策的确立，教育王国一度封闭的大门再次打开，国外各种教育思潮大量引入，在 20 世纪 80 年代中后期甚至有"泛滥"之势。当时报刊上介绍得比较多，对我国教育实践尤其是作文教学实践产生比较大的影响的，主要有如下一些教育思潮：（1）赞科夫的发展性教学理论。赞科夫在20 年的实验过程中，直接引入心理学实验研究方法，创立了一套自成体系的发展性教学理论，提出"以尽可能大的教学效果促进学生的一般发展"。关于"一般发展"的含义和内容，赞科夫先后从不同的角度进行论述。他在 1963 年写的《论小学教学》中说："我们所理解的一般发展，是指儿童个性的发展，他的所有方面的发展。"这便说明"一般发展"区别于儿童的特殊发展。后来在《和教师的谈话》中进一步明确解释："一般发展，不仅是指智力发展，而且还指学生的情感、意志、品质、性格和集体主义思想的发展。"1975 年在《教学与发展》一书中再次谈到"一般发展"包括身体发展和心理发展。发展性教学理论重视人的心理品质的全面发展，重视学生认识的主体作用等观点，是对传统教学理论的突破和超越，对中学作文教学有直接的指导意义。（2）苏霍姆林斯基"和谐教育"思想。苏霍姆林斯基以"个性和谐发展"为主课题，研究包罗万象的教育现象，确立并论证学校、家庭、社会综合施教的统一体系；主张对学生实施"和谐教育"，把学生认识世界的活动（学习）与改造世界的自我表现（实践）和谐结合起来，把德、智、体、美、劳和谐结合起来，并强调德育的主导作用；提出要形成学校丰富多彩的精神生活以满足每个学生的内在需要，保证其天赋、才能和创造性的充分表现。① 苏霍姆林斯基强调，要相信每个孩子，培养他的自尊心、自信心和自豪感。（3）布卢姆的掌握学习理论。布卢姆认为：大多数教师设想他们的学生只有三分之一能胜任学习，另外三分之一将不及格或刚刚通过，余下的三分之一则处于中间状况。他认为这种想法"是当今教育系统中最浪费、最具有破坏性的一面。它压抑了师生的抱负水平，也削弱了学生的学习动机"。布卢姆坚持认为，大多数学生（也许是90%以上）能够掌握我们所教授的事物，教学的任务就是要找到使学生掌握所学学科的手段。他提出，要"为掌握而教"和"为掌握而学"。"掌握学习有许多切实可行的策略，每种策略必须与处理学习者个别差异的某种方式相结合，即把教学与学习者的需要与特征联系起来。"② 掌握学习理论的积极意义是明显的，它的"人人都能学习"的信念扭转了传统教育中的非科学的学生观，且与"人人都能作文"的这一作文本质观不谋而合；它在教学过程中应用评价与反馈，强调学习有难易区别和连续性，对作文命题要注意梯度与讲求系列也有很大的启发意义。

如果说，一百多年来我们向西方学习是从被迫到自觉，那么改革开放以后的学习更是自觉的、开放的、兼收并蓄的。20 世纪 80 年代苏联还没有解体，我们仍然把苏联教育作为社会主义教育的经验来学习，当然不像新中国成立初期那样盲目地学，而是有选择地学，用批评的态度学。

20 世纪 90 年代后期，国外各种教育思潮在中国又形成一个小高潮。过

---

① 顾明远. 教育大词典（第 12 卷）[Z]. 上海：上海教育出版社，1992：193.
② 转引自顾远明，孟繁华. 国际教育新理念 [M]. 海口：海南出版社，2003：243 – 244.

去曾受否定和批评的"学生中心主义""实用主义""设计教学法"等，又被"重新认识"，以致大加肯定和赞赏。新的教育理论如对话教育理论、体验教育理论都反映到我国的教育教学包括作文教学中来。巴赫金指出，"生活就其本质说是对话的。……人作为一个完整的声音进入对话。它不仅以自己的思想，而且以自己的命运、自己全部个性参与对话。"① 因而钱理群先生说："作文就是对话，是与他者（他人、社会，以至自然）的对话，也是自己和自己的对话，即所谓自言自语。""作文的训练，从本质上说，就是对人的训练。"② 作文的重要价值在于，使人在作文过程中，发展自我，建构自我，展现自我，从而达成自我的一种理想存在。这就要求教师，一方面既要高瞻远瞩，又要脚踏实地，为学生寻找一些对他们很智能感应又很切实，他们自己却往往注意不到的话题，并努力把这些话题置于学生的生活情境和话语体系中；另一方面，教师还要致力于作文题目的具体化、个性化，在话题明确的情况下，让学生选择、决定自己爱写、想写、能写或会写的话题。体验教育理论的源头是狄尔泰的生命哲学。狄尔泰致力于人类精神世界和精神科学的建立，以人的精神为研究对象，提出人的精神世界不能用客观的、科学的、理性的、分析的方法去研究，只有用体验的方式才能感受得到。狄尔泰提出要"从生命本身去认识生命"，在体验中获得对生命的认识和理解。站在生命哲学、体验教育的理论高度审视作文教学，作文可以看做是学生在教师指导下的生命体验、理解与表达。人们认为，如果将作文纳入到生活和生命的体验、理解和表达这一大体验理念中去练习作文，就解决了学习和应用、练习和真正写作脱节的问题。21 世纪初的新课程设置便是在全球第三次课程改革背景下、置于国际视野中进行规则设计的，它深深地打上了"建构主义""结构主义""对话理论""体验理论"等教育理论的烙印。这些理论的引入，扩大了我国语文教育的视野，为语文教育带来了新的理念，引发了语文功能、性质、教学方法、评价方式等一系列的变革，对当代中学作文命题理论体系的构建起到了积极的促进作用。

三、写作理论从以文为本转向以人为本

改革开放以来中国知识分子继续引进西方理论，反思中国传统的写作思想，不断探索与发展中国写作理论。新时期，中国当代写作学理论发生了四

① 巴赫金. 诗学与访谈 [M]. 石家庄：河北教育出版社，1998：387.
② 钱理群，孙绍振. 对话语文 [M]. 福州：福建人民出版社，2005：188.

次变革，从以文为本逐渐转向以人为本，中学作文教学理论也因此发生了相应的变革。

第一次变革：从以写作知识体系为中心转向文体技法训练为中心。粉碎"四人帮"初期，北京师范大学刘锡庆等编写出偏重写作知识体系的理论教材《写作基础知识》（北京出版社，1979 年版），主要分绪论和材料、主题、结构、叙事与抒情、议论与说明、描写与对话、修改、文风等"八大板块"，它的内容基本上是对 20 世纪六七十年代若干"写作知识"教材的总结。进入 20 世纪 80 年代以后，写作学界一些人感到"八大板块"知识体系太偏重于（文章）理论知识，难以适应当时为学生作文打基础、普遍提高学生作文水平的需要，于是开始主张进行写作技能训练，尤其是文体技法训练。"两种不同的写作理论，分歧的本质在于人们对写作理论与写作实践能力（技能）关系理解的不同，理论知识派的思想前提是只要学习了写作理论知识就可以指导实践提高写作水平，而文体技能训练派认为只有学习并且训练写作技能才能提高写作能力。今天看来，这是对写作理论与写作技能关系的两种极端理解。"① 1982 年，路德庆主编的以文体技法为中心的《写作教材》（华东师范大学出版社）影响颇大，全书共分五章，每章大体按"基础知识—基本技能—训练方法途径设计"三部分组成，它最大的特点是以训练为序，把讲授写作知识和写作技能结合起来，重点放在各种文体的写作技能训练上，着重于知识向技能的转化。后来朱伯石主编的《写作概论》（湖北教育出版社，1991 年版）因为把写作基础知识和文体技法训练两种体系综合起来而被称为"集大成者"。这一时期出版的代表性中学语文教学著作有朱绍禹的《中学语文教育概论》（内蒙古人民出版社，1983 年版）、叶苍岑的《中学语文教学通论》（北京教育出版社，1984 年版）、张鸿苓等编著的《语文教学方法论》（北京师范大学出版社，1982 年初版，1984 年增订再版）等。在有关作文教学的论述中，他们明确提出了作文教学的目的、要求和具体的训练指导方法。除此以外，他们都注重写作训练的体系，并对各种文体进行具体的写作指导。所有这些，都凸显了当时作文教学以文体为中心的倾向。这一时期的中学作文命题也比较注重文体训练，以给题作文为主，涉及缩写、改写、读后感、报道、书信等基本写作内容，这也体现了 20 世纪 80 年代初期作文教学注重文体训练的特点，在一定程度上

---

① 李乾明. 作文教学理论三次突围的成败 [J]. 辽宁师范大学学报（社会科学版），2003 (4)：78.

反映出当时写作理论研究的状况。

第二次变革：从文本主义写作学转向过程主义写作学。无论是文章知识体系还是文体技能训练体系，都是围绕"文本"进行的。随着写作界"文章学"与"写作学"概念的辨析及一系列问题的讨论，研究者的视线也逐渐由重视写作知识体系、文体技法的文本主义转向重视写作过程的研究。刘锡庆主编的《基础写作学》（中央广播电视大学出版社，1985 年版）和路德庆编写的《写作导论》（河南教育出版社，1985 年版）等体现了这一转变。《基础写作学》首次鲜明地亮出"写作学"的旗帜，从我国古代文论家陆机、刘勰等人关于"物—意—文"的论述和苏联学者 A. 科瓦廖夫的"文学创作心理学"理论中获得理论滋养，从而提出了写作的本质是"双重转化"的理论。这部教材第一次印数达 35000 册，成为当时写作教学界影响深广的教材。值得一提的还有其后朱伯石主编的《现代写作学》（人民日报出版社，1987 年版）。《现代写作学》被视为"一部革故鼎新、继往开来的写作研究专著"，作者从马克思主义认识论出发，提出写作行为的"三级飞跃"（"感知飞跃""内孕飞跃""外化飞跃"）理论，教材大量地引入了心理学、思维学、系统科学等相关学科的研究成果，是一部在多学科视野观照下的写作教材，因其独特的体例、标新的思想和丰富的理论展示空间而引人注目。文本主义写作理论致命的缺陷在于只对静态的文章构成进行研究，而不涉及写作过程和写作主体，难以解释影响个体写作能力的真正原因。因此可以说，过程主义写作理论突破了传统写作学及写作教材中静态地、孤立地分析写作现象的缺陷，对提高学生的写作能力有实际的功效。这几年全国高考的材料作文也恰恰体现了作文教学逐步转向注重写作过程的价值取向。因为材料作文既能考查学生的文体技能，又能让学生在广阔的思维空间里展开想象，从而更好地考查学生的写作与创造能力。这也与当时的写作理论领域"物—意—文"的写作过程模型，以及后来的"三级飞跃"理论相呼应。

第三次变革：由写作过程论转向写作主体论。一些写作过程论者发现，过程理论的传授、过程技能的训练都不能有效地提高写作能力，要具有真正的写作能力还必须进行写作主体的建构。"长期以来，有关写作研究多注意于作文技巧，文体知识表层汇集，较少致力于写作思维、心理、审美意识、语言机制等深层结构的概括和探索；写作学科的研究对象不仅是静态的文章、作品，更重要的是动态的写作主体。"[1] 20 世纪 80 年代中后期文艺理

---

① 程思. 新时期中国当代写作学理论的四次变革.《语文学习》编辑部. 写作指引［C］. 上海：上海教育出版社，2004：4.

论界掀起了"文学主体论"热潮，1986 年前后写作主体论思潮产生，1986年 7 月烟台现代写作研讨会的主旋律是"走现代写作学宏观综合之路"。人们认为写作不仅要研究写作行为过程的规律，而且要研究写作主体如何在生活实践中通过各种方式积学、养气、修德、炼才，培养良好的思维品质和思维能力，形成优化的文化心理和高尚人格，即必须进行写作主体心灵背景的建构。这一时期出版的语文教育著作如曾祥芹主编的《语文教学能力论》（河南大学出版社，1987 年版）、张隆华主编的《语文教育学》（重庆出版社，1987 年版）、朱绍禹的《中学语文教学法》（高等教育出版社，1988 年版）、陈学法主编的《语文教育学》（大连理工学院出版社，1989 年版）、周庆元主编的《中学语文教学原理》（湖南教育出版社，1992 年版）等，都开始注意培养学生的作文能力。这时期的高考作文命题虽然还是以材料作文为主，但相对于 20 世纪 80 年代初期有明显不同，除了继承以往材料作文发挥学生想象、留给学生广阔思维空间的优点外，关注个体、关注社会成为这一时期作文命题的最大特点。

第四次变革：写作主体论向纵深发展，即写作主体论深化为人本论。20世纪末期，比较有代表性的著作如白燨岐、张学军编著的《写作智慧论》（广东教育出版社，1994 年版）和潘新和编著的《中国现代写作教育史》（福建人民出版社，1997 年版）等。前者从写作智慧的产生和培养的角度探讨写作主体的智慧构成，洋洋四十多万字，体系完备、论述精到；后者是我国第一部论述写作教育方面的专题断代史，它描述了清末民初至新中国成立以前的中国写作教育的发展之路，线索清晰，弥补了写作教育史研究的空白，尤其是能以人本视角观照、审视现代作文教学活动，颇有见地。21 世纪初期，比较有代表性的著作如董小玉主编的《现代写作教程》（高等教育出版社，2000 年版）和马正平的《中学写作学新思维》（中国人民大学出版社，2003 年版）等。《现代写作教程》重点关注写作主体，从主体素养、主体能力、主客体关系、写作行为过程等方面进行了详尽阐述；《中学写作教学新思维》更是把写作学的研究具体到中学的写作教学，并与新课程改革紧密结合，提出了面向 21 世纪的中学写作教学观念和体系构想及实施路径。另外值得关注的就是中学作文教学的研究正向着更广阔的领域开掘，在继承原有成果的基础上继续与哲学、语言学、教育学、心理学、"新三论""老三论"、测量学等相结合。其中代表性的著作有韦志成的《作文教学论》（广西教育出版社，1998 年版）、章熊的《中国当代阅读与写作测试》（四川教育出版社，2000 年版）、刘淼的《作文心理学》（高等教育出版社，2001 年版）等。这一时期的中学作文教学著述体现了时代的要求，一方面突出了创新这一时代主旋律，另一方面也非常注重学生主体的彰显。作文命题在创新中改革。首先是文体的限制放宽，鼓励学生创新；其次是在命题的价值取向上，开始更多地关注个体的自身价值，更多地关注社会现实。

第二节　新时期前 20 年中学作文命题的生活回归

新时期前 20 年，中学作文命题逐渐摆脱了新中国成立以来那种无限拔高学生政治思想道德要求的轨道，逐步向学生的生活回归。生活回归的内核是回归自我，回归实践，回归多样，回归应用和交往。中学作文命题不再高高在上，不再"伪圣"，它试图把学生从虚高层面解放出来，更加真实地面对自我，面对他人，面对社会。

一、中学作文命题研究工作取得进展

党的十一届三中全会以后，党采取了一系列拨乱反正政策，为中学作文教学开创新局面创造了条件。由于落实了党对知识分子的政策，大大调动了广大中学语文教师和语文研究人员的积极性，许多老师兢兢业业地工作，广泛深入地开展了对语文教学中一系列问题的探讨，提出了许多新的观点、主张和设想。如关于中学语文教学的性质、目的、任务问题；关于新时期对作文教学提出的新任务问题；关于写作知识对写作能力形成的作用问题；关于书面表达和口头表达的关系问题；关于读写结合问题；关于作文教学的科学化、工程化问题；关于作文教学中加强思维训练问题；关于加强作文的实用性问题；等等。特别是这 20 年来，中学作文命题的研究工作取得了重要进展。

（一）扩大作文命题的内容范围

重在探讨中学作文命题内容的广泛适应性。十年动乱给人们的思想套上了沉重的枷锁，教育战线一片萧条。"文革"噩梦结束后，特别是党的十一届三中全会以后，随着我国政治生活的正常化，教育战线冲破了"左"的思想束缚，出现了空前的大好形势。在作文命题方面的表现，首先是命题的内容范围大大扩大了。作文命题要求学生不仅仅写政治生活方面的题材，也可以写一般日常生活方面的题材；不仅仅写生活的光明面，也可以写社会的

各种矛盾，命题内容题材触及到社会的各个层面及许多过去未曾涉及、不敢涉及领域。周庆元先生认为，要开拓学生的写作思路，必须坚持写"放胆文"，一是思想上鼓励"放胆"，二是训练上有利"放胆"。"对于学生的习作，无论从内容到形式都不宜限制过多。写好人好事固然重要，写点阴暗面也无妨；写典型当然不错，记琐事未尝不可；慷慨激昂应当肯定，哀怨低徊不宜厚非；朴实值得提倡，华丽未必不好。"① 顾兆元认为，以前的作文命题往往"赶浪头"，片面强调配合政治形势，脱离学生学习、生活、思想的实际，不从中学生作文教学规律出发，如《热烈欢呼××》《向××学习》等。做这类题目的作文，学生不是喊口号，就是空表决心，很少有些真情实感的东西。他主张作文命题要让学生心中有数，有话可说，有范文可依，让学生各得其所；作文命题要"小"（克服"大而无当"的弊端）、要"活"（有启发性和广泛的适应性）、要"新"（克服"老一套"）。② 这一时期诸如《盆花·金鱼·情趣》《谈"哭"》《百年孤独》《为了那颗最亮的星》《没有翅膀的天使》《坏孩子演绎》《搁浅的船》《从电影片名谈起》等等，都成为中学生作文题目。这些题目涉及花鸟虫鱼的题材，涉及个人的喜怒哀乐及过去被视为小资产阶级情调的人情、人情美，涉及社会矛盾。作文命题内容范围的扩大，学生作文的题材也走向丰富多样，风花雪月、四季变化、生命律动、劳动节奏、科学幻想的未来世界、宇宙空间等无一不在学生们的笔端涌现，作文已化作他们生活的一部分。学生作文的语言也由过去的朴实、淳朴转向优美、风趣、生动、活泼，审美价值得到提升。

（二）致力开发学生智力的命题

意在探讨中学作文命题的训练效益。20 世纪 80 年代以后，中国改革开放全面展开，从农村到城市，从经济领域到其他领域，从对内搞活到对外开放，从点到面，不断深化拓展。1983 年邓小平同志为北京景山学校作了"教育要面向现代化，面向世界，面向未来"的题词，进一步促使人们思考教育如何服务社会主义现代化建设及迎接新技术革命挑战的问题。在"三个面向"的指引下，我国的语文教学改革更是日益呈现出异彩纷呈的局面。在作文命题方面的表现，则是要求命题能开发学生的智力，培养学生的观察力、思维力和想象力。广大研究人员和语文教师勇于探索，遵循中学生思维

---

① 周庆元. 浅谈作文教学的思路开拓 [J]. 湖南师院学报（哲学社会科学版），1981（1）：115.

② 顾兆元. 作文命题要有计划性 [J]. 湖州师范学院学报，1987（1）：81－84.

活动的规律，努力使作文命题适应学生智力发现的需要。比如，范守纲先生认为应根据中学生的智力发展的特点来拟题。根据独创性特点，可以拟想象类的题目，如《假如我是一个隐身人》《要是我来设计一栋住房》等。根据深刻性特点，作文命题一般应采用归纳式、类别式和辩证式三种出题方式。辩证式命题如：以《"后进生"的成功点》为题，写一篇议论文，用事物转化和发展的观点分析"后进生"是可能转变的。这道作文题的目的在于通过练习，让学生掌握辩证的思考方法，学会从发展的角度认识事物。"污纸"原本是废物，可是在艺术家的手中化腐朽为神奇。"污纸成画"，废物成了艺术品。这个变化必须具备一定的条件，有内因条件（"污纸"）和外因条件（"著名画家"），两者缺一都不能促成这个变化。一旦学生熟悉和掌握了辩证分析的方法，他们的思维走向深化就有了指示的明灯。根据敏捷性特点，作文命题应该在"快"字上对中学生提出要求，"多题短做"和"能力分解"是训练学生思维敏捷的可行办法。[①]也有人认为青年学生才思敏捷，求异心强，命题者应通过顺向思维、多向思维、逆向思维、创造性思维等多种思维训练形式去帮助他们展开想象的翅膀，扩展他们的视野，开拓他们的思路，使他们的作文常写常新，兴趣永不衰减。如同以哈哈镜为题，可以《哈哈镜的故事》为题写记叙文，以《哈哈镜的自述》为题写说明文，以《劝君莫学哈哈镜》为题写议论文。这种同一材料、多种文体的训练形式，既可帮助学生掌握记叙、说明、议论三种基本文体知识，又可帮助学生提高记叙、说明、议论的表达能力，收到一箭三雕的功效。[②]

（三）探索适应青少年心理特点的命题

目的在于探讨作文命题的科学依据。开阔学生的视野，激发学生情感，培养学生能力，发展学生智力，这些都是作文教学的目的。问题在于如何才能设计出符合这些要求的题目，怎样才能确保这些指导思想贯彻于作文命题之中，这光凭偶然性的命题是不够的，教育的发展要求人们找出作文命题的规律。这个规律首先就要从学生心理发展的规律中去找。因为学生是能动的，是学习的主体，是内因；教师的指导只能是外因，是为学生学习创造条件。了解学生，发挥他们的主动性，就不能离开对他们的心理研究。因此，许多语文教师在摸索学生的写作心理上下工夫。根据安徽省特级教师金平同志的调查，他的学生对教师的作文命题，持欢迎态度的只占 32%，而持无

---

① 范守纲. 作文命题与发展学生智力 [J]. 语文教学与研究，1988（5）：31-32.

② 陈宝强. 浅谈作文命题 [J]. 语文教学与研究，1992（12）：33.

所谓态度的占 14%，持不欢迎态度的竟占 52%。① 这些材料说明"钻到学生心里出题"，摸索学生心理特点命题是多么重要。高荣良老师把整个中学时期划分为三个阶段：初一、初二为少年开放期；初三、高一为少年封闭期；高二、高三为青年二次模仿期。他认为要根据中学生在这三个阶段中的心理特点来命题。"少年开放期"的学生注重表现形式，表现出少年开放期的特点，教师应以生动的方式指导他们写作。在命题上，应体现生动活泼的特点，避开一些老生常谈的题目：《我的爸爸》《我最喜欢的动物》《记一次有趣的活动》，而要命出学生极感兴趣的题目，比如上面的三个题目可相应改为：《爸爸对我说……》《可爱的小花猫》《夏令营的篝火》。"少年封闭期"的学生喜欢独立思考，独立做事，开始有强烈的神秘感。教师应把握少年要求"做大人"的心理特点，让他们写一些较为深刻富有哲理的文章，而不能只要求他们写一些自觉的感受。比如，可以给他们提供一条哲理，一个故事，一样物体，让他们循着哲理、故事、物体等去想象、发挥、议论。"二次模仿期"的学生兴趣广泛，求知欲强，喜欢谈论国家大事，很有点"指点江山，激扬文字"的气概，教师不妨出一些范围较大的题目，调动他们的积极性。比如，台湾学者柏杨《丑陋的中国人》一书在大陆出版后，引起社会各界的强烈反响。一位老师在布置作文题目时，就针对柏杨这本书的一些观点出了以下几个题目：《丑与美》《中国人丑陋吗?》《中国人丑在哪里?》。结果，收到了良好的效果。②

（四）加强作文命题的计划性研究

重在探讨作文命题的科学序列。作文能力的培养不是一蹴而就的，它需要较长时间的训练。这就给写作教学的计划提出了要求。从学生的学习实际出发，作文的命题的计划如何定？依据在哪里？最佳方案又是怎样？一些教师对此进行了有益的探索。有老师认为作文教学必须研究现行统编中学语文教材中的知识序列。"这个序列，要用从篇章到单元，从单元到全册，从全册到全套的方法去研究。做到从篇章或单元中找出'训练点'，进而从各册和全套教材中找出记叙、说明、议论这三种文体中由诸多'训练点'过程的训练序列。……教师的作文命题，就必须扣住这些'训练点'。"③ 有老

---

① 范守纲. 作文命题研究的新进展 [J]. 语文导报，1985（2）：28.

② 高荣良. 作文命题要依据中学生的心理特点 [J]. 上海师范大学学报，1989（4）：148 - 149.

③ 姚诚. 探索作文教学规律，逐步实现作文教学科学化 [J]. 四川师院学报，1984（4）：103.

师认为作文命题要以教学大纲为准绳，以学生作文水平为基准，以记叙文为重点，坚持由易到难、循序渐进的原则。比如，高中三年的计划可以能力训练和文体训练为序。高一以写记叙文为主，着重培养学生运用记叙、议论、抒情、说明、描写等表达方式的能力。多采用单项训练法，鼓励学生写长文章，追求形式美。高二第一学期以写散文为主，着重培养学生几种表达方式综合运用的能力和立意上创新的能力。高二第二学期主要写各种评论，用单项训练培养学生运用各种论证方法的能力。高三年级用一个月时间学习一些缩写、扩写、改写、常用应用文作文的做法，其余时间用来进行高考模拟作文，使学生在审题、立意、选择表达方式、布局谋篇等方面都达到熟练程度。① 也有人认为，中学作文命题固然需要有总体的命题计划，形成一套命题序列，但是，由于教学对象的不同，教师教学个性的不同，所以，作文命题除了依"纲"据"本"制订总体计划外，更需要教师结合教学对象的实际和本人实际，形成一套或几套合理的、科学的、富有个性的命题系统。② 作者对当时一些富有经验的中学特级教师如上海的于漪、江苏的钱任初、浙江的蒋传一等人的作文题进行了研究，发现他们的作文题既有共性又有个性。其共性都是与阅读教学相配合，都能根据不同的教学对象命题；其个性是各自都有从教学实践中体悟出来的题型思路和科学的训练手段。以于漪的初中二年级作文命题计划为例。初中二年级下学期写作训练的要求是继续培养记叙能力，着力培养说明能力，掌握说明事物的基本方法，学会写普通的说明文。根据这个要求，于漪拟定了八个题目供学生进行习作训练：（1）仿《死海不死》的题目，自己命题；（2）一个向 21 世纪飞翔的人；（3）一次理、化、生实验的说明，题目自拟；（4）我对祖国妈妈说（演讲稿）；（5）生活浪花集锦；（6）当我向少先队告别的时候；（7）介绍一件工艺品，题目自拟。此外，北京刘腓腓和高原、辽宁的欧阳戴娜、上海的陆继椿、江苏的顾黄初等都编写了中学作文教材。这些教材都有自己的体系，也都设计了相应的作文题目。

二、中学作文命题改革实验蓬勃发展

新时期以来，改革开放的春风吹拂了神州大地，语文教学改革实验掀起了前所未有的高潮，中学作文教学这块园地也呈现出一派兴旺景象，全国广大语文教师和语文工作者为探索中学作文教学的科学化和序列化，进行了大

---

① 成建均. 浅谈中学作文的命题［J］. 新疆石油教育学院学报，1988（1）：30.

② 黄建成，袁立庠. 中学作文教学法［M］. 合肥：安徽大学出版社，1999：42.

量的改革实验，取得了可喜的成绩。严格意义上讲，这些作文教学改革实验并不是狭义上的作文命题训练，而是用科学的、序列化的作文教学方法对学生加以文体、技法等方面的训练，包括作文教学中的思维训练、表达方式训练、文体训练、作文技巧训练、语言训练和作文方式训练等，可以说是广义上的作文命题（或作文训练设计）。当时比较有影响的有华东师大一附中陆继椿老师的"分类集中分阶段进行语言训练"实验、黑龙江常青老师的"写作基本训练分格教学法"实验、湖南师院附中邓日老师的"交叉训练序列"实验、北京刘朏朏和高原老师合作创立的"作文三级训练体系"实验等。下面重点介绍三种命题改革实验方案。

（一）"分类集中分阶段进行语言训练"实验

从 1978 年开始，华东师大一附中的陆继椿老师开始探索语文教学的科学化道路，他设计的"分类集中分阶段进行语言训练"的教学体系即是这一探索的重要成果。这个体系以写作能力为线索，以课文作为学生作文的主要借鉴，编排出一个循序渐进的语文教学"序列"，务使学生"一课有一得，得得相联系"。如他在讲授鲁迅先生的《从百草园到三味书屋》一课时，从中三次取例为三个不同训练点服务。第一次是用文中记叙百草园的部分作为精学课文，训练学生"细致地观察环境的一角，体味观察的情趣，抓住感受到景物的特征，掌握组织叙述层次和描写特征的词句，记叙环境的一角"；第二次是用文中记叙的三味书屋的部分作为略学课文，训练用综合印象片断提炼典型作记叙，补充训练"记叙一个场面中的不同情绪反映，具体观察（或回忆）一个学习场面，有重点地写师生活动的情景"；第三次是用文中记叙雪地捕鸟的段落，作为记叙人物动作的自学作业。

为使这个教学序列的每个训练项目体现训练的单一性和内涵的综合复杂性，陆继椿创造了一个具有科学统摄力的名词——训练点。每个训练点就是一个"语言—思维模型"。他认为，通过教学训练，学生头脑中形成了这样的模型就是有所"得"了。训练点之间呈现着"语言—思维模型"之间的联系、渗透、深化、发展的关系，其物质表现就是学生运用语言能力的提高。若干个训练点组成一个能力训练阶段，"语言—思维模型"就连成单元性网络；若干个训练阶段组成一类能力的训练，单元网络就扩展成为局部网络。整个教学序列共有 108 个训练点（包括综合复兴训练点），依次分成五类能力训练：记叙能力→文言文阅读能力→说明能力→论说能力→文学作品欣赏能力。"完成了这五类能力的训练，局部网络就连通而全部网络了。于是，学生运用语言的能力就由形象到抽象，由简单而复杂地循序渐进了。"显然，这是一个人造的语文教学控制系统，每类能力是其中的子系统，每个训练点则是构成系统的元素（见图 4 – 1）。

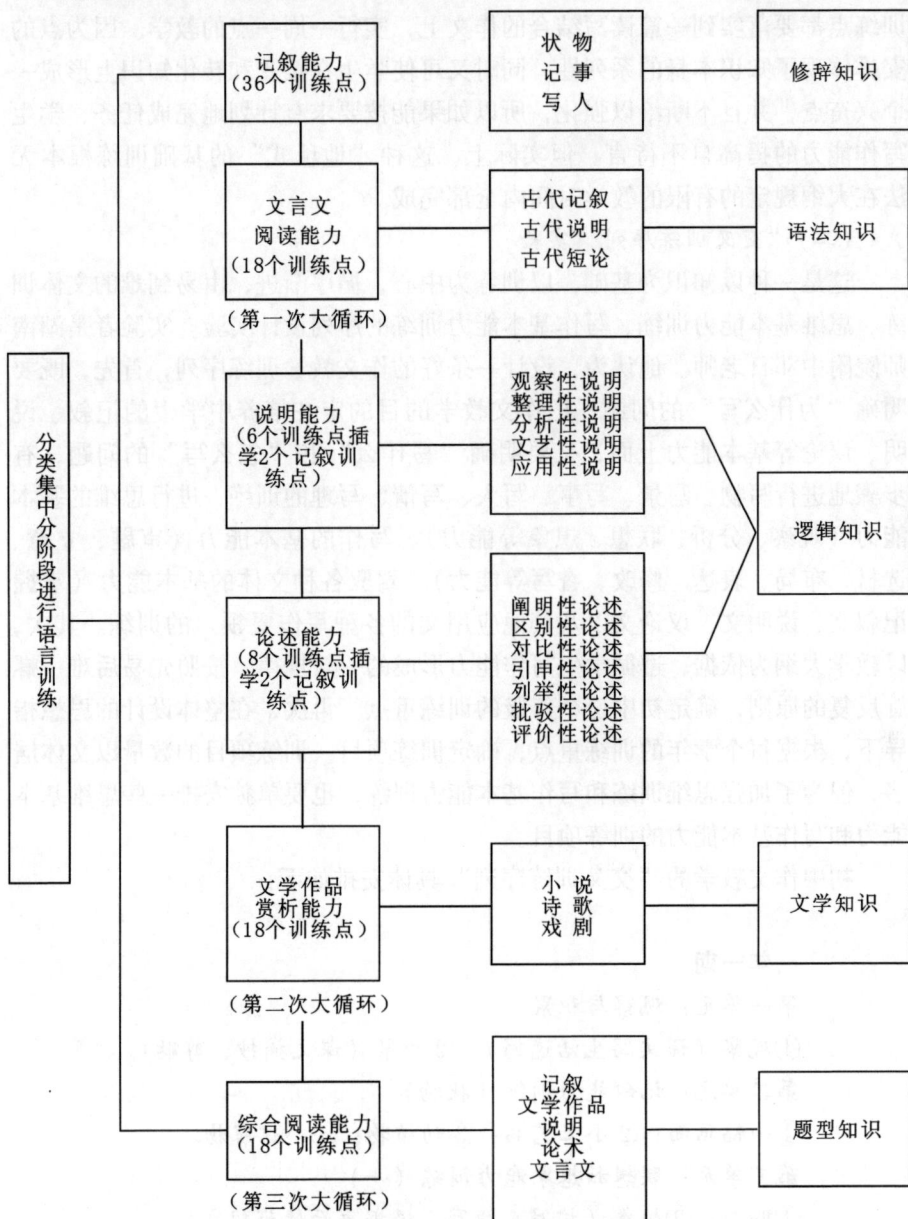

图 4 – 1　分类集中分阶段进行语言训练①

---

① 陆继椿．探索语文教学科学化提高学生语文素养——我的"分类集中，分阶段进行语言训练"教学体系［J］．上海教育，1999（6）：11 – 12．

这项实验，以培养学生写作能力为主线，安排了 108 个训练点，而每个训练点都要落实到一篇读写结合的作文上，实行一周一点的教学。因为点的安排体现了知识本身的系列性，同时又可使学生在接受和转化知识上形成一个兴奋点，并且不断给以强化，所以如果能按要求有计划地完成任务，学生写作能力的提高自不待言。但实际上，这种"地毯式"的基础训练根本无法在大纲规定的有限的教学时间内全部完成。

（二）"交叉训练序列"实验

这是一种以知识为基础，以训练为中心，循序渐进，由易到难的文体训练、思维基本能力训练、写作基本能力训练的序列设计实验。实验者是湖南师院附中邓日老师。他认为，设计一条好的作文教学训练序列，首先，既要明确"为什么写"的问题，把作文教学的目的定在培养中学生的记叙、说明、议论等基本能力上面，又要明确"写什么"和"怎么写"的问题，有步骤地进行写物、写景、写事、写人、写情、写理的训练，进行思维的基本能力（观察、分析、联想、想象等能力）、写作的基本能力（审题、立意、选材、布局、表达、修改、誊写等能力）、驾驭各种文体的基本能力（掌握记叙文、说明文、议论文以及其他应用文的各种写作要领）的训练。其次，以教学大纲为依据，遵循学生写作能力形成的一般规律，按照先易后难、螺旋反复的原则，确定初中三个年级的训练重点。再次，在整体设计的思想指导下，根据每个学年的训练重点，确定训练项目。训练项目的数量以文体居多，但为了加强思维训练和写作基本能力训练，也要单独安排一些思维基本能力和写作基本能力的训练项目。

初中作文教学的"交叉训练序列"具体安排如下：

一年一期

第一单元：观察与积累

①观察（课文写生活速写）；②积累（课文摘抄、剪贴）。

第二单元：记叙能力训练（状物）

①一幅画面；②小工艺品；③动植物；④小建筑物。

第三单元：联想和想象能力训练（一）

①联想；②想象（扩写、续写、根据画面情节想象）。

第四单元：记叙能力训练（叙事一）

①叙事片断（如写一个场面）；②叙一件完整的事（自己所经历的一件事）。

附：书信

一年二期

第一单元：立意和选材能力的训练

①立意；②选材。

第二单元：记叙能力训练（叙事二）

①叙一件完整的事（见到或听到的一件事）；②叙几件事。

第三单元：记叙能力训练（写人A，具体描写人）

①外貌描写；②动作描写；③对话描写；④心理描写。

第四单元：记叙能力训练（写人B）

①自我介绍；②一人一事。

附：通知和启示

二年一期

第一单元：布局和谋篇能力训练

第二单元：记叙能力训练（写人C）

①一人多事（如《记×××二三事》）；②多人多事（如写两个思想性格不同的人）。

第三单元：观察能力的形成——写说明文该怎样观察

第四单元：说明能力的训练（一）——说明实物

①说明实物的外观；②说明实物的结构或用途；③综合说明一个实物。

第五单元：修改能力的训练

附：计划与总结

二年二期

第一单元：分析能力的训练（一）——怎样分析

①分析的方法；②分析的角度；③分析的重点。

第二单元：说明能力的训练（二）——程序说明

①使用方法；②制作方法（如《实验报告》）。

第三单元：说明能力的训练（三）——事理说明

第四单元：记叙能力的训练——写以绘景为主的游记

第五单元：议论能力的训练（一）——一条建议（论点的提出）

附：记录

三年一期

第一单元：分析能力的训练（二）

命题分析与选题分析（课外写作分析笔记）

第二单元：议论能力的训练（二）

①一事一议；②读后感。

第三单元：联想能力的训练（二）

①由此及彼阐述一个道理；②一事多角度联想议论。

第四单元：记述能力训练——托物寄意

第五单元：记叙能力的训练（写人 D）——人物小传

附：壁报

三年二期

第一单元：运用语言能力的训练

①炼字、选词、造句；②记叙文、说明文、议论文各自的语言特点。

第二单元：记叙能力的训练（叙事三）——古叙事诗改写

第三单元：记叙能力的训练（写人 E）——人物特写（如《记班上的三好学生》）

第四单元：说明能力的训练（四）——文艺性说明文

第五单元：议论能力的训练（立论）——用几个事例阐述一个道理

①并列论证（如《谈文明》）；②逐层深入论证（如《立志成材》）。

第六单元：议论能力的训练（驳论）——批驳错误言论①

"交叉训练序列"克服了作文命题的盲目性，使作文命题序列化和科学化；纠正了"重表达轻认识"的做法，使作文所需要的各种能力（文体驾驭能力、思维能力、写作基本能力）都能得到培养。实验者说，湖南师范学院附中按照这个序列设计进行学习的八〇级初中学生，经过三年的训练，多数学生文章思路开阔、中心明确、内容具体、层次清楚。在四十五分钟之内，学生一般能写出八百字左右的文章，有的甚至能达到一千二百多字，最少的也不下于六百字。据不完全统计，三年来，邓日老师所教班有四分之一的学生先后在国内十一种书刊上发表共计十五篇习作。"交叉训练序列"作文命题改革是一条改变作文教学少慢差费的较为有效的路子，但也同样存在着训练点过分铺排、忽视学生人格构建等问题。

（三）"作文三级训练体系"实验

实验者是北京月坛中学刘朏朏老师和北京师范学院高原老师。该实验以

---

① 邓日. 初中作文教学的训练序列设计 [J]. 中学语文，1984（1）：28-30.

学生作文的心理发展规律为制订训练序列的依据，以提高学生作文的基本能力为目标来进行作文命题改革实验，以期将训练学生作文与教育学生做人统一起来，有效地提高学生的作文水平。

总体结构：

"三级训练"，观察是基础，分析是核心，表达是结果，三者是一个紧密相连的整体。每一级训练，既是一项基本能力的着重训练，又是认识与表达相统一的整体训练。

一年级着重培养观察能力，采用写观察日记与观察笔记的训练方式，侧重练习记叙、描写；二年级着重培养分析能力，采用写分析笔记的训练方式，侧重练习议论、说明；三年级着重提高表达能力，语感随笔与章法的训练方式，侧重于语言运用与文章结构的练习。

训练教程：

共分三级六段四十四步

第一级训练——着重培养观察能力，分两个阶段。

第一阶段进行一般观察训练，分九步：

1. 观察与记观察日记；2. 定向观察与机遇观察；3. 热爱大自然；4. 留心身边的科学现象；5. 注意平凡的日常生活；6. 要重视观察人；7. 努力了解人的内心世界；8. 观察日记的多种表达方式；9. 学习观察与记观察日记的收获。

第二阶段进行深入观察训练，分九步：

1. 深入观察与记观察日记；2. 全面观察与细致观察；3. 比较观察与反复观察；4. 观察与体验；5. 观察与调查；6. 观察与阅读；7. 观察与联想；8. 观察与现象；9. 观察日记、笔记的编选。

第二级训练——着重培养分析能力，分两个阶段。

第一阶段进行分析起步训练，分八步：

1. 分析与记分析笔记；2. 命题分析与选题分析；3. 分析的基本方法之一——提出问题，给予解答；4. 分析的基本方法之二——了解情况，实事求是；5. 要研究分析的具体方法；6. 分析的角度之一——条件分析；7. 分析的角度之二——因果分析；8. 分析的角度之三——演变分析。

第二阶段进行分析入门训练，分八步：

1. 多角度分析；2. 特点分析；3. 本质分析；4. 意义分析；5. 分析与知识；6. 分析与联想；7. 分析与情感；8. 学习分析的小结。

第三级训练——着重提高表达能力，分两个阶段。

第一阶段进行语感训练，分五步：

1. 加强语言的修养；2. 分寸感的训练；3. 畅达感的训练；4. 情感味的训练；5. 形象感的训练。

第二阶段进行章法训练，分五步：

1. 要在章法上下工夫；2. 角度的选择；3. 裁剪的设计；4. 层次的安排；5. 衔接的处理。

训练方式方法：

第一级的训练方式是写观察日记和观察笔记，相应的方法是定向观察与机遇观察。

第二级的训练方式是写分析笔记，相应的方法是命题分析与选题分析。

第三级的训练方式是写语感随笔与章法随笔，相应的方法是借鉴表达与创造表达。①

该命题改革实验有三个显著特点：一是以学生作文的心理发展规律来安排顺序，循序渐进，并从单项训练入手，有助于学生从无到有、从弱到强地发展并形成作文能力。二是它运用观察与分析等科学化、序列化手段，引导学生了解生活、认识生活、热爱生活，进而分析现象、窥探自然与社会，开阔了学生的视野，活跃了思想，有了写作的"活水源头"，从而解决了学生"无米之炊"的问题。三是符合写作"主客互化"律，是写作规律"双重转化"（由"物"到"意"，由"意"到"文"的转化）、"三级飞跃"（感知—内孕—外化）的具体运用，比较符合学生的写作学习思维和语言转换规律。但是，学生观察认识的范围十分有限，课余用于观察体验的时间也很少，靠什么来促使和监督学生进行长期真实、有效、认真地观察和分析呢？该体系对此并未作出回答。

三、中学作文命题制度规范趋向科学

1978 年至 1996 年我国先后颁布了八个中学语文教学大纲。这里我们着重分析 1980 年、1986 年和 1996 年三个中学语文教学大纲作文命题规范的科学化走向。

---

① 刘朏朏，高原. 作文三级训练体系简介 [J]. 北京师范大学学报（社会科学版），1986 (6)：96 - 96.

（一）1980 年的中学作文命题规范

1978 年，为拨乱反正，迅速提高中学语文教学质量，教育部制定颁布了《全日制十年制中学语文教学大纲》（试行草案）。这份大纲对结束中学语文教学长期存在的无纲可循的混乱局面具有重要作用。但由于受时代的局限，这个大纲还比较粗糙，"左"的痕迹还比较明显。1980 年，对这个大纲进行了修订。1980 年大纲的精神与 1963 年的大纲是一脉相承的，但也有一些发展。《大纲》把作文教学单独写成一部分，意图是表示对作文教学的重视。大纲指出"作文教学是语文教学的一个重要组成部分，学生语文学习得怎样，作文可以作为衡量的重要尺度，应当十分重视。"[1] 就作文命题而论，其进步表现在：

1. 重视命题与阅读和生活的联系

大纲在《附录二》中指出："阅读和写作是密切相关的。读是写的基础，不重视培养读的能力，想很快就学会写，是不对的。写作能力的提高要经过反复的艰苦的训练，不重视写作训练也是不对的。写作实践又可以促进阅读能力的提高。如果把阅读训练和写作训练适当结合起来，联系学过的课文，弄清楚写作的一些基本原则和要求，这样对学生会更有启发。"[2] 同时，大纲也强调："阅读和写作都与生活实践有密切关系，文章是客观事物的反映，写文章要实事求是地反映客观实际。中学阶段，学生学习语文主要是从书本中学习的，课堂教学是主要的。但教学要注意同学生的生活实践联系起来，要指导学生学习观察事物，写自己的见闻、感受和体会。"[3] 既然作文与阅读和生活密切相关，那么在作文训练时就要紧扣学生的学习和生活内容来命题。这对于走出"文革"政治运动怪圈、恢复作文训练常规、切实提高学生作文水平是具有指导意义的。

2. 强调作文命题方式灵活多样

大纲指出："作文训练的方式是多种多样的，有命题作文、缩写、改写、扩写、写片断等等，教师要根据教学需要，灵活运用。命题作文要联系

---

① 课程教材研究所. 20 世纪中国中小学课程标准·教学大纲汇编（语文卷）[M]. 北京：人民教育出版社，2001：460.

② 课程教材研究所. 20 世纪中国中小学课程标准·教学大纲汇编（语文卷）[M]. 北京：人民教育出版社，2001：475.

③ 课程教材研究所. 20 世纪中国中小学课程标准·教学大纲汇编（语文卷）[M]. 北京：人民教育出版社，2001：461.

学生生活、学习、思想的实际。说和写有密切的关系，指导学生口述见闻、说明事理、发表意见等等，不仅可以提高学生的口头表达能力，对提高书面表达能力也很有作用。还要注意进行听的训练，如听写，作听讲记录等。"①与 1963 年大纲相比，1980 年的大纲不仅关注了读写结合，而且注意训练方式的多样性，尤其注意到"听""说"与"写"的结合，这是大纲的创新。

3. 重视作文命题的科学化研究

在 1963 年初步构建的作文能力发展序列的基础上，进一步探讨作文命题的科学化问题。大纲指出："为了有效地提高学生的作文能力，要研究中学生作文能力发展提高的一般过程及其规律，研究作文训练的途径、步骤和方法，使作文更有科学性和计划性。中学生作文能力达到什么水平，应该有标准。要展开切实的科学研究，使这些问题逐步得到解决。"② 尽管大纲没有指出作文命题的科学化途径，但在其倡导下，从教材到教学，对作文命题的科学化问题进行了长时间的实验和探讨，取得了丰硕的成果。

（二）1986 年的中学作文命题规范

1986 年 12 月，国家教委正式颁布了经全国中小学教材审定委员会审定通过的《全日制中学语文教学大纲》。这是新中国成立以来第一个正式的语文教学大纲。该大纲中，语文学科的性质和地位更加明确。大纲开宗明义地提出："语文是从事学习和工作的基础工具。"并强调："为了适应建设高度文明、高度民主的社会主义现代化国家的需要，语文学科必须全面贯彻教育方针，面向现代化，面向世界，面向未来，大力进行教学改革，大面积提高语文教学质量。"③ 大纲还首次提出语文教学要发展学生的智力、培养学生健康高尚的审美观，这是大纲的一大突破，这种提法，有助于学生整体素质的提高和学习潜力的挖掘。此外，与 1980 年大纲比较而言，1986 年大纲的教学要求更加明确具体。就作文命题而论，其进步表现在：

1. 作文命题途径更加宽广

这个大纲首次加进了"听说能力"，与读写能力相提并论，使语文基本

---

① 课程教材研究所.20 世纪中国中小学课程标准·教学大纲汇编（语文卷）[M]. 北京：人民教育出版社，2001：460.

② 课程教材研究所.20 世纪中国中小学课程标准·教学大纲汇编（语文卷）[M]. 北京：人民教育出版社，2001：460.

③ 课程教材研究所.20 世纪中国中小学课程标准·教学大纲汇编（语文卷）[M]. 北京：人民教育出版社，2001：477.

训练扩展为相辅相成的四种形式，纠正了以往重"文"轻"语"的偏颇，体现了语文教学全面培养学生语文能力，适应现代社会生活与工作需要的思想。① 就作文教学而言，在与阅读相结合的基础上，大纲还提倡与听说结合，即口头表达与书面表达的结合，借此追求学生语文基本能力的全面发展。"口头表达和书面表达在现代生活中具有同样重要的意义。指导学生口述见闻、说明事理、发表意见等，不仅可以提高口头表达能力，对提高书面表达能力也有促进作用。"② 这样，便赋予了作文命题更宽广的途径。

2. 作文命题文体更加丰富

该大纲除了要求初中生"能写记叙、说明、议论文的文章"，高中生"能写比较复杂的记叙、说明、议论的文章"之外，还提出了其他文体要求。比如，要求初中二年级学生"学习写简单的通讯"，高中一年级学生"练习写一般通讯报道、调查报告"，高中二年级学生"练习写一般书评、影视评、剧评和计划、总结等"。为了确保训练任务的落实和能力目标的完成，大纲对课外写作指导的内容与写作文体也提出了要求，"要指导学生课外经常练笔，把所见、所闻、所思、所感随时写下来，以提高写作能力。""课外写作指导，主要是指导学生观察，写日记、笔记，办黑板报、墙报。"③

3. 作文命题形式有所拓展

大纲指出："作文的方式是多种多样的，有命题作文、选题作文、看图作文、根据文字材料作文、自拟题目作文，还有缩写、改写、扩写等作文练习，教学时可根据具体情况选用。"④ 与1980 年大纲所提及的作文形式相比较，多了"选题作文、看图作文、根据文字材料作文、自拟题目"等作文形式，这对作文的开放和多样性改革的推进具有积极的指导意义。

4. 作文命题限制有所加强

主要表现在对初中作文字数、内容和书写的要求上。比如，要求初中一

---

① 陈黎明，林化君 . 二十世纪中国语文教学［M］. 青岛：青岛海洋大学出版社，2002：426.
② 课程教材研究所 . 20 世纪中国中小学课程标准·教学大纲汇编（语文卷）［M］. 北京：人民教育出版社，2001：479.
③ 课程教材研究所 . 20 世纪中国中小学课程标准·教学大纲汇编（语文卷）［M］. 北京：人民教育出版社，2001：477 - 484.
④ 课程教材研究所 . 20 世纪中国中小学课程标准·教学大纲汇编（语文卷）［M］. 北京：人民教育出版社，2001：479.

年级学生"能写五六百字的记事、写人的文章，做到中心明确，内容具体，能按照时间顺序组织材料，写清楚事情发生的起因、经过和结局。能运用一两件具体事例，写出人物的某些特点。""保持良好的书写习惯，做到笔顺正确，笔画清楚，字形规范，字体力求美观。作文书写要行款格式正确，卷面整洁。"要求初中二年级学生"能写五六百字的说明文，做到表达准确，条理清楚，抓住事物特征，运用分类、举例、列数字、作比较等说明方法。"要求初中三年级学生"能写五六百字的一事一议的议论文，对周围发生的事情能发表自己的看法，做到论点明确，有根有据，有点有析"。①

（三）1996 年的中学作文命题规范

1996 年，国家教委颁布了与《九年义务教育全日制初级中学语文教学大纲（试用）》相衔接的《全日制普通高级中学语文教学大纲（供试验用）》。该大纲吸收了新时期以来语文教学改革和语文教育科学研究的众多成果，体现出新的精神，改革的力度明显加大。如第一次将语文学科的性质表述为："语文是最重要的交际工具，也是最重要的文化载体"；② 第一次提出了"发展个性和特长"的要求；第一次将语文课程规定为学科类课程和活动类课程组成，学科类课程又分为必修课、限度选修课和任意选修课。就作文命题而论，其进步表现在：

1. 作文命题理念上，学生的主体地位开始受到重视

大纲在"教学原则"中指出："教师的主导性和学生的主动性相结合。教师要善于指导学生的语文学习，激发学生的学习主动性，使学生自觉学习语文，在各种语文实践活动中提高自学能力。"在"教学内容和要求"中提出："在确保基本要求的前提下，教学内容具有一定的弹性，给学生发展个性、培养特长提供较多的余地。"③ 作文教学中重视学生写作的主动性，重视学生的个性和特长发展，有利于作文命题向个性化写作回归。

2. 作文命题文体要求开始淡化，但思维训练受到特别关注

20 世纪 50 年代至 90 年代初，语文教学大纲在作文教学上有一个共同的追求，这就是强调记叙文、说明文、议论文等文体写作基本训练，强调写

---

① 课程教材研究所. 20 世纪中国中小学课程标准·教学大纲汇编（语文卷）［M］. 北京：人民教育出版社，2001：480－482.

② 课程教材研究所. 20 世纪中国中小学课程标准·教学大纲汇编（语文卷）［M］. 北京：人民教育出版社，2001：535.

③ 课程教材研究所. 20 世纪中国中小学课程标准·教学大纲汇编（语文卷）［M］. 北京：人民教育出版社，2001：536－537.

作训练（文体训练）的序列性和系统性。20 世纪 80 年代以来，在作文教学实践中的作文教学方法与模式大都是在这一作文观念指导下形成的。应该说，以文体训练为主的传统作文教学对学生写作能力的提高起到了积极的促进作用。但是，它也有明显的不足，最大的问题是作文教学过程中教师往往偏重于文体写作方法技巧的静态传授，而忽略了对写作主体的关注，因此，难以实现作文教学根本性变革，甚至有可能陷入技能化、机械化训练的死胡同。鉴于此，1996 年的新大纲淡化了"文体训练"，而是特别关注思维训练。大纲在"教学原则"中指出："语言训练和思维训练相辅相成。在语言训练的过程中要重视思维方法的学习、思维品质的培养和思维能力的发展；思维训练要贯穿在语言训练中，促进语言能力的提高。"在"教学内容和要求"中规定以下写作能力指标：（1）观察，积累，思考，养成习惯。（2）理清思路，确定中心和写法；根据需要，展开联想和想象；想清楚再写。（3）用规范、简明、连贯、得体的语言表情达意。① 这实际上也是写作思维训练要求。重视思维训练显然更逼近了写作的核心层面，不过，因此而淡化甚至否定文体训练，这是否又会陷入另一个极端？

四、中学作文训练考核命题贴近实际

（一）表现在中学语文教材作文命题上

新时期前 20 年，根据中学语文教学大纲精神，人民教育出版社陆续编写了一系列中学语文教材，主要有全国通用的合编型中学语文课本、分编型中学语文实验课本、义务教育初中语文课本、全日制普通高级中学教科书（实验本）等。每套教材的作文命题都有所创新，且越来越贴近学生生活实际。这里，我们着重对其中三种教材略加分析。

新世纪之初的教材为人民教育出版社出版的全国通用的合编型中学语文教材。这套教材包括《初中语文课本》6 册和《高中语文课本》4 册，供五年制中学使用。从 1977 年开始编写，到 1978 年秋季开始在初中使用，1979 年 6 月编完，随后在全国的高中也开始试用。该套教材的文体训练特征十分突出：初一是记叙，初二是记叙和说明，初三是记叙和议论；高一是比较复杂的记叙和说明，高二是比较复杂的记叙和议论。通过系统训练，培养学生的语文能力。从记叙到说明，再到议论，有具体思维到抽象思想，是符合由

---

① 课程教材研究所.20 世纪中国中小学课程标准·教学大纲汇编（语文卷）［M］.北京：人民教育出版社，2001：536、538.

浅入深的教学规律和学生的年龄特点的。

课后练习的作文命题又有怎样的特点？现把该套教材初中第五册、第六册的作文题目统计如下表：

表4-2　新时期之初初中语文第五册、第六册作文题目统计

序号	课文	课后作文题目	文题内容	文体类型
1	《坚强的战士》	把本文的内容缩写成八百字左右的故事。	思想品德培养	小说缩写
2	《二六七号病房》	学习课文里的写人的方法，写一个你所熟悉的人。要求通过具体事迹，把人物优秀品质写出来。	思想品德培养	记叙类
3	《什么是知识》	写一段议论的话，用设问句提出问题，然后分析问题，解决问题；论点要正确，论据要确凿。	思想认识教育	议论类
4	《哥白尼》	用概括叙述、适当插入议论的写法，把熟悉的一个先进人物主要事迹写成一篇一千字左右短文。	思想品德培养	记叙类
5	《挥手之间》	写一个有意义的欢迎或送别的场面，要求把欢迎或送别时的气氛和人们的心情具体写出来。	思想认识教育	记叙类
6	《敬告父母们不要贻误子女前途》	写一篇短文，谈谈你读了这篇课文的感想。	思想品德培养	议论类
7	《"友邦惊诧"论》	写一篇批驳错误言论的文章，要求有理有据，富于说服力。	思想认识教育	议论类
8	《探索星空奥秘的年轻人》	课外收集材料，加以整理，写一篇记叙一位先进人物事迹的文章。	思想品德培养	记叙类
9	《葫芦僧判断葫芦案》	把本篇缩写成八百字左右的短文，要求说清楚主要的情节。	思想认识教育	小说缩写

新时期之初的语文教育思想是 20 世纪 60 年代初期"文道统一"教育思想的继承和发展。1978 年的语文教学大纲提出："思想政治教育和读写训练是辩证统一的，思想政治教育必须在读写训练的过程中进行，读写训练必须以正确的观点为指导，两者是相辅相成、互相促进的。"① 这一时期语文教育界"文道统一"的理念，反映在语文教材的编写中，也反映在语文教材课后作文练习的命题中，从表 4 - 2 可以看出，有利于思想政治教育依然是中学作文命题的首要目标。但是，"作为'十年浩劫'的反动，一开始就注重语文双基教学，多方探索语文教学科学化，力图改变教学内容的随意性、无序性和训练方法的强制性、盲目性。"② 语文课在通过作文向学生进行道德品质、理想情操教育的同时，也开始逐步探索作文训练的方法和规律。例如，这一时期语文教材相关单元中都附有文体知识，课后练习的作文文体都是记叙文、议论文等常用文体，一些"文革"时期如批评类、演唱类等不伦不类的文体已不见踪迹。这显示了人们在纠正过分强调作文教学的思想政治教育的偏差所做出的初步探索。

根据教育部颁发的《全日制六年制中学教学计划（试行草案）》的精神，人民教育出版社编辑出版了六年制重点中学使用的语文课本（试教本）。这套教材于 1982 年起在少数六年制重点中学进行试点，至 1985 年春，初中全套课本出齐。这套课本仍然是"语文"一科，定名为《六年制重点中学初中语文课本》，只是分编两本书，一本《阅读》，一本《写作》（后改为《作文·汉语》），每学期各一册，全套共十二册。

《写作》中的"作文"部分编得很有特色。编写者提出："初中作文训练的要求：对比较简单的自然现象和社会现象能够正确地观察，明白地有条理地记叙或说明。对一般性的问题，能够作出较简单的分析，提出自己的看法，并能说出一定的道理。还要能写一般的应用文。"③ 据此可知，该教材的作文训练安排较为科学：（1）重点突出。教材根据教学大纲规定的各年级要求定出每个年级的训练重点，使作文训练有一定的序，每次作文集中解决一个问题。比如初中第一册是写自己熟悉的事情、记叙的要素、观察和选材、描写和叙述、写真人真事和虚构、阐述清楚一个观点。（2）序列严整。

① 课程教材研究所. 20 世纪中国中小学课程标准·教学大纲汇编（语文卷）［M］. 北京：人民教育出版社，2001：416.

② 饶杰腾. 语文学科教育学［M］. 北京：首都师范大学出版社，2000：240.

③ 转引自周庆元. 中学语文教材概论［M］. 长沙：湖南出版社，1994：76.

该教材作文训练点的设置，注意到记叙、说明、议论等表达方式训练并进，又有所侧重。每年级以培养一种写作能力为主，兼及其他：初一以记叙为主，兼及说明、议论；初二以说明为主，兼及记叙、议论；初三以议论为主，兼及记叙、说明。各种文体训练并进，互相渗透。（3）方式灵活。该教材既重视课内作文，也重视课外练习（要求学生每周写一篇，一学期写15～20篇）；既重视书面表达，也重视说话训练（每期安排两次说话训练）；既重视训练学生写实用文字，也适当发展学生的想象能力。（4）注重思维。编写者认为，作文是学生现实生活表达的需要，是学生学习生活的重要内容；而在作文训练中，必须强调先想清楚，说清楚，然后写清楚。因此，教材重视学生思维品质的训练，重视思维方法的传授。三个年级的整体安排是：一年级侧重打开思路，二年级侧重条理思维，三年级侧重综合概括、分析推理。

1993年秋季起，我国开始全面实施九年义务教育。义务教育初中语文教科书是根据九年义务教育课程计划（试行）和初中语文教学大纲（试用）编写的。由于我国九年义务教育学制有"五四学制"和"六三学制"两种分段法，按照三年制或四年制将初中学习过程分为三个或四个阶段，各阶段的编排方式和教学重点各不相同。这套教材有三年制和四年制两种，但其编辑指导思想是一致的：联系生活，扎实、活泼、有序地进行语言基本训练，培养学生正确和运用祖国语言文字的能力；在训练过程中，传授知识，发展智力，进行思想教育。

该套教材的作文命题有如下特点：

1. 系统全面

该套教材的作文训练由三个板块组成：一是安排在单元教学之中的专题性作文训练；二是渗透在课文练习之中的小型作文训练；三是集中在每册附录里的应用文训练。三个板块组成了全面而系统的作文训练整体。从专题性训练（见表4-3）也可看出：其纵向序列是按整体起步（第一册同时进行记叙、说明、议论等表达方式训练，同时进行观察、思考、想象和联想等智力因素训练，全面打下作文能力的基础）、分层训练（第二、三、四册按记叙、说明和议论顺序，依次逐层训练，并进一步发展智力，提高反映生活的能力）、整体应用（第五、六册提高综合运用的能力，综合运用各种表达方式反映生活、服务生活）三个阶段组成的。其横向层面，大体由知识短文、参考文题和例文等三部分构成，体现了知识转化为能力的构思。

表 4-3　　人教社义务教育三年制初级中学语文教科书一、二册专题性作文训练

册及层级要求	单元	知识短文	参考题目	例文
第一册 作文基础训练	1	说自己想说的话	围绕自己或家庭生活，敞开心扉，尽情抒写心曲。	1.《落花生》；2.《妈妈，我对您说》
	2	说话要真实，要实在	1. 在这里我感到……；2. 留在照片上的记忆；3. 玩得最开心的一次；4. 从_____到_____的一课。	1.《门前的小路——一位北京人的记叙》；2.《我跟后爸姓》
	3	说话要有条理	1. 校门口所见；2. 集市见闻；3. 下边两篇短文条理不清，试修改（短文略）。	《严冬春暖》
	4	用恰当的表达方式反映生活	1. 写一篇读后感《我爱读·妈妈的故事》；2. 就夏明翰的诗口头解说，然后写一篇读后感；3. 就你看过的一部反映革命生活的书籍或影剧，写一篇读后感或观后感。	《光辉的榜样——读〈青少年时期的周恩来同志〉》
	5	观察细致才能写得具体	1. 写时令景物的，如秋色、雪后；2. 写园林庭院的，如校园小景、公园一角、果林深处；3. 写地区风光的，如迷人的海滨、乡村的黄昏、高原一瞥、山间小路。	《观察日记一则》
	8	展开想象,拓展思路	1. 自拟题目，把你对某人的联想推测写下来，字数不超过 500 字；2. 欣赏一支乐曲，展开联想和想象，用文字表达出来，不超过 500 字。	1.《熊跳舞——听音乐作文》；2.《郊外去——听音乐作文》
第二册 记叙文写作训练	1	写人记事要交代清楚记叙要素	1. 我的小伙伴；2. 童年的一件趣事；3. 上中学后遇到的一件事；4. 根据下边提出的情况，写一篇文章，记叙这件事（材料略）。	《我们的国土到处都是一样》
	2	围绕中心选择材料	1. ××二三事；2. 我的好伙伴；3. 大家都夸他；4. 我了解的一个人；5. 我最喜欢的一门课；6. 我学习中的优点和不足。	《钟表小记》
	3	写人记事要注意记叙顺序	1. ××引起的回忆；2. 访问×××；3. 不该发生的事；4. 看图作文（图略）。	1.《扫雪》；2.《分房》
	4	要根据中心确定详略	1. 我梦见……；2. 三十年后的聚会；3. 假如我当×长。	《没有脸的相片》
	5	叙述结合描写	1. 我经历的一次小波折；2. 班里的一场小风波。	《波折》
	7	在记叙中穿插议论	1. 这件事发生在我们班里；2. 我最喜爱的一首歌；3. ××展（画展、邮票展等）巡礼；4. 母校的回忆；5. 月是故乡明。	《怀念》

2. 联系生活

正如编者在编写说明中所言："进行语文基础训练必须与生活密切联系。语文是交际工具，是用来反映生活并服务于生活的。联系生活进行基本训练，既要'导流'，又要'开源'，有利于学生生动活泼的、主动的学习，有利于学以致用和学文育人。"① 该套教材的作文命题贯彻了上述思想。不论是知识短文、参考题目，抑或例文都力求使作文教学与生活密切联系。特别是参考题目的内容密切结合学生生活实际，符合学生心理特征，富于趣味性和多样性，而作文命题中思想政治教育功能显然已退居次要地位。

3. 类型多样

从表中可以看出，作文命题类型有给题作文、选题作文、限定材料作文、看图作文和自由作文等，既与训练专题配套，又有选择自由，弹性较大。

（二）表现在全国高考作文命题上

新时期以来，高考作文命题走上了一条改革的道路，摒弃了"文革"前15年"题目跟着形势转"等一套"左"的做法。由考查单向性思维演变为考查多向思维，由对语言表达能力的单侧面考查走向多侧面考查；命题内容题材密切联系生活实际，贴近学校生活，关注社会人生，重视文理渗透；命题体裁和命题类型都发生了显著变化。

表 4 - 4　1978—1998 年全国高考作文命题一览

年份	题目或材料内核	体裁	命题类型	立意、角度或侧重点
1978	把《速度问题是一个政治问题》缩写成 600 字短文	议论文	限定材料缩写	经济与政治问题；抓要点，提取重要信息的能力
1979	将《第二次考试》改写成《陈伊玲》的故事	记叙文	限定材料改写	人才培养问题；毫不利己，专门利人的品德教育
1980	读《画蛋》有感	议论文	限定材料读后感	辩证思维能力（特殊与普遍、量变与质变）；打好基础，练好基本功
1981	读《毁树容易种树难》	议论文	限定材料读后感	辩证思维能力（难和易、成与败）

---

① 人民教育出版社语文一室. 九年义务教育三年制初级中学教科书·语文（第二册）［M］. 北京：人民教育出版社，1992：说明 2.

年份	题目或材料内核	体裁	命题类型	立意、角度或侧重点
1982	先天下之忧而忧，后天下之乐而乐	议论文	给题作文	人之苦乐观、幸福观
1983	根据漫画"找水"写说明文和议论文，文题自拟	说明文和议论文	限定材料（漫画）作文	辩证思维能力（量变与质变，成功与失败）
1984	以对中学作文的看法为中心写议论文	议论文	限定材料作文	辩证思维能力（主观与客观、内因与外因）
1985	以反映环境污染问题为内容，给《光明日报》编辑部写信	应用文	限定材料作文	解决实际问题的能力
1986	《树木·森林·气候》	议论文	限定材料作文	辩证思维能力（局部与整体，互为因果）
1987	先按给定材料写简讯，再以理论对实践的指导意义为中心写议论文	简讯和议论文	限定材料作文	材料的概括和取舍能力；辩证思维能力（理论与实践，苦干与巧干）
1988	习惯	不限文体	给题作文	辩证思维能力（好与坏、因与果、现象与本质）；治学必须养成好习惯
1989	就如何报考大学问题给朋友写一封信	应用文	限定材料作文	辩证思维能力（重点与一般、冷门与热门）；追求理想还是贪图实惠
1990	先描述玫瑰园小姑娘的表情动作和肖像，再就第一个小姑娘的说法写篇议论文	描写；议论文	限定材料作文	想象能力，同中求异能力；辩证思维能力（好与坏、两点论、重点论）
1991	先就"圆"写想象片断，再将《近墨者黑》或《近墨者未必黑》写成发言稿或议论文	描写；议论文	限定材料作文	想象能力，描写能力；辩证思维能力（外因与内因、客观与主观）
1992	就街头小景先写一篇不少于350字的记叙文，再写一篇不少于350字的议论文	记叙文和议论文	限定材料作文	文明公德，从我做起；辩证思维能力（动机与效果，对立与统一）

年份	题目或材料内核	体裁	命题类型	立意、角度或侧重点
1993	扩写"梧桐树下"的环境气氛、人物对话及其神态,不少于500字	记叙文	限定材料作文	尊重长辈,爱护青年;辩证思维能力(新旧更替,新老代谢)
1994	尝试	不限文体	给题作文	不断尝试,逐步成长;敢于尝试,善于尝试;辩证思维能力(对立与转化、实践出真知)
1995	提供《鸟的评说》寓言,要求写一段对话和一篇议论文	描写;议论文	限定材料作文	想象能力,描写能力;善待别人就是善待自己;辩证思维能力(长处与短处、全面与片面)
1996	提供漫画,先说明漫画内容,再写一篇比较鉴赏的议论文	说明文;议论文	限定材料(漫画)作文	比较能力,异中求同能力;为人处世不能去好留坏;辩证思维能力(简单与复杂、具体问题具体分析)
1997	要求阅读材料(社会调查分析,是助人为乐还是悄悄走开),联系实际,写一篇议论文	议论文	限定材料作文	乐于助人,从我做起;辩证思维能力(律人与律己、得到与付出)
1998	补写《妈妈只洗了一只鞋》;根据中学生的心理承受力差异较大的情况,以"我追求的品格"或"战胜脆弱"为题写一篇文章	记叙文;不限文体	补写,限定材料选题作文	想象能力,感悟能力;辩证思维能力(矛盾对立统一转化规律)

从上表中我们可以发现高考作文命题的变化规律:

1. 测试目标向多元思维能力演变

1978 年、1979 年的高考作文是缩写、改写,命题者顾及到当时在校高中生的写作水平普遍不高这样一个客观事实,测试目标主要集中在考生的语言文字表达上。其后,高考作文命题逐渐打破了线性思维、平面思维的模式,愈来愈趋向于立体化、多元化,对考生的形象思维、创造性思维、辩证思维能力的要求不断提高。比如,1982 年以前的作文格局一直是单项考查,要么写记叙文,要么写议论文(包括读后感),或者是改写、缩写,考查面较窄,难以反映学生写作水平的全貌,甚至竞争也不公平。自 1983 年开始,作文格局趋向全面，由以往的一题一作改为一题两作，一题多作，甚至多种文体并举的命题趋向。再比如，自 1980 年之后，对考生思辨能力的考查加强，要求考生有较强的由表及里、由此及彼、去粗取精、去伪存真的分析问题、解决问题的能力，要求考生具有一点哲学头脑，能对问题作辩证的分析，如"普遍与特殊""先与后""成功与失败""主要与次要""一与多""破与立""量变与质变""条件与结果""理论与实践""冷与热"等，不仅要讲清两者的关系，还要分析转化的条件。1990 年的高考作文，要求就两个小姑娘对玫瑰园截然相反的评价发表议论。这个问题可以从不同的思维角度去考虑：首先，从审美角度看，第一个小姑娘根据花下有刺判断玫瑰园是个坏地方，未能抓住玫瑰花的主要方面——给人以美的享受，而只抓住次要方面，说明要辩证地、全面地分析和评估事物；其次，可以从如何对待花刺的角度去考虑，说明不仅要有追求美的愿望，还要正确对待求美过程中碰到的困难，说明"追求理想事业之花不应畏惧困难"的道理；再次，还可以从自身角度看，刺可护花，联系"民主与法制"，说明"社会主义之花必须要用斗争来保护"。可见，如果用单一的线性思维形式，已远远不能满足高考作文命题的需要，简单的感性认识不能代替深刻的理性认识。高考作文命题的多元化、立体化的思维能力测试目标日趋明显。

2. 命题内容向学生生活实际靠近

歌德有一句名言："理论是灰色的，而生活之树常青。"学生只有真诚地投入生活，关注社会，直面人生，才会找到永不枯竭的写作源泉。1978—1998 年的高考作文命题，除 1978 年的高考作文可以嗅到浓重的政治意味外，其余的或近或远，或直接或间接都与中学生生活有联系，立足于让考生从自己的生活经验的思想认识水平出发，反映属于中学生的抱负、情趣、感受和思考，让考生有话可说，有情可抒，有理可议。其取材范围主要有以下三个方面：

（1）学校生活、教育成才。如 1979 年的"第二次考试"、1980 年的达·芬奇画蛋的故事、1984 年的关于作文问题的师生互叹、1987 年的育民小学办起了游泳训练班、1989 年的毕业生填报志愿的困惑、1997 年的小新背双腿残废的学生上学等等。这些材料均为学校生活的常见现象，是师生关心的共同话题，其价值取向在于倡导学生整体素质的提高，德智体美劳的全面发展。

（2）日常生活、家庭伦理。如 1988 年的《习惯》、1990 年的一对孪生小姑娘走进玫瑰园、1992 年的候车亭前发生的故事、1993 年的夏夜梧桐树下父亲和儿女的对话、1994 年的《尝试》等等。这些试题均取材于日常生活、家庭生活的某一场景、某个侧面，旨在引导考生关心社会，直面人生，注重社会公德，乐于奉献爱心。

（3）科学知识、生产管理知识。如1981年的"毁树容易种树难"、1983年的"找水"的漫画、1985年的澄溪化工厂排放废水废气污染环境的问题、1986年的"树木·森林·气候"、1995年的《鸟的评说》、1996年的两幅医疗事故的漫画等等。这类材料横向交叉、文理渗透，涉及文史哲、理化生等多方面的知识。就其本身的科学常识而言，极其通俗、浅易、易懂，但其中所蕴含的某种哲学或社会观念却耐人寻味，发人深省，所倡导的针砭时弊、干预生活的人生态度也催人清醒、令人振奋。

"文章合为时而著"，这些内容题材都具有一定的时代性，有一定的文化内涵，但却未必都是什么热门话题，也不见得有太强的政治色彩。

3. 命题体裁向综合开放方向发展

二十多年的高考作文命题已经涵盖了文章学的所有体裁，有记叙文、说明文、议论文和应用文等，其中以议论文和记叙文的数量为多，特别是议论文最多。这一方面说明了记叙文和议论文的基础地位和实用价值，同时也说明它们对考生来说确是难点，以此来立文，能够更好地考察学生的写作能力和观察分析能力。说明文和应用文由于为文简单，易于掌握，因此在新时期高考作文中所占比较较小。即使是同一文体，形式要求也并不单一。比如议论文体，1983年是看图作文、1987年是阐明性议论文、1990年是类比性议论文、1991年是批驳性议论文、1992年是评论性议论文、1996年是文艺评论等。记叙文也是如此，有缩写、改写、补写、描写等形式。作文体裁由单一走向综合，由综合走向开放。刚开始的几年，每一年的作文题是一题一体式，从1983年开始出现复合作文体，一大一小互现，两种文体相应，既增加了考察的知识面，也加强了试题的难度，这一做法在20世纪90年代前后成为一种流行模式。特别是1994年、1998年的高考作文不限文体，体裁更加开放。

4. 命题类型向材料作文更迭

"文革"以前的高考作文除1964年的《读报有感——关于干菜的故事》是材料作文之外，其余均为给题作文。给题作文的优点是在命题者设计的思维框架中能够比较准确地考查出学生的写作水平，但也有其明显的弱点，主要是不利于学生创造力的发挥，故新时期之后偶尔采用，1978至1998年间仅出现过四次。材料作文与给题作文相比，信息量大，触点多，既有利于考查考生的阅读、理解能力，又能将读和写结合起来，对考生的记叙、描写、议论、说明等表达能力进行全面考查，因此受到命题者的青睐，成为高考作文的命题主要形式，21 年间共出现过 17 次。材料作文的样式也是非常丰富的，大致可以归纳为三大类：提供文字材料作文、提供图像材料作文和提供音像材料作文。新时期以来的高考作文主要选定在前两种样式。材料作文的处理方式也是多样的，一种是一料一文，考生按照所提供的材料写一篇文章，1978—1986 年的材料作文大都属于这一类。另一种是一料多文，一则材料多个命题，这是 1987 年以来材料作文的新发展。再一种是两料两文。比如 1993 年的材料作文，一则提供的是圆规图案，一则提供了记叙文的材料构架，要求同时写两篇表达方式与方法不同的文章。还有一种是三料两文，如 1997 年的高考作文提供了三则材料，要求根据"材料 1"描写背同学上学的情景，再根据"材料 2"和"材料 3"写一篇议论文。材料作文极大地开拓了作文命题的广阔天地，有效地激发了学生的思维力和创造力，但大部分材料作文的立意实际上已由所给定的材料包含的因果关系确定下来，学生作文表达的因果联系如果和所提供的材料不一致时，幸运之星可能也就很难眷顾了。

第三节　世纪之交中学作文命题的主体个性张扬

随着改革开放的步伐加快，我国的多元化文化格局逐步形成。中学语文教育教学进入新的发展时期，有关作文教学的反思、探索和实验等方面的著述大量涌现。中学作文命题有了质的飞跃，变得开放、多元、丰富，"乐于表达""自由表达""个性化表达"等"人本"理念在作文研究、课程标准及教材练习、中高考及各类竞赛作文命题等诸多方面均有明显体现。

一、人文论倡导与中学作文命题的主体回归

改革开放以后，我国的经济制度由单元形态逐渐向多元形态转化，文化和价值观念体系也相应地由单一趋向多极。"多元化教育也随多元文化的发展在社会中日渐凸显，从而大模大样地走进到人们的视野中。人们开始反思我国过去的教育观念、教育方法、并将中国传统的教育经验结合国外的教育实践试图在我国建立新的教育理念。"① "文革"结束后，语文教育从政治

① 郑国民，等. 当代语文教育论争 ［M］. 广州：广东教育出版社，2006：263.

挂帅的泥淖里走出来后，在很长一段时期内又陷入了语言训练的窠臼。"语文是工具"的观点几乎成了定论。从语文教学大纲到语文教材的编写体例，从阅读教学到作文教学，从课堂训练到大小考试内容，无不受着"工具论"的影响甚至是支配。"工具说"的基本精神，体现着许多前人实践研究所总结出来的非常合乎科学的成分，它在中学语文教学方面发挥的积极作用，是不可低估更是不可抹杀的。然而，"工具说"的片面发挥和误用，又导致了语文课应有的审美教育、人文教育的严重缺失。当语文教育在"工具理性"的道路上越走越远时，越来越多的人开始反思语文教育的本质。

在 1997 年的全民性"语文教学大讨论"爆发之前，就听到了要求加强语文教学"人文性"的呼声，实际上就是对"工具说"发出的质疑。早在 1984 年 8 月，陈仲梁就在上海《语文学习》发表了《人文主义，还是科学主义》，认为在语文教学中，既要强调语言因素，又要强调文学因素，应该是"科学主义思想和人文主义思想的结合"。此后，《语文学习》不断地围绕语文教学中的"人文主义"和"科学主义"发表争鸣文章。1995 年 6 月，著名语文教师于漪发表长文《弘扬人文，改革弊端——关于语文教育性质观的反思》，认为"在语文教育观念体系中，最为核心的是性质观"，"70 年代后期语文教育十分强调工具性，甚而至于有些纯工具论的倾向"。次年，于漪又发表了《语文教学的人文性》（1996 年 4 月 15 日《文汇报》）一文，再次强调"语文学科作为一门人文应用学科，应该是语言工具训练与人文教育的结合"，"语文教学工具性、人文性皆重要，不可机械割裂。割裂人文精神，只在语言文字上兜圈子，语言文字就应失去灵魂、失去生命而暗淡无光，步入排列组合文字游戏的死胡同；脱离语言文字的运用，架空讲人文性，就背离了语文课，步入了另一个误区。二者应有机结合，使之相得益彰。"1997 年，由《北京文学》推动的关于语文教育的大讨论，在社会各个领域都引起了强烈的反响。各界人士对语文教育忽视学生主体地位，过分强调语言训练等问题进行了尖锐批评。"语文教育这种极端工具性价值趋向，成为阻碍教学改革的精神阻力与实践藩篱，从而使语文教育在促进人的全面发展的道路上愈走愈暗淡与渺茫。"①讨论过程中，虽不乏尖刻之词、偏激之论，但经过争论，使中学语文界以至整个教育界对许多重要问题形成了新的更高层次的共识，直接有效地促进和加快了语文教学的改革。正如胡绪

---

① 郑国民. 新世纪语文课程改革研究［M］. 北京：北京师范大学出版社，2003：44.

阳博士所言："1997 年《北京文学》推动的对语文教育的大讨论是有意义的、有成果的，直接促使了立足人本、具有生命价值取向的语文学科性质人文观的确立，社本的、以用为本的工具观在较大程度上得到抑制，使人们对语文学科性质认识更深化了一步"。① 在"人文论"倡导下，中学作文教学"人本"呼声也日渐高涨。高万祥认为，长期以来，由于注重知识传授和章法训练的写作教学模式的误导，以致见文不见人成了作文教学的最大弊端。其表现之一是在作文教学的指导思想上普遍存在重章法、轻内容的形式主义和应试教学倾向；其二是作文命题脱离学生生活和思想实际；其三是在写作要求上存在千篇一律，扼杀学生想象创造能力的倾向。他主张采用生活化作文教学，以此提高学生作文的兴趣。"在生活化创造性作文教育中，注重感受生活和热爱生命的情感培养，就要把'关注生命质量'放在突出位置上。"② 于漪在《中学作文教学导论》一书中写道，"技能技巧固然重要，但最为重要的莫过于写作的热情，写作的冲动感"，"教师进行作文教学要十分重视学生写作的'内部态度'，千方百计激发他们学习语文、学写作文的热情，培养他们写作的浓厚兴趣。"③ 叶培祥认为，中学生作文的目的主要是个体成长过程中的一种必要的交流，是生命的一种运动方式，而不是高举以天下为己任的大旗去弘扬什么，赞美什么，批评什么，应当正本清源，确立个性在作文活动中的应有地位，倡导以人为本、突出主体意识的个性化作文教学新理念。④ 黄孟轲从学生作文成长过程中深深感悟到，作文教育的背后隐含着一个深沉的"人"字。他认为，"人生与写作""生命价值的实现"等，绝不是一个什么空谈的故作高深的玄论。"我们的作文教育首先教学生做人，让假话、空话远离作文，让健全的主体人格精神意识进入作文。从描写学校生活到构建内心世界，到对生活进行提炼和升华，让学生的作文朝着多元的方向蓬勃发展，这是作文教育的必由之路。"⑤ 曹明海等人认为，作文教学首要的任务就是唤醒学生内心的表达需要，使作文成为学生心智自由驰骋、个性尽情发挥的空间。⑥

---

① 刘光成，等. 穿越 60 年历史风云——新中国中小学语文教育大事述评 [M]. 湖南教育，2009（10）：34.

② 高万祥. 生活化作文教学——调动学生写作兴趣的好方法 [A]. 江明. 问题与对策——也谈中国语文教育 [C]. 北京：教育科学出版社，2000：240、242.

③ 于漪. 中学作文教学导论 [M]. 济南：山东教育出版社，2001：15.

④ 叶培祥. 个性化作文教学初探 [J]. 深圳大学学报（人文社会科学版），2002（1）：92.

⑤ 黄孟轲. 中学作文教例剖析与教案研制 [M]. 南宁：广西教育出版社，2005：7、9.

⑥ 曹明海. 语文教育观新建构 [M]. 济南：山东人民出版社，2007：212.

从"人本"视角审视或探讨中学作文命题的著述也日渐增多。马葵霞认为,要使学生真正成为写作的主人,作文命题时要研究学生心理,联系实际,有的放矢。"命题作文首先要使学生的大脑处于兴奋状态,各种有关器官处于最活跃状态,只有这样,他们才有可能把自己的智慧、情感形之于笔端。""由于初高中中学生的年龄和知识结构不一样,命题还应该体现区别……教师还可以结合讲读课文的思想内容与表现手法命题;结合学生的生活、学习、思想等实际命题;结合学生的课文阅读进行命题。"① 刘一承主张教师要加强对学生的了解,做学生的知心人,把命题命到学生的心坎上。除此之外,还要重视命题的导向作用,变应试为应需,加强作文教学的实用性,积极谋求开放智力战略重点的转移,为学生适应未来的学习、生活以及工作提高认识和表达的方便。同时,要广开题源,命题的方式可以统一定题,也可以按程度命题,还可以因人命题。② 叶培祥强调当下中学作文教学的弊端主要是压抑生命体的个性发展,我们应该让作文恢复人的尊严,展现人的个性。中学作文命题改革应以注意"放开":一是改变习用课型,放开时限。为了让学生真正在宽松的心境下展示自我,必须打破原有的作文课型,采取符合文章自然生成规律的做法,具体来说,就是没有专门的作文课,而在布置作文(不是命题作文)后,给学生一个观察、感悟的机会,把作文延伸到课外去完成,为学生开辟一个宽松的时空条件,让他们尽情抒写内心的真情实感。二是改变命题模式,放开内容。为了让学生不再受统一命题的拘囿,必须毅然摒弃一人命题众人写的陈旧方式,采取以学生自拟题目为主,师生共同命题为辅的命题形式。③ 尽管上述策略或方法并非多么新颖,然而,在世纪之交"人文论"倡导下,其提出或强调却有着积极的时代意义。

二、语文课程标准中中学作文命题的人本规范

中学作文教学具有划时代意义的历史性改革应以 2001 年《全日制义务教育语文课程标准(实验稿)》和 2003 年《普通高中语文课程标准(实验)》的颁布为标志。这两个课程标准的颁布与实施,昭示着新世纪中学作文教学改革进入了历史新阶段,同时它们必将引领新世纪中学作文命题的创

---

① 马葵霞. 语文教学心理研究 [M]. 杭州:浙江大学出版社,2001:284-287.

② 刘一承. 作文教改应弘扬人的主体性 [J]. 福建师范大学学报(哲学社会科学版),1999(2):134-135.

③ 叶培祥. 个性化作文教学初探 [J]. 深圳大学学报(人文社会科学版),2002(1):97.

新和发展。

（一）语文课程标准中学写作教学内容概览

《全日制义务教育语文课程标准》"课程目标"作文教学的总目标：能具体明确、文从字顺地表述自己的意思。能根据日常生活需要，应用常见的表达方式写作。阶段目标（7~9 年级）：（1）写作时考虑不同的目的对象。（2）写作要感情真挚，力求表达自己对自然、社会、人生的独特感受和真切体验。（3）多角度地观察生活、发现生活的丰富多彩，捕捉事物的特征，力求有创意地表达。（4）根据表达的中心，选择恰当的表达方式。合理安排内容的先后和详略，条理清楚地表达自己的意思。运用联想和想象，丰富表达的内容。（5）写记叙文，做到内容具体；写简单的说明文，做到明白清楚；写简单的议论文，努力做到有理有据；根据生活需要，写日常应用文。（6）能从文章中提取主要信息，进行缩写；能根据文章的内在联系和自己的合理想象，进行扩写、续写；能变换文章的文体或表达方式，进行改写。（7）有独立完成写作的意识，注重写作过程中搜集素材、构思立意、列纲起草、修改加工等环节。（8）养成修改自己作文的习惯，修改时能借助语感和语法修辞常识，做到文从字顺。能与他人交流写作心得，互相评改作文，以分享感受，沟通见解。（9）能正确使用常用的标点符号。（10）作文每学年一般不少于 14 次，其他练笔不少于 1 万字。45 分钟内能完成不少于 500 字的习作。

"教学建议"关于写作：写作是运用语言文字进行表达和交流的重要方式，是认识世界、认识自我、进行创造性表述的过程。写作能力是语文素养的综合体现。写作教学应贴近学生实际，让学生易于动笔，乐于表达，应引导学生关注现实，热爱生活，表达真情实感。在写作教学中，应注重培养观察、思考、表现、评价的能力。要求学生说真话、实话、心里话，不说假话、空话、套话。激发学生展开想象和幻想，鼓励写想象中的事物。为学生的自由写作提供有利条件和广阔空间，减少对学生写作的束缚，鼓励自由表达和有创意的表达。提倡学生自主拟题，少写命题作文。写作知识的教学力求精要有用。抓住取材、构思、起草、加工等环节，让学生在写作实践中学会写作。重视引导学生在自我修改和相互修改的过程中提高写作能力。①

《普通高中语文课程标准》必修课程"表达与交流"的内容是：（1）学

---

① 中华人民共和国教育部 . 全日制义务教育语文课程标准（实验稿）［S］. 北京：北京师范大学出版社，2001：12、17、18.

会多角度地观察生活，丰富生活经历和情感体验，对自然、社会和人生有自己的感受和思考。（2）能考虑不同的目的要求，以负责的态度陈述自己的看法，表达真情实感，培植科学理性精神。（3）书面表达要观点明确，内容充实，感情真实健康；思路清晰连贯，能围绕中心选材料，合理安排结构。在表达实践中发展形象思维和逻辑思维，发展创造性思维。（4）力求有个性、有创意地表达，根据个人特长和兴趣自主写作。在生活和学习中多方面地积累素材，多想多写，做到有感而发。（5）进一步提高记叙、说明、描写、议论、抒情等基本表达能力，并努力学习综合运用多种表达方式。能调动自己的语言积累，推敲、锤炼语言，表达力求准确、鲜明、生动。（6）能独立修改自己的文章，结合所学语文知识，多写多改，养成切磋交流的习惯。乐于相互展示和评价写作成果。45 分钟能写 600 字左右的文章。课外练笔不少于 2 万字。

"高中语文教学建议"关于"表达与交流"：写作是运用语言文字进行书面表达和交流的重要方式，是认识世界、认识自我、进行创造性表达的过程。写作教学应着重培养学生的观察能力、想象能力和表达能力，重视发展学生的思维能力，发展创造性思维。鼓励学生自由地表达、有个性地表达、有创意地表达，尽可能减少对写作的束缚，为学生提供广阔的写作空间。在写作教学中，教师应鼓励学生积极参与生活，体验人生，关注社会热点，激发写作欲望。引导学生表达真情实感，不说假话、空话、套话，避免为文造情。指导学生根据写作需要搜集材料，可采用走访、考察、座谈、问卷等方式进行社会调查，也可通过图书、报刊、文件、网络、音像等途径获得有用信息。应鼓励学生将自己或同学的文章加以整理，按照要求进行加工，汇编成册，回顾和交流学习成果。也可采用现代信息技术演示自己的文稿，学习用计算机进行文稿编辑、版面设计，用电子邮件进行交流。①

（二）语文课程标准中学作文命题"人本"特色

就作文命题而言，上述标准体现出鲜明的"人本"特色：

1. 命题价值规范：从人文分离走向人文合一

新时期以来，特别是 20 世纪八九十年代的中学作文教学偏重科学理性，导致学生作文普遍的"新八股"风——惨白的语言，虚假的情感。人们开始反思语文教学。语文课程标准在不放弃科学主义取向的同时，强调人文性

---

① 中华人民共和国教育部. 普通高中语文课程标准（实验稿）[S]. 北京：北京师范大学出版社，2003：1－15.

的价值取向。"工具性与人文性的统一是语文课程的基本特点。"作文教学中的"工具性与人文性统一"的问题，实质上是作文与做人的关系问题，两者的辩证关系应该是"为做人而作文，以做人促作文"。也就是说，作文教学首先要明确"为什么而写"的教学目标，这个教学目标就是全面提高学生的作文素养。这就要求教师牢固树立"为做人而作文"的命题理念，把培养学生高尚的道德情操、升华学生的思想境界、提高学生的文化品位有机地结合起来。通过作文命题，积极地引导学生逐步树立正确的人生观、世界观和价值观。同时，作文命题应引导学生"多角度地观察生活"，让学生从丰富多彩、健康向上的生活中获取写作素材，激发写作激情，提高人文素养。

2. 命题语境规范：从"目中无人"走向"目中有人"

"写作是运用语言文字进行书面表达和交流的重要方式"，写作在本质上是作者与时空背景和具体的读者对象的"对话"行为。写作者的写作必须要对读者对象的鲜明、清晰的认识。世界发达国家早在上世纪 70 年代就注意到了学生写作中的读者意识培养的问题。例如德国的语文教学大纲就规定，中学作文教学要求学生"能根据自己的听众和读者有针对性地写文章"[①]。但长期以来，我国的语文教学大纲从来没有对学生进行读者意识培养的要求，因此，教师在作文命题时是没有读者对象意识的，学生的作文也是没有读者意识的。而这次语文课程标准要求"写作时考虑不同的目的对象""能考虑不同的目的要求，以负责的态度陈述自己的看法，表达真情实感"。这样，我国的中学作文教学第一次引进了当代写作学中关于"读者意识"的写作理论，将培养学生的读者意识、对象意识纳入作文命题视野，体现了对作文的当下性、语境性特征的首次清醒认识。

3. 命题主体规范：从教师中心走向学生主体

语文课程标准指出："写作教学应贴近学生实际，让学生乐于动笔，乐于表达"，"要为学生的自主写作提供有利条件和广阔空间，减少对学生写作的束缚，鼓励自由表达和有创意的表达，提倡学生自主拟题，少写命题作文。""应抓住取材、构思、起笔、加工等环节，让学生在写作实践中学会写作。"这些论述，一是针对传统作文教学中普遍存在着的学生害怕作文，教师命题脱离学生实际等弊端提出来的。二是阐明了"学生是学习写作的主体"的教学理念。这体现了"以学生发展为本"的现代作文教学思想。

---

① 参见刘锡庆，林三松．外国作文教学理论辑评［Z］．呼和浩特：内蒙古人民出版社，1996：156.

就是说，教师作文命题要着力调动学生作文的内驱力。比如，语文课程标准要求教师鼓励学生多角度观察自然、社会，发现生活中的丰富多彩，从而激发学生的写作欲望，就是从学生写作内驱力着眼。这要求中学作文教学，一方面要鼓励学生多写自由拟题作文，另一方面，教师命题要把着力点放在开拓学生作文思路和启发学生自由表达上。

4. 命题内容规范：从思想内容走向生活内容

我国封建科举考试文章写作是"代圣人立言"；新中国成立以来到20世纪70年代末，以"思想政治内容"为主，结果学生文章内容是口号式的"假、大、空"。针对以上问题，语文课程标准明确指出："写作教学应贴近学生实际，让学生易于动笔，乐于表达，应引导学生关注现实，热爱生活，表达真情实感""能根据日常生活需要，运用常用的表达方式写作"。这些论述集中体现了"生活内容"的作文命题理念，也就是说，作文命题必须回归学生生活，以生活为内容。这是作文教学的返璞归真、正本清源的关键所在。如何落实"生活内容"作文命题理念呢？首先，作文命题要促使学生走出学校的小课堂，走进社会的大课堂，把学校和社会联系起来。其次，要鼓励学生能自由地表达自己熟悉的生活，做到"用我心思我事，用我口抒我情，用我手写我心"。作文命题走向生活内容，并不是说作文教学要摒弃思想内容。正确的做法应该是：先引导学生从自己熟悉的生活素材中领悟所要表达的思想或中心（即为什么要写这个生活素材），然后从所要表达的思想或中心的高度来观照生活，并对生活素材进行详略、取舍的加工，从而进一步提高学生感悟生活、品评生活的能力。

5. 命题文体规范：从文体中心走向淡化文体

就作文的范围和类型来看，西方包括日本通常将之分为两类：一类是表现自己的文章，即表达学生自己的所做所见所闻所思所感，包括日记、书信、感想类文和"生活文"（日本）等。这类文章以学生自己的生活为基础，要求写出真情实感，以培养学生的个性和创造性思考。一类是传达社会信息的文章，即发挥社会传达机能的文章，包括记录、通信、报告、评论文等。这类文章以沟通思想为目的，要求写得明晰、简洁，起到达意的作用。长期以来，我国作文教学注重的是记叙文、说明文、议论文、应用文等基本文体训练。以基本文体训练为主的传统作文教学存在着对写作主体重视不够的明显弊端。基于此，语文课程标准并不特别强调基本文体训练。虽然在初中阶段有文体训练要求，"写记叙文，做到内容具体；写简单的说明文，做到明白清楚；写简单的议论文，努力做到有理有据；根据生活需要，写日常应用文。"但语文课程标准首次将"独立完成写作的意识"，即"写作过程"的写作能力培养纳入其中，指出"注重写作过程中搜集素材、构思立意、列纲起草、修改加工环节"。普通高中只要求能综合运用记叙、说明、描写、议论和抒情等表达方式，并没有明确的文体规定。这无疑是对 20 世纪的"文体中心论"写作教学观的一次冲击、淡化和革命。现行语文课程标准淡化了过去十分强调的文体规范训练，对一般的写作过程能力和文体写作教学能力进行了整合，形成了既重视写作素养，又培养具有文体写作能力的新的写作教学观。

6. 命题方式规范：从静态作文走向活动作文

《全日制义务教育语文课程标准（实验稿）》突出了"综合性学习"的理念，活动课程是新一轮课程改革的热点和焦点，活动作文教学更是其中的重要组成部分。课程标准指出了"综合性学习"四个方面的内容：（1）自主组织文学活动，在办刊、演出、讨论等活动过程中，体验合作与成功的喜悦。（2）能提出学习和生活中感兴趣的问题，共同讨论，选出研究主题，制订简单的研究计划。能从书刊或其他媒体中获取有关资料，讨论分析问题，独立或合作写出简单的研究报告。（3）关心学校、本地区和国内外大事，就共同关注的热点问题，搜集资料，调查访问，相互讨论，能用文字、图表、图画、照片等展示学习成果。（4）掌握查找资料、引用资料的基本方法，分清原始资料与间接资料的主要差别，学会注明所援引资料的出处。从对"综合性学习"的内涵描述，我们可以看出，所谓"综合性学习"的实质和主要内容是通过实战性的写作活动的过程来进行学习。语文课程标准把"易于动笔，乐于表达"的情意取向作为作文教学的基本理念，注重培养学生的观察、思考、表现和评价的能力，减少对学生写作的束缚，鼓励自由表达和有创意的表达。与传统的静态的作文命题不同，活动作文命题旨在激励学生主动参与，主动实践，主动观察，主动思考，激发学生对生活的热爱和追求，表达真情实感，更强调以直接经验的形式掌握有关写作的知识和技能，使学生在不知不觉中提高写作能力。

三、中学语文教材作文命题系统的立体建构

根据教育部颁布的《基础教育课程改革纲要（试行）》和《全日制义务教育语文课程标准（实验稿）》《普通高中语文课程标准（实验）》的精神，

人民教育出版社出版的《义务教育课程标准实验教科书语文》和《高中课程标准实验教科书语文》（必修）（后简称"人教版高中《语文》"）的作文命题有了比较大的改革。现我们以后者为例，探讨该套教材作文命题系统的构成和特征。

（一）人教版高中《语文》作文命题系统的构成情况

人教版高中《语文》的作文命题可分为三个系统。第一个系统是写作与口语交际合编的表达交流部分，它是一个相对独立编排的系统；第二个系统是课后写作训练，它是一个同阅读混合编排的系统；第三个系统是研究性作文训练，它是一个与梳理探究相结合的系统。

1. 第一个作文命题系统

第一个作文命题系统是人教版高中《语文》整套教材作文命题体系中最重要的命题系统，它在教材中处于一个相对独立的板块。从纵向看，这一命题系统是以文体的技能写作训练作为一个循序渐进的写作学习过程，第一册将记叙文作为写作训练的重点，第二册将各种表达方式作为写作的训练重点，第三、四册将议论文的写作作为写作训练的重点，第五册则是从写作的更高要求进行写作的综合能力训练。每一册有四个单元，每个单元的写作专题题目包括写作主题和写作目标。如第三册第一单元写作专题中"多思善想"是其写作主题，"学习选取立论的角度"则是其写作目标。每一个单元写作专题都涵盖专题题目、话题探讨、写法借鉴与写作练习，部分写作专题还包括网络作文建议。这样的编排结构十分标准规范，同时，写作指导和训练内容也显得比较全面。如下：

表4-5　人教版高中《语文》第一个作文命题系统

册次	训练重点	写作主题	写作目标	其他
第一册	训练记叙文写作	心音共鸣	写触动心灵的人和事	
		园丁赞歌	记叙要选好角度	
		人性光辉	写人要凸显个性	名人评点《水浒传》《三国演义》中人物的鲜明性格
		黄河九曲	写事要有点波澜	
第二册	训练各种表达方式的写作	亲近自然	写景要抓住特征	网络作文建议
		直面挫折	学习描写	
		美的发现	学习抒情	网络作文建议
		想象世界	学习虚构	

册次	训练重点	写作主题	写作目标	其他
第三册	训练议论文的写作	多思善想	学习选取立论的角度	养成整体构思的习惯
		学会宽容	学习选择和使用论据	网络作文建议
		善待生命	学习论证	
		爱的奉献	学习议论中的记叙	
第四册	训练议论文的写作	解读时间	学习横向展开议论	
		发现幸福	学习纵向展开议论	网络作文建议 养成认真修改的习惯
		确立自信	学习反驳	
		善于思辨	学习辩证分析	
第五册	从写作的更高的要求进行训练	缘事析理	学习写得深刻	
		讴歌亲情	学习写得充实	网络作文建议 养成文面美观的习惯
		锤炼思想	学习写得有文采	作文要道——叶圣陶
		注重创新	学习写得新颖	作文的三个阶段——梁实秋

这个作文命题系统其实是一次完整的写作训练，在写作专题之下，由话题探讨的写前激发、写法借鉴以及写作练习的演练三个项目构成。在当今信息时代，为了训练学生搜集信息和处理信息的能力，有 5 个单元还特意安排了网络作文建议；同时为了让学生在写作实践中培养良好的写作习惯，人教版高中《语文》在第一个作文命题系统的个别写作专题后特意安排了关于写作习惯的知识补白，如"养成认真修改的习惯""养成书面美观的习惯""作文要道"。这些写作知识具有灵活性，零散地分布于整套教材中，所占用的页面空间小。同时这些写作知识也具有实用性，学生在了解了这些写作知识后，能够及时有效地避免在写作实践中的失误，也能够帮助他们在形成初稿后，进行规范的自我修改。语言的听说读写是密切结合的，在这个作文命题系统中，非常注重在口头表达中锻炼学生的写作能力，如辩论、讨论、演讲等名目的设置，就能很好地拓宽学生的逻辑辩证思维和提高学生的写作语感。写作是一项综合性、实践性强的活动，在这一系统中还渗透进了科研方法的设计，如访谈法。对于高中学生来说，学习一些有效的科研方法能够有助于他们快速搜集和整理资料，提高他们写作的实践能力。

2. 第二个作文命题系统

第二个作文命题系统是基于"读写结合"的原则设置的写作训练，位于教材课后的"研讨与练习"中。具体情况如下：

表4-6 人教版高中《语文》第二个作文命题系统

册次	单元	篇名	作文命题
第一册	一、现代新诗	3. 大堰河——我的保姆	生活中不乏像大堰河这样勤劳善良而又命运悲苦的社会底层劳动者。请你去观察生活，搜集有关素材，写成一首诗或一篇短文。
	二、古代记叙散文	6. 鸿门宴	许多读者认为项羽是因为在鸿门宴上不杀刘邦而得天下。你同意这个看法吗？写一篇读后感，谈谈你的观点。
	三、写人记事散文	7. 记念刘和珍君	关于"三·一八"惨案，除本课介绍的外，你还了解哪些？你对刘和珍、杨德群等受害学生了解多少？你还读过其他作家描写和议论这场青年学生请愿运动的文章吗？查阅有关资料，作些归纳、分析，拟出发言提纲，与同学交流、讨论。想想拓展阅读和交流讨论怎样深化了你对课文的理解，你受到怎样的启发，写一点心得体会。
		8. 小狗包弟	研读下列材料，联系课文，选取一个合适的话题（如"小议'我靠的是感情'"。"谈'身边琐事'的深广内涵"），写一点独特的感想，与同学讨论。
	四、新闻与报告文学	10. 短新闻两篇	从下面两题中选作一题。1. "香港回归，这是一个让亿万中华儿女噙泪的时刻；香港回归，这是一个令所有华夏子孙开颜的瞬间。"搜集有关香港历史的资料，写一段文字，谈谈香港回归对我们中华民族的重大意义。2. "这是一个二十多岁的姑娘，长得丰满，可爱，皮肤细白，金发碧眼。她在温和地微笑着，似乎是为着一个美好而隐秘的梦想而微笑。当时，她在想什么呢？现在她在这堵奥斯维辛集中营遇难者纪念墙上，又在想什么呢？"这不仅是作者的疑问，也是给读者提出的问题。请你写一段文字，描述一下她的内心活动。
		11. 包身工	包身工在旧社会处在社会底层，受尽剥削、压榨，甚至丧失了做人的尊严。现代社会这种制度已经不复存在，这是社会进步使然，但个别地方仍然有不公正对待工人的现象。如果有条件，可对现在工人的工作和生活状况做些调查，在班上交流调查信息，然后写一篇短文。
		12. 飞向天空的航程	为了圆中华民族的飞天梦，中国的航天人经历了近半个世纪的不懈努力。联系课文内容，并补充课外有关资料，编一份"中国航天大事记"。

册次	单元	篇名	作文命题
第二册	一、写景状物散文	3. 囚绿记	这篇散文用拟人化的手法来写景状物，赋予景物"性格""气质"，取得了特殊的艺术效果。试着借鉴本文的写法，调动你的情感和想象，描述一种景物，力求写出景物的特征。
	三、山水游记散文	10. 游褒禅山记	课文第三段中，作者由古人"求思之深而无不在"才能有所得的事实，引起了深入思考。依他看来，"求思"应具备哪些条件？其中哪个条件起决定作用？试查找资料，联系王安石的政治活动，写一篇短论，陈述你的观点。
	四、演讲辞	11. 就任北京大学校之演说	北京大学是中国最早的现代意义上的大学。你了解它的历史以及蔡元培的办学方针吗？课外搜集有关资料，并与同学合作，以"我所了解的北大"为主题，办一期墙报。
		13. 在马克思墓前的讲话	在恩格斯看来，马克思是个怎样的人物？你对他又有哪些了解？试结合课文，并搜集有关资料，为马克思写篇小传。
第三册	一、中外小说	2. 祝福	电影《祝福》有这样一个情节：祥林嫂捐了门槛，仍然被禁止参与祭祀活动，于是拿起菜刀，跑到土地庙怒砍门槛。你觉得增添这个情节妥当吗？写一篇短文，说说你的想法。
	二、唐代诗歌	4. 蜀道难	唐代孟棨《本事诗》载："李太白初自蜀至京师，舍于逆旅。贺监知章闻其名，首访之。既奇其姿，又请所为文，白出《蜀道难》以示之。读未竟，称叹者数回，号为谪仙人。白酷好酒，知章因解金龟换酒，与倾尽醉，期不间日，由是称誉光赫。"试发挥联想和想象，改写成一则小故事。
		7. 李商隐诗两首	从小学到初中，从课内到课外，你读过李商隐的哪些诗？请以"我所知道的李商隐"为题，写一篇短文。
	四、科普文章	14. 一名物理学家的教育历程	作者关于鲤鱼"科学家"的幻想十分有趣，如果我们以动物的眼光来观察人类，是不是也很有意思呢？假如有一位动物（狗、猫、鸡、燕子等）"科学家"，专门研究人类的某些行为，它写了一篇"科普文"：人类行为之谜。你替这位动物"科学家"做一回代笔人怎么样？

册次	单元	篇名	作文命题
第四册	二、宋词	4. 柳永词两首	《雨霖铃》抒写的是离别之苦，古代诗词中表达这种情感的作品很多。不过，同是写离别，情调上却有着很大的差异，有"风萧萧兮易水寒，壮士一去兮不复还"的悲壮之别，有"相见时别亦难，东风无力百花残"的凄苦之别，请你从读过的诗词中再找出一些来，略加分类后抄录下来，并就其中一首写一篇赏析短文。
		7. 李清照词两首	关于《醉花阴》有这样一个故事："易安以重阳《醉花阴》词函致明诚，明诚叹赏，自愧弗逮，务欲胜之，一切谢客，忘食忘寝者三日夜，得五十阙，杂易安作以示友人陆德夫。德夫玩之再三，曰：'只三句绝佳。'明诚诘之。曰：'莫道不销魂，帘卷西风，人似黄花瘦。'正易安作也。"请结合全词，为这三句写一段赏析文字。
	三、随笔杂文	8. 拿来主义	联系实际，全班或分组讨论：近百年来我们从外国"拿来"了什么？还有哪些东西可以"拿来"？然后写一篇短文。
		10 短文三篇	找出课文中富有哲理的语句，细细品味，并就其中一条写出自己的心得。
第五册	一、小说	3. 边城	课外阅读《边城》全文，写一篇读书报告。可以围绕下面的几个问题（也可以自选专题）研读。1. 作者写这样一个世外桃源式的乡村社会，有怎样的思想背景？他想寻求怎样的理想社会模式？2. 边城的人们是那样善良、纯真，翠翠的爱情为什么会以悲剧结束？3. 小说没有激烈的矛盾冲突，主要以景物、风俗描写为主，具有散文化的倾向。探讨一下本文的写作风格。

册次	单元	篇名	作文命题
第五册	二、古代抒情文散文	4. 归去来兮辞并序	结合已学过的《归园田居》《五柳先生传》等，说说你心目中陶渊明是怎样的一个人，并谈谈你对古代归隐现象的看法。
		5. 滕王阁序	骈文十分讲求语言的形式美，基本上由对偶句构成，四六句式，多用典故，辞采华美，音韵和谐。本文有凌云之气，言随意遣，如泉源之涌。请从文中找出你认为最好的骈句，体味其艺术效果，说说为什么好。建议仿写一两联。
		7. 陈情表	本文层层推进，措辞委婉，情真意切地陈说了自己不能应命的理由。请从中找出后世常引出的文句，加以体味，并尝试写一段话，陈述自己某种无奈之情。
	三、文艺评论和随笔	10. 谈中国诗	联系课文，比较曹操的《观沧海》和普希金的《致大海》（见语文读本），写一二百字的短文，评说它们在内容和形式上的异同。

人教版高中《语文》第二个作文命题系统的作文命题并不是很多，五册共 31 道题，多是与课文内容相同或相关，有的属于迁移运用类，如仿写，有的属于拓展延伸类，如收集信息和数据，并且注重培养学生的对信息进行归纳分析的能力。另外还设计了很多与写作相关的活动，如墙报、科普讲座、研讨会等活动。如此，使写作不再局限于静态的限时的冥思苦想，而是试图将课内阅读与课外阅读、学校生活和校外生活、听说读写等多方面进行结合，这样的读写结合延展了课文阅读，开阔了学生的写作平台，拓宽了学生的写作视野，有利于学生通过写作来进行学习。

3. 第三个作文命题系统

叶圣陶倡导"练习与应需相统一"，第三个系统的作文命题就是基于这一原则。它是与"梳理探究"整合在一起，将写作与语文实践活动相结合，贴近现实生活，力图激发学生浓厚的写作兴趣，同时培养学生初步的研究能力。在人教版高中《语文》的整套教材的 15 次"梳理探究"中，一共有几十次的写作训练设计。这些练习，主要是在语文实践活动中进行的研究性写作。如第四册"梳理与探究"模块中"逻辑和语文学习"所设计的写作训练："写一篇短文，阐述逻辑在语文学习中无处不在的现象。"

顾振彪对这三个系统在人教版高中《语文》的特点和关系做了这样的概述，他认为第一个系统的编排主要是根据学生的心理特征与作文教学的本身规律，它是整套教材写作体系的主体，力图完成对学生写作过程规范指导的写作训练；第二个系统是基于"阅读是写作的基础"这一原则编排的，是读写结合的产物，主要是让学生写下自己的阅读的感想，进行笔记式作文的练习；第三个系统是基于叶圣陶所倡导的"练习与应需相统一"的原则，将写作与语文实践活动进行结合，进行研究性作文的练习。在整套人教版高中《语文》教材中，这三个系统是互为补充、相辅相成的关系。它们和课文阅读、梳理探究等结合在一起，力图使学生能够融会贯通，循序渐进地提高他们的写作能力。①

（二）人教版高中《语文》作文命题系统的构成特点

1. 工具性与人文性的统一

《高中语文课程标准》中强调"工具性与人文性的统一"是语文的基本特点，这一特点在这套教科书作文命题系统表现则是：工具性表现为注重写作的实践性，相对以往的教材更强调写作的应用性，注意培养学生一定的探究能力；人文性则是写作注重情感道德的熏陶和文化的修养。如写作专题安排中，"讴歌亲情""学会宽容""爱的奉献""确立自信""亲近自然""发现幸福""善待生命"等写作主题就具有深厚的人文内涵和文化底蕴，涉及人与自然、人与社会、人与人以及人与自己关系的探讨，它告诉学生不管是面对大自然还是面对社会都要有一双发现美的眼睛，一颗真挚的爱心；同时学生要注重自己人格修养的提高，注重自己内心的审视，学会自信快乐地生活，追求高雅的志趣。"善于思辨""锤炼思想""缘事析理""注重创新"等写作主题以及"学习横向展开议论""学习反驳""学习写得深刻"等写作目标则是写作工具性的体现，注重学生思维的发展和写作技法的点拨，能够直接帮助学生提高写作能力。

2. 注重思维训练，凸显自主性

该套教材的作文命题着力于培养学生的创新思维能力，增强学生思维的严密性、深刻性和批评性，把多思善想作为提高写作水平的关键。如第一个系统中，有五个单元的命题是直接培养思维能力的，"想象世界 学习虚构"

---

① 顾振彪. 21 世纪高中作文教材的改革［J］. 现代语文，2005（1）：82.

（第二册），"多思善想 学习选取立论的角度"（第三册），"善于思辨 学习辩证分析"（第四册），"缘事析理 学习写得深刻"（第五册），"注重创新 学习写得新颖"（第五册）。还有几个单元，与培养思维能力关系很密切，比如"'黄河九曲'写事要有点波澜"（第一册），"解读时间 学习横向展开议论"（第四册），"发现幸福 学习纵向展开议论"（第四册），"确立自信 学习反驳"（第四册）等。其他单元也贯穿着培养思维能力这根红线。以往教材曾一度热衷于对学生进行机械的作文训练，片面强调文体，追求写作技巧。该套教材力图打破这种僵局，把学生解放出来，从培养个性化思维、创造性思维入手，真正做到学生的自主性写作和个性化写作。

　　教材作文命题贴近生活，与学生的生活体验、学习内容和思想认识结合紧密，确保学生写作的自主地位。三个系统中的作文命题内容涉及人与自身、人与社会、人与自然的方方面面，都是现实社会生活、生产的热点问题，学生生活、学习中的重要问题，以及学生最感兴趣、最为关心的一些问题。引导学生对上述问题进行探讨，有利于学生认识自我、认识社会、认识自然，从而在认识中发展自身，提升生命质量。这些作文命题，仿佛黎明的鸡啼，能够唤醒学生写作的自觉意识，使写作自然而然成为学生生命活动的一部分，适应学生思想与生命成长的需要。此外，这套教材的作文命题数量极其丰富，大多不限文体，选择性强。作文内容的贴近性和形式的灵活性能有效地促使学生写作的积极性不可遏制地爆发出来，把"要我写"变成"我要写"。《普通高中语文课程标准》指出："教科书应突出语文课程的特点，要便于指导学生自学。内容的确定和教学方法的选择，都要利于学生自主、合作与探究的学习，掌握自学的方法，养成自学的习惯，不断提高独立学习和探究的能力。"该套教材的作文命题体现了这个精神，保证学生始终处于主动地位，学生写作的自主性较为充分地体现出来了。

　　3. 读写既相对独立，又互相结合

　　人教版高中《语文》教材作文命题体系中的第一个系统是从阅读中独立出来，结合学生的认知规律和文章写作规律编成了一个循序渐进的写作体系，从而实现了选文专题同写作专题的远距离关照。如必修 3 选文第三单元中《劝学》《师说》《过秦论》以及《寡人之于国也》这几篇课文所运用到的例证法、喻证法、对比法、引证法等论证方法都能为后面的第三个写作专题"善待生命·学习论证"提供很好的范例；必修 1 选文第一单元中的《沁园春·长沙》《再别康桥》《雨巷》与必修 2 选文的第一单元中的《荷塘月色》《囚绿记》《故都的秋》这几篇课文所运用的写景注意抓住景物本身的特点以及突出写作主体的感情特点等写作手法为后面的写作专题"亲近自然·写景要抓住特征"提供了很好的写作借鉴。

第二个系统立足于阅读是写作的原则，是读写结合的产物，主要是让学生进行笔记式作文的练习。这种笔记式的作文，将阅读鉴赏与写作进行各种形式的结合，阅读对写作有不同的作用，例如阅读可以为写作提供很好的范例，如第二册第一单元第三课《囚绿记》"研讨与练习"中设计的写作训练："这篇课文用拟人的手法来写景状物，赋予景物'性格''气质'，取得了特殊的艺术效果。试借鉴本文的写法，调动你的情感和想象，描述一种景物，力求写出景物的特征"；选文可以作为写作的用件，促进写的发生，发散学生的思维，同时也能更好理解选文的深刻内涵，如《拿来主义》后的写作练习"联系实际，全班或分组讨论：近百年来我们从外国'拿来'了什么？还有哪些东西可以'拿来'？然后写一篇短文"，这样的一个写作练习，以选文核心主题为出发点，延伸出去，引导学生去搜集信息，深入思考。课内阅读鉴赏也可以促进学生进行创造性的课外阅读，立足于阅读的写作，能够帮助学生进一步理解选文，进而拓宽课外阅读量，博览群书，多读促写，利于学生获得各种形式的经验知识，直接感知丰富的表达方式，最终使学生的写作水平拥有质的提高。同时，人教版高中《语文》的第二个系统的写作形式相对于第一个写作系统显得更为自由。第一个系统主要是训练记叙文、议论文这两种文体的写作，其写作结果基本上都是拥有完整的文章结构；第二个系统，写作形式更为多样化，有读后感、心得体会、感想、大事记、短论、赏析短文、墙报、小传、故事等，其写作结果可能是篇小文章，也可能是一副对联，一个小段落。

4. 立足"一体双翼"，关注写作过程

所谓"一体"是指人教版高中《语文》的第一个写作命题系统，其写作设计是以文体为主的完整指导的写作训练。"双翼"是指第二个系统中读写结合原则下的笔记式写作和第三个系统中练习与运用原则下的研究性写作。第一个写作命题系统是人教版高中《语文》的核心部分，写作知识相对集中，练习也相对丰富，注重学生写作过程的指导，是提高学生写作能力的主轴；第二个写作命题系统和第三个写作命题系统则是写作命题系统中的重要部分，其形式更为灵活，提供的写作平台也更为广阔，能够很好地补充第一个写作系统。人教版高中《语文》写作训练关注写作过程，在第一个写作系统就是按这一理念进行设计的，一个写作专题由三大板块组成，分别是"话题探讨"、"写法借鉴"和"写作练习"。"话题探讨"以讨论话题的形式调动学生的写作欲望，解决写什么的问题；"写法借鉴"通过抽象的说理与具体的举例相结合的方式提供写作技巧的指导，解决怎么写的问题；"写作练习"则是提供四五道题让学生进行实战演练，及时检测自己的写作水平。

四、普通高校招生考试作文命题的多样化发展

随着改革开放的纵深发展，我国多元化文化格局逐渐形成。普通高校招生考试中最引人注目的作文命题呈现出多样化发展的趋势。从命题的题型看，除传统的标题作文和材料作文外，命题者新创了话题作文题型。从命题主体看，自主命题的省市增多，形成了全国统一命题与分省命题"求同存异，和平共处"的格局（"统一考试，分省命题"的高考改革经历了从试验到推广的过程，1987年上海率先开始自主命题尝试，2002年北京开始实施这种模式，2004年起有条件自主命题的省市增加到16个，2016年湖南、湖北、广东等自主命题的省份又恢复启用全国卷）。从命题类型看，在传统的大作文、小作文的基础上，还出现了微写作。

（一）全国卷话题作文

话题作文的出现无疑是作文考核命题尤其是高考作文命题进入人本命题时期的重要标志。高考话题作文发轫于1998年，1999年《假如记忆可以移植》是话题作文考查的第一年，2000年高考作文题目"请以'答案是丰富多彩的'为话题写一篇文章"，正式提出话题作文。请看1999年全国卷作文题目：

> 随着人体器官的移植获得越来越多的成功，科学家又对记忆移植进行了研究。据报载，国外有些科学家在小动物身上移植记忆已获得成功。他们的研究表明：进入大脑的信息经过编码贮存在一种化学物质里，转移这种化学物质，记忆便也随之移植。当然，人的记忆移植要比动物复杂得多，也许永远不会成功，但也有科学家相信，将来是能够做到的。假如人的记忆可以移植的话，它将引发你想些什么呢？
>
> 请以"假如记忆可以移植"为作文内容的范围，写一篇文章。
>
> 注意：①写作时可以大胆地想象，内容只要与"假如记忆可以移

植"有关就符合要求，具体的角度和写法也可以多种多样，比如编故事，发表见解，展望前景，等等。②题目自拟。③除诗歌外，其他文体不限。④不少于800字。

所谓话题，就是谈话的中心、谈话的内容、谈话的由头。话题作文通常指的是用一段提示语指明写作范围，启发思考、激活想象的一种命题类型。话题作文的实质是鼓励创新，让学生围绕同一谈话中心，陈述各自从不同角度、不同立场产生的观点，或联想自己的经历、体验。这是一种既开放，又有限制的命题形式，强调要围绕话题，从不同角度进行联想和想象。话题作文是一种新的作文命题类型，它也有材料，但话题作文所给的材料仅仅是对话题的一个说明、一个解释，或者说是一个例子，目的在于帮助考生理解话题。话题作文的核心是话题，作者完全可以只根据话题的要求而无需照顾材料的内容来作文。有着"三自方针"（自主立意、自拟题目、自选文体）的话题作文更符合文章生成的规律，学生可以根据话题范围，扬长避短，展示自己，因而备受师生欢迎。《假如记忆可以移植》意在引导考生关注人类最新科技进展，客观上却为考生展开了一个硕大无比的想象空间。《答案是丰富多彩的》意在考查考生的多角度发散思维，暗扣时代创新人才的迫切呼唤，但内容却涉及中学生生活中的热点问题，考生不仅有话可说，而且是如鲠在喉，不吐不快。2001年以《诚信》为话题作文，该题旨在引导考生人格的完美成长和精神的健康发育，在实际作文中也能调动广大考生的日常生活的思想积累和情感积累引发出积极、建设性的思考。2002年以《心灵的选择》为话题作文，命题者进一步关注考生的道德建设以及对人性的关怀，提倡传统美德的传承和"以德治国"思想的贯彻，题目既有时代特色，又触及考生心灵。2003年以《感情的亲疏和对事物的认知》为话题作文，此命题由近两年的道德观念转向到哲学认识，思考如何面对人的认识上的主观干扰或者说"有色眼镜"的问题，对考生的理论认识水平要求比较高。2004年全国卷高考作文分别是以《相信自己与听取别人的建议》《遭遇挫折与放大痛苦》《快乐幸福与我们的思维方式》《看到自己与看到别人》为话题作文，2005年全国卷高考作文分别是以《出人意料和情理之中》《位置和价值》《忘记和铭记》为话题作文。这些命题都考虑到当前教育从"精英教育"向"大众教育"转轨的实际，命题面向全体考生，尽可能让每一个考生都有话可说，以体现最大的公平。同时，命题者都自觉地将"以人为本"

的精神渗透到作文题中，切实关注人的本身，思考人类的生存，契合语文课程标准的要求。话题作文的出现有着积极并且深远的意义，它使高考作文命题步入充满人文情怀，发展个性和创造性的良性轨道。

话题作文是时代的产物，同时也是高考作文命题追求多样化的产物。它与传统的标题作文和材料作文有所不同。

给题作文就是只给一个作文题（可以是一个完整的题目，也可以是一个不够完整、缺少部分词语的题目），学生根据题目确定观点和题材。标题作文是我国传统的作文题型，是恢复高考之初最早最多采用的作文题型，至今仍有特殊的价值。它有利于直接体现作文的意图，避免写作偏向某一方面，有利于写作者思想迅速集中，也有利于阅卷者的评阅。标题作文对考生的审题能力提出了严格要求，只有把题意审准了，审好了，才能动笔，否则就是文不对题。应该看到，标题作文的"审题立意"要求有其合理因素，因为，"审题立意能力"原本就是写作能力一个有机构成部分，如果考生连题目都看不懂，还谈什么写作呢？当然，标题作文也有其局限性。当时社会上对"文革"前高考作文最主要的批评就是"八股"，即许多时候高考作文就是一个题目、一种文体、一个立意、一种写法。这当然让人联想到我国古代科举考试的八股文。标题作文和话题作文虽然都有"题"，但标题作文的"题"是文章的标题，所有考生都共用这个标题；而话题作文的"题"是话题，也有考生用话题作为自己作文的标题，但更多的考生是在话题的范围内自拟标题。因而，话题作文在多角度、多样化方面要优于标题作文。

材料作文是根据既定材料，对材料进行分析、提炼，从而得出一定的看法和观点的一种作文题型。材料作文的特点是要求考生依据材料来立意、构思，材料所反映的中心就是文章中心的来源，不能脱离材料所揭示的中心来写作，故材料作文和标题作文又叫"命意作文"，即出题者已经把作文的"基本中心"提供给考生了。材料作文和话题作文都有"材料"，但两者对待材料的"态度"不一样，或者说材料在作文中的地位不一样，另外，在试卷的指令上也不完全一样。材料作文是以材料为主，要求学生根据材料作文，也就是说，所写作文的主题、内容甚至是文体都必须与材料的内容和形式一致。材料作文限制性很强，对学生的审题立意能力要求较高，不易猜题和押题，这是它的长处。但是，也正是这种限制，阻碍了作者写作水平的有效发挥。话题作文恰好能弥补材料作文这方面的不足。

话题作文虽然达到了多角度、多样化的目的，但是防止套作和宿构的功能却比较差，严重影响考生写出真情实感、自主创造的作文，大大降低了作文试题的测试效度，破坏了公平竞争的考试规则。"话题式作文也是一柄双刃剑，它为学生创新精神和创新能力的发挥提供了广阔的舞台的同时，也带来一些问题，由于话题过于宽泛、要求过于宽松，致使抄袭、套写现象严重，非驴非马的文体屡见不鲜。"① 据媒体报道，2001 年，陕西省一满分作文《舅舅》抄袭自郑渊洁的童话《大灰狼罗克》第 52 集，四川省一满分作文抄袭自著名杂文家苏中杰的杂文《患者吴诚信的就诊报告》，湖北省共有 60 余名考生的作文，与高考前夕《读者》所刊登的一篇题为《玉》的文章如出一辙。2003 年，陕西省一篇满分作文《豆角月亮》和海南省一满分作文《最美丽的鸟》均抄袭自《故事会》。2004 年，重庆市一满分作文《我是一只想死的"老鼠"》抄袭自《微型小说选刊》于 2004 年第 9 期刊发的《我是一只想死的鼠》② ……这还仅仅是媒体报道的涉嫌抄袭的作文，还有多少是没有发现或者无法辨别和统计的"宿构""套构"之作呢？学生作文毕竟不是成人创作，作文教学特别是高考作文命题大力推行话题作文势必对学生基本写作能力产生冲击，从而让中学生作文在本质之路上渐行渐远。

2004 年全国十一个省区高考作文单独命题以来，高考作文出现了材料作文回归、议论文回暖之势。2006 年开始，教育部考试中心全国语文命题组在原有材料作文题型的基础上，进行了一定程度的改造，形成了新型的材料作文题型。这种材料作文就是给出事实材料，在材料内容及其含意的范围内，考生可以自主选择角度，确定立意，明确文体，自拟标题。2006 年全国卷 1 提供了一则乌鸦学老鹰抓羊的故事，卷 2 提供了一则"国民图书阅读率"的材料，都要求"全面理解材料"，立足材料的整体含意或"选择一个侧面，一个角度构思作文"；2007 年全国卷 1 是看图画"摔了一跤"作文；2008 年全国卷卷 2 阅读"海龟和老鹰"小故事发表议论。新材料作文题型自创制以来，使用省市逐年增多，并且成为我国高考作文的主流题型，如 2012 年全国 17 道高考语文作文试题中，材料作文题多达 16 道。

值得一提的是湖南省高考语文命题组，在 2004 年命题时就明确指出了话题作文的弊端，并着手对话题作文进行改造。他们的命题，没有像往常那

---

① 刘光成. 改革开放三十年：高考作文的回顾与反思 [J]. 湖南教育，2008（9）：6.
② 罗成. 高考话题作文：不！[J]. 师道，2004（10）：14.

样先引一段材料，然后再引出话题，而是直接以引导语引出话题，要求考生逐字逐句通读整个引导语，正确理解命题。2004 年、2005 年高考之后，便有人指出，他们是"借用了话题作文的壳子，但此话题非彼话题"，并将它称之为"后话题作文""新材料作文"，这意味话题作文一统天下的局面开始动摇。2006 年高考作文要求以《谈意气》为题写一篇不少于 800 字的议论文，对作文的文体进行了限制，自新世纪以来，这在全国也是首屈一指。湖南的高考作文题在题型、文体等方面的积极探索，实质是对语文学习规律的尊重，对正确教学导向的坚持，这也是命题者人本意识的一种体现。

（二）湖南卷作文命题

高考语文自主命题，仅以湖南卷为例。2004 年起湖南省高考语文实行自主命题，2016 年恢复启用全国卷，共十二年时间。总体上看，湖南卷作文命题特色鲜明、成绩突出，但亦有不尽如人意之处。

其特色主要表现在以下几方面：

1. 作文内容指向明确

湖南十二年高考作文命题一直围绕"生活"与"心灵"两个维度吸取灵感，直契考生生活和思想实际，表现出命题者一种自觉的人文关怀。如 2004 年"家庭教育"引导考生认识家庭教育的作用。2005 年"跑的体验"导语直话个人成长。2006 年"谈意气"以词典义项做引导语，直指年轻人成长过程中的"精神面貌""交友"和"处事"三个重要方面。2007 年"诗意地生活"要求考生"联系自己的生活与感受"作文，导引考生不拿古哲前贤说事，而应回归自我，关注自己的生存态度、生命质量和心灵世界。2008 年要求吃透"天街小雨润如酥，草色遥看近却无"的哲理，据此写一篇文章。粗看题目好像与生活没有关系，其实不然，导语"生活中的许多事物和现象都含有这两句诗的意境和哲理"的提示和"联系现实生活"的写作要求，清楚地表明命题意在启悟考生对人事的认知或生活哲思。2009 年"踮起脚尖"和 2010 年"早"侧重引导考生积极向上的人生态度。2011 年作文题将社会现象和学生的成长结合起来，材料内容贴近时代和考生，具有生命感悟的理性色彩。2012 年作文题引导考生关注社会现实，强调对生活、生命的独特体验，图片和引导文字都指向人的精神气息和心灵世界。2013 年作文题两则材料均包含着与社会思潮及考生个体的思想情感有密切联系的众多思想元素，直击考生内心深处，关注青少年心灵成长和人生价值追求。2014 年作文题材料是一个具有正能量的故事，寓含理想、信仰、挚爱、担当等社会主旋律。2015 年作文题材料是一则大树旅行的寓言故事，也可说是励志故事。

生活是语文教学的本源和归宿，作文教学尤其如此。作文命题应以生活为视角，通过生活实际触发考生的感悟和思考，并引导考生通过写作走向生活。应该说，生活化命题已成为全国和地方高考作文命题的基本主调。生活化命题大致可分为两类：一类是取材于考生身边所能感受到的社会生活、社会现象。比如 2004 年上海的"忙"、2006 年全国卷"图书阅读与网络阅读"、2009 年江西"兽首拍卖"、2012 年北京"火车巡逻员老计的故事"等。这类题目从考生身边的社会生活中取材，以引导考生关注社会热点，思考现实生活。另一类则取材于考生成长过程中的自身生活。湖南高考作文题目大多属于此类。2006 年上海"我想握住你的手"、2009 年北京"我有一双隐形的翅膀"、重庆"我与故事"、2012 年上海"心灵闪过的微光"、福建"人生中的赛跑"、浙江"路上奔跑与路边鼓掌"等亦是如此。这类题目旨在引导考生关注自身的成长、关注自己的认识和生活体验。《语文课程标准》指出，作文是运用语言文字进行表达和交流的重要方式，是认识世界、认识自我，进行创造性表述的过程。① 作文不仅仅是一种书面表达的过程，从本质上看，它更应是写作者自我意识发展和精神世界建构的过程。因此，直契考生生活和心灵的命题更贴近作文的本质，更有利于考生自由表达与个性发挥，也更有利于引导考生对社会现象及为人处世的某种认知内化，从而"宣泄"出自己的真情实感。

2. 作文文体适度限制

在话题作文出现以前，高考作文命题对文体的要求是比较严格的，无论是命题作文还是材料作文大多要求写成"三大文体"（记叙文、议论文、说明文）或应用文。1999 年全国卷采用话题作文形式，实行文体"大开放"，要求除诗歌之外，其他文体不限。从 2001 年开始，写作要求的表述固定为文体自选。2006 年、2007 年，由文体自选或者自选文体变为确定文体。2009 年、2001 年又变为自选文体。2011 年至今，变为明确文体。与全国卷不同，湖南卷对作文文体非常重视，态度也很明朗，几乎每年都对文体进行

① 中华人民共和国教育部. 义务教育语文课程标准（2011 年版）[S]. 北京：北京师范大学出版集团、北京师范大学出版社，2012：23.

了适度限制。它们是：2004 年，"诗歌除外，其他文体不限"；2005 年，"写一篇不少于 800 字记叙文或议论文"；2006 年，"写一篇不少于 800 字的议论文"；2007 年至 2010 年，"写一篇不少于 800 字的议论文或记叙文"；2011 年至 2015 年，"写一篇不少于 800 字记叙文或议论文"（见表 4 - 7），其走向基础文体写作的要求十分明确。如果放在高考作文命题文体要求由"限制"（话题作文出现之前）到"开放"（话题作文）再到"限制"的发展变革历程中考察，我们便可发现，湖南高考作文对文体的限制不是偶然的，而是"否定之否定"之必然，是命题者科学思维的体现，是在实践中不断修正的结果。

应当说，从对某些文体的限制到文体不限，是一种解放，它为考生充分发挥写作才能提供了较大的自由空间。"不限文体"不等于"淡化文体"，更不等于不要文体。文体是客观存在的，有"文"必有体，"体"之不存，"文"将焉附。从某种意义上说，"不限文体"是更深层次文体观的表现，因为它将文体的选择权交给了学生，而只有较高文体素养的学生才能根据命题者意图、写作内容和写作特长选择最恰当的文体最充分地进行表达，只有先入"格"，才能成功地出"格"。但是，自"不限文体"以来，考生的作文非但没有出现人们所期待的那种令人欣喜的现象，反倒叫人担忧。曾多年主持湖南高考作文评价工作的陈果安教授说："仅以这三年的考生作文为例，湖南 2004 年 38 万考生，2005 年 42 万考生，2006 年 48 万考生，我在评卷中竟没有发现一篇中规中矩的议论文或记叙文。"[①]为什么考生驾驭文体的能力如此脆弱？这与"不限文体"在中学作文教学实践中产生的误解和混乱有关。近年来，人们显然认识到这一问题，如全国卷在写作要求中，原先的"文体不限"已被"明确文体"或"自选文体"所取代。这一改进是必要的，但相对于湖南对文体的明确限制，仍有所保留。记叙文、议论文是中学作文训练的基本文体，是其他文体的基础，这一点毋庸置疑。而且其概念宽泛，无论是小说、散文、童话、寓言故事、游记，还是评论、杂文、感想，都可涵盖在这两种文体之中。写作要符合文体，就必须掌握这两种基础文体，能够准确地运用记叙、描写、议论等基本表达方式。这既是一个合格的高中毕业生应基本具备的能力和水平，也是进行深造和研究型再学习所必需的基本素质。湖南高考作文文体限制在"议论文"和"记叙文"是适度

---

① 陈果安. 湖南优秀高考作文选评（2006—2003）［M］. 上海：华东师范大学出版社，2006：273.

的，也是恰当的。

表4-7　2004—2015年湖南省高考作文文体要求统计表

时 间　文体要求	诗歌除外，其他文体不限	议论文	议论文或记叙文
2004 年	√		
2005 年			√
2006 年		√	
2007 年			√
2008 年			√
2009 年			√
2010 年			√
2011 年			√
2012 年			√
2013 年			√
2014 年			√
2015 年			√
合 计	1	1	10

3. 作文题型稳中求变

湖南高考作文基本上在话题作文、命题作文、材料作文（看图作文也属于材料作文）这三种题型之间摇摆。其中，2004年、2005年是话题作文，2006年、2007年、2009年、2010年是命题作文，2008年、2011年、2012年、2013年、2014年、2015年是材料作文（见表4-8）。由此可见，湖南高考作文题型总体上是比较稳定的，各种题型相持共存，没有让哪一种题型一统天下。对于高考作文题型的轮转迁回，我们不能简单地理解为命题者在与师生们玩"躲猫猫"。这固然有反押题猜题的一面，但更为主要的是反映了命题者对各种题型优缺点的深刻认识。譬如，作为新时期以来高考命题的重大科研成果的"话题作文"无疑是全国卷的标志性"品牌"，它为高考作文提供了一种崭新的命题方式，一度备受各省市宠爱。然而湖南在2004年《命题思路》中曾旗帜鲜明地表达了对"话题作文"的看法："话题作文固然有其自身的优势，但由此带来的弊端也是不容忽视的。其一，由于话题作文降低了审题难度，许多教师就不对学生进行审题方面的训练了；其二，由于话题作文不限文体，许多教师就不对学生进行基本文体的训练了；其三，由于话题作文对考生的限制性比较小，考生很容易预先写好文章去套作，导致答案中出现许多宿构或抄袭的文章……"① 同样，命题作文有利于考查学生的思想视野和知识迁移能力，却不利于自由表达和有效地避免重题和宿构；材料作文兼具话题作文鼓励个性表达和命题作文鼓励创造性思维的优点，但同样也存在着如何规避重题和防止套作的难题。既然没有一种题型是十全十美的，既然它们各有千秋、互有长短，我们就没有理由耽于一种，而宜采取交替轮换的方式出题，以消减固有命题模式所造成的弊害，从而更好地引导中小学作文教学和促进学生写作水平的全面提高。

与此同时，命题者在高考作文题型的革新和突破上进行了积极探索。虽然 2004 年、2005 年也采用了话题作文的外壳，但命题者抛开以一段寓言或准寓言引出一个话题的传统模式，而是直接以引导语引出话题，要求考生逐字逐句通读整个引导语，以正确理解命题所给的话题。故此，有人把这种作文叫做"新材料作文"，或者叫做"后话题作文""命意作文"等。2006 年的命题作文也是如此，通常命题作文只是给出一个标题，而湖南这道考题在给出题目之前先列出了"意气"一词的三个义项，然后叫考生以"谈意气"为题作文。这也意味着，命题对文章立意有一定的规定，考生可以就三个义项中的一个或多个来谈"意气"，但不能脱离命题而随意发挥。2012 年的材料作文题型更具创意，首次采用图片加文字材料的形式，要求考生根据题意自拟题目作文。图片为一双伸出的手，配有文字说明：伸出是温暖的服务，摊开是放飞的想象，张大是创造的力量，捧起是收获的快乐……命题者试图用图片、提示语和省略号等方式触发考生的情感，激活考生的思维。2013年的作文题则提供了两则材料，可以说是两个场景，或是人生的两种境界、两种人生价值追求。而两则材料均以主体的内心诉求"我愿意"收束，似乎暗示这是两则材料意旨的结合点或聚焦点。这样使得题意具有相当的开放性，同时也具有一定的限制性。十二年来，湖南高考作文命题一直试图在话题作文的开放性、材料作文的领悟性和标题作文的规范性之间找到最佳契合点。我们以为，这种追求独特与尖新的努力是值得肯定的。

---

① 陈果安. 湖南优秀高考作文选评（2006—2003）[M]. 上海：华东师范大学出版社，2006：259.

表4-8 2004—2015年湖南省高考作文题型统计

时间＼题型	命题作文		话题作文		材料作文	
	纯命题	加引导语	纯话题	加引导语	纯材料	加引导语
2004年				√		
2005年				√		
2006年		√				
2007年	√					
2008年					√	
2009年	√					
2010年	√					
2011年					√	
2012年						√
2013年					√	
2014年					√	
2015年					√	
合计	3	1	0	2	5	1
	4		2		6	

　　湖南卷作文命题存在的问题主要是命题感性含量较高，而理性思维略显不足。突出表现在三个方面：一是话题或题目的抒情、诗意和审美倾向非常明显，如话题作文《跑的体验》（2005年），命题作文《诗意地生活》（2007年）《踮起脚尖》（2009年）《早》（2010年）等。二是材料作文以感性型素材居多，如某知名歌唱演员在接受中央电视台采访时谈自己的变化（2011年）、一双手的图片和诗意的文字解说（2012年）、两则颇具诗意的材料：一则具有较浓厚的象征意味和一定的情节发展过程，另一则截取一个家庭生活场景（2013年）。三是表面上看来是导向议论文的题目，但由于导入语（材料）的片面性，导致题目带有抒情的片面性，如2008年作文题中对"草色遥看近却无"的阐释就有可质疑之处。

　　"置身太近，有时反而感觉不到实际存在的东西；要把握某一事物，有时需要跳出这一事物；人对事物的看法与对美的感受同距离是有关系的。"这样的论断无疑有一定的道理。"不识庐山真面目，只缘身

在此山中。"但是，这种所谓的道理是片面的。事实上，"草色遥看近
却无"是早春的一种非常特殊的现象。在正常情况下，草色常是远看
则无，近察则有。俗语说，远看一朵花，近看一个疤，说的就是这个道
理。王安石诗云："遥知不是雪，为有暗香来。"因为是远看，就看走
了眼，把梅花看成是雪花。如果没有香气的提示，就弄错了。这样的错
误并不是没有价值，而是富有审美的情感价值，可是没有理性价值。
"要把握某一事物，有时需要跳出这一事物"，这样的说法比较片面，
因为有时把握事物就不能远离，显微镜的功能就是彻底近观。①

　　材料本身的片面性，导致作文隐隐约约地表现出变相的强制性主题，用
于作抒情性的散文可能得心应手，但是若要写出论证严谨的议论文，就要全
面思考，也就是说要对材料本身进行理性分析和批评。

　　感性的作文题目，能有效地发掘考生的感动点，有助于考生迅速进入写
作状态，有利于考生展示才情和个性。这大概是命题者偏爱感性命题的重要
原因。适当地注意高考作文题目的感性含量当然没有错，毕竟叙事类、抒情
类散文也是高中生应当掌握的基本文体，况且，文体本无高低之分，只要能
准确地表达出考生的思想与情感，都是可以的。但是，命题不能过于感性，
凡事有个度，物极必反。过于感性的命题会让感性思维较强的考生无节制地
宣泄自己的情感，从而忽视文字背后的思想和精神；也会让理性思维较强的
考生捉襟见肘，造成考生的作文矫情虚假，为赋新词而滥用辞藻。更为重要
的是，感性有余、理性不足的高考作文命题，无法实现高中阶段作文教学的
价值目标。《普通高中语文课程标准（实验）》在课程基本理念中明确指出，
"未来社会要求人们思想敏锐，富有探索精神和创新能力，对自然、社会和
人生具有更深刻的思考和认识。高中学生正在走向成年，思维渐趋成熟，应
在继续提高学生观察、感受、分析、判断能力的同时，重点关注学生思考问
题的深度和广度，使学生增强探究意识和兴趣，学习探究的方法，使语文学
习的过程成为积极主动探索未知领域的过程。"②"把理性思维能力放在中学
语文教学与评价的重要位置，曾经被指斥为脱离学生实际，其实这样的指斥

---

　　①　孙绍振. 从高考作文命题看我国语文培养目标缺失［N］. 中国教育报，2008 - 10 - 319
（06）.
　　②　中华人民共和国教育部. 普通高中语文课程标准（实验）［S］. 北京：人民教育出版社，
2003.

恰恰忽视了中学的育人宗旨和高校的选拔标准。"①当下高中学生的作文思想表达幼稚化、肤浅化，议论文思维简单化，其实质就是语言理性思维的贫乏。理性思维能力不但是作文之本，而且也是做人之本。帕斯卡尔说："人是一根能思想的苇草"，"思想形成人的伟大"。作为具有选拔和导向功能的高考作文命题理当加强对中学生的智性思考和理性思维的考查。

与之不同，全国卷的作文命题十分注重对考生理性思维的考查，如2016年全国新课标Ⅰ卷的漫画材料作文命题。材料由内容贴近学生生活的两组四格漫画构成。漫画在纵向、横向及交叉等多向关联中呈现出丰富的寓意，给考生提供了多元选择角度和较为广阔的立意空间。考生可从横向、纵向及交叉等视角，对材料进行分析与综合，从评价者角度得出"勿以分数论奖惩""评价标准需科学"等基本意蕴，及发展变化地看待进步与退步、表扬与批评、起点与程度、数量与质量等思辨性命题。也可以从被评价者角度，讨论固有评价体系下的应对策略和心理调整等。由于作文题目具有形象性、现实性、开放性、思辨性等诸多特性，考生在审题上没有太大难度，几乎都有话可说。但是，看似简单的漫画材料中蕴含着分析的层次较多，且有深浅之分，对考生的具体分析、逻辑推演、综合概括、语言表达等能力带来了挑战。考生审题立意的实际情况正好说明了这一问题。一些概括力不强的考生只抓住漫画的一组矛盾，对漫画材料另一组矛盾视而不见，或以"摒弃以暴育人"或以"笑对生活"等为题，如能紧扣材料内在逻辑行文，也可以算为符合题意，但这样的立意缺乏竞争力。相当一部分考生能对漫画材料中的双重矛盾进行具体、全面地分析，发现矛盾背后内在标准的一致，即唯分数论，把分数当成绝对标准。一般考生满足于此，但这只是考题寓意的基点，如果都停留在这一层面上，就可能造成立意的一般化、大众化。只有少部分考生能向更普遍的带着哲理的方面去拓展思考，比如，辩证地看待进步与退步、表扬与批评、起点与程度、数量与质量等，有的考生甚至还能认识到矛盾的双方是可以互相转化的。全国卷高考作文命题不仅能有效考查学生的思辨能力，还有增加学生作文的区分度。

此外，湖南卷作文命题还存在着立意不够开放、地方特色不够明显等问题。

（三）高考微写作命题

随着新课标的出台，全国各地掀起了新的高考制度改革大潮。2014年6

---

① 孙绍振. 高考作文命题呼唤理性思维 [J]. 语文建设，2013（06）：7.

月北京市率先实施了稳中求新的新考试制度。2014 年北京高考语文科考试
按照"新课程标准"的规定，结合北京地区的实际情况，为加强对考生写
作能力的全面考察进行了改革和创新。《2014 年北京高考语文科考试说明
（一）》对 2014 年北京语文高考试卷结构做了明确规定，规定语文科目考试
中分值 60 分的大作文题将被分为两部分，第一部分为微写作部分，在总分
值中占 17%，具体分值为 10 分。第二部分为传统的大作文题，在总分值中
占 83%，具体分值为 50 分。微写作命题出现在全国高考作文命题中，这一
现象不仅体现了高考与时俱进的特性，也反映了未来写作教学改革的新方
向。

1. 高考微写作命题的主要特征

何谓微写作？从广义上来说，微写作主要泛指内容精短的语言作品。
"微写作"是一种根据写作主体的表达需要，用凝练的语言去描绘事物、叙
述观点、抒发感情的微型写作形式。① 狭义范围的微写作，指利用网络博客
作为写作平台的微型写作。它主要包括"微电影""微小说""微剧本"等
文体样式。目前网络上流行的微写作作品总体特征多表现为字数 150 字左
右，内容琐碎，文体多样，结构散乱。

（1）微写作与大作文的比较

大作文历来是高考中的重头戏。因为写作能力是以语言文字为载体的一
种表达能力。一个人的作文水平基本能反映出一个人的思维水平、价值观念
的倾向、生活及阅读的积累程度、语言文字的掌握及运用能力等与语文素养
密切相关的知识和能力。不管是古代的科举考试还是现代的高考，写作一直
是语文测试的重中之重。随着时代发展，写作的目的越来越分化，写作文体
越来越多样化。写作明确分为文学创作和实用创作。高考仅凭借一篇作文判
断写作者各类写作能力是不科学的。微写作与大作文的差异性使其互为补
充，有助于全面考察考生的写作能力。其差异性主要表现为以下几点：①大
作文更注重综合能力的考察，而微写作则强调对某一种具体能力的考查。一
篇大作文考察的是学生审题、立意、选材、行文等方面的综合写作能力。微
写作则集中考察某一种具体的能力，如运用表达方式的能力、语言的得体
性、写作内容的真实性、对事物的观察力和思维的辨识力等。比如 2014 年
北京高考微写作则主要考察了学生记叙、议论、抒情、描写等表达方式的运

---

① 武屏国. 回归生活关注社会——谈微写作的命题方向与应对策略 [J]. 语文教学通讯（高
中版）. 2014（10）：66.

用。所以微写作的考察对象更为具体明确。②大作文限制文体，而微写作则强调个性化表达，不限制文体。大作文常常会有"除诗歌之外"的文体限制，而微写作则完全实现了文体解放，考生可以自由选择自己擅长或喜爱的文体来表达。③大作文命题考察目标偏向文学性写作能力，更关注语言是否有文采、内容是否真实、形式是否新颖独特、思想是否深刻等。而微写作则重视实用性写作能力，更多关注的是运用语言文字解决实际问题的能力。

总之，相比起来，微写作具有篇幅短小、形式灵活、不易宿构等优点，是高考作文的一个必要补充。

（2）微写作与小作文的比较

对于"微写作"是否就是小作文这一问题，网络上有多种看法。有的人认为其实所谓的"微写作命题"并非全新事物，它就是以往的"小作文"，只不过是换了一个称呼。也有人说，微写作不是小作文。北京教育学院语文教研员纪秋香认为，小作文注重考查语文的功能性，与北京微写作有区别。微写作强调应用性写作能力和综合表达能力，彰显"写作源自实际生活交际的需要"的写作理念。顺义区教育研究考试中心语文教研员、特级教师刘德水也表示十分认同纪秋香的这一观点。他认为"微写作是适应现代生活节奏的一种新的写作形式，是2014年北京高考紧密和学生生活结合起来的指导思想的具体体现，是让学生充分展示自己作文修养的新的平台，与过去的小作文更多是从语文考试及命题技术角度来设置试题，出发点是有所不同的，目的是要让学生联系实际去解决生活中遇到或可能遇到的问题。"①

我们认为，微写作是伴随着新时代产生的一种作文题型。虽然不是全新的作文题型，但它有很多时代赋予它的独特意义。微写作的"微"的意义不等同于小作文的"小"的意义。"微"的意义不只是篇幅短小的"小"而已。"微"字被《新周刊》评为2012中国年度汉字。推委会给出的理由是：微博的"见微知著"、微信的"造微入妙"、微公益的"积微成著"，以及北京暴雨中152位农民工救人时发出"我们不要钱，是来救人的"的"微言大义"等。从微博、微信到微公益，从微表达、微力量到微监督，社会生活中是无"微"不至。我们已经迈入了"微时代"。② 由此看来，微写作的写作背景不同于以往的小作文。微时代的文化背景影响了微写作命题的

---

① 徐冬杰. 高考语文微写作来袭应试教学或遭逆转？［N］. 现代教育报，2014 - 3 - 24（01）.
② 作文素材编写组. 高考最热作文素材［M］. 重庆：重庆出版社，2013：76.

写作方式、写作要求和考查目标等。

微写作的写作方式倾向于个人化。个人化写作是目前"微文学"的流行趋势。个人化写作与公众化写作相对，其写作特征表现为意识或情感的非大众化、叙述方式的私人化、写作内驱力的私人化。总之，微写作在本质上并不是大众认为的那样是一种庸俗的创作倾向，相反，它在强调回归自我生命本真状态的个人叙事方式、在尊重写作主体私人化的写作体验方面，具有十分重要的积极意义。而以前的小作文的写作方式则更趋向于一种代言性的公众化、群体性表达。

根据语文高考考试说明，微写作的要求和考查点是："能用精练的语言描述事物、表达观点、抒发情感。"而小作文要求考生能独立运用语言进行说理论证，考查目标单一化；相反，微写作则倾向于多样、丰富、立体的考查。

所以，微写作与小作文的关系是一种螺旋式上升的关系，是在小作文基础上创新的结果。

（3）微作文与SAT短文写作（Essay）的比较

SAT（学术能力评估测试）是由美国大学委员会主持的美国大学选录人才的参考性测试，被称为美国的"高考"。一直以来美国教育考试服务中心承担着SAT的命题工作。SAT考查重点是学生适应大学教育的能力。

2005年，为了更好地检测学生的语言知识积累、语言应用能力和预测他们在未来大学学业中的表现，美国大学委员会对SAT试卷结构作了相应调整，在写作部分（Writing）增加了一项短文写作（Essay）。这一新增题型与我国的微写作有许多相似之处，对我国高考微写作命题研究有一定参考价值。

美国SAT作文命题与我国微写作命题在许多方面有着共同之处。二者都强调写作的实用性，注重联系实际生活，培养学生运用语言解决实际问题的能力，强调学生的语言和思维的整合能力。二者的写作命题内容都倾向于多元价值趋向，鼓励学生的个性化表达。

中美两国的文化差异导致SAT作文与高考微写作二者在写作考查方面存在较大不同：第一，从命题考察目的来看，SAT作文的评分制度体现出对学生的思辨能力重视，却忽视了写作的文学性倾向。在美国的写作教学观念中，不能为了写作而教写作。写作能力只不过是一种工具性能力。最重要的是学生在写作过程中学会自我表达。这种自我表达要有与社会紧密联系的有意义的内容。如此,写作才能达成写作的最终目的——解决问题。相比之下,微写作教学过程中,教师为写作而教,根本没有这种强烈的解决问题的意识。① SAT 作文考查最重视的是学生在作文中表达的观点,而我国微写作命题考查中最重视的还是考查某种具体的写作能力。第二,从命题开放程度来看,SAT 作文命题内容开放度大,但对写作的要求却有详细而严格的规定,甚至具体到写作结构的安排、段落内容的安排、论证方法的限制等。相比,微写作的写作要求较少。这种宽松的写作要求对于学生展现个性,但也容易导致学生因对形式求新求异,忽视文体适用性和文章立意。

通过比较分析,现阶段中美两国在高考作文命题方面有许多异同点。了解这些异同点及其背后的教育理念,不管是对写作教学,还是对高考作文改革都有重要意义。

2. 高考微写作命题的基本类型与考查形式

(1)微写作命题的基本类型

微写作命题按其考查目的可归纳为以下几类:

①文学创作类。文学创作类微写作要求考生运用文学化的艺术手法创作微小说、微诗歌、微剧本等。

例:"邯郸驿里逢冬至,抱膝灯前影伴身。"这是一首白居易于邯郸驿舍中思家的诗。清代学者浦起龙评价这种诗歌手法说"心已神驰到彼,诗从对面飞来"。

请借鉴此手法,写一段表达某一种情感的文字,不少于 150 字。

②观点阐述类。观点阐述类微写作采用叙述和议论结合的表达方式,用辩证思维分析现象,通过有理有据的议论引出个人观点,引起读者的共鸣。

例:小区里有一些不文明的居民在遛狗时不牵,以至于有些路人不小心被狗咬伤。请你写一段文字倡议大家文明豢养各种宠物,150 字左右。

③应用文体类。应用文体类微写作要求考生熟悉不同的应用文的文体特征,能够根据不同的写作情境选择文体,并熟练拟写符合文体规范的常用应用文。如请柬、广告、书信、新闻通讯、通知通告、启事、解说词、申请书、演讲稿、留言条、广播稿等。

例:校学生会将要组织成立研究性学习专题小组。研究的内容分别是:李白、鲁迅、史铁生、《三国演义》等作家或作品。请为一个研究小组(任

---

① 黄全愈."高考"在美国 [M]. 桂林:广西师范大学出版社,2001:23.

选），写一则征招小组成员的启事，150 字左右。

④情景描写类。情景描写类微写作要求考生根据具体的情景，综合运用景物描写、人物描写等多种描写的方式，从独特的角度对场景作简练而有特色的描写，要求具有整体性和画面感，使读者获得身临其境的感受。

例：火车、地铁、公交车内的"低头族"越来越多，包括学生在内的青年人，人人都眼睛盯着屏幕……

请根据材料进行合理想象，写一段文字，描述火车、地铁或公交车上的这种场景，150 字左右。

⑤事物说明类。事物说明类微写作要求考生能熟练运用说明这种表达方式对事物进行简单而主次突出、要点齐全的说明介绍。

例："汉语盘点活动"，意在用一个词语概括过去一年国内或国际发生的变化、人们关注的焦点。请从"霾、正能量、女汉子、喜大普奔"中，选择一个你熟悉的"年度词语"，进行解释说明，150 字左右。

可见，微写作虽"微"，但考察目的多样、灵活，可以有针对性地考查学生的审美能力、探究能力、应用能力与语言综合能力。①

（2）微写作命题的考查形式

在高考中微写作命题的考查形式可分为以下两种：

①问答式。即采用传统的问答题形式，通过设问要求学生运用语言来回答，通常结合阅读来考，有时也表现为语言综合性运用题。

结合阅读来考的问答式"微写作"示例：

读下面的文字，完成题目。

伦敦当地时间 18 日 17 时，随着中国与土耳其主宾国活动交接仪式的正式举行，为期 3 天的伦敦书展落下帷幕。

此次书展上，中国向英国及来自世界各国的出版商、版权交易商展示了中国现当代文学及各类图书出版现状。书展推出的中国作品包括《红楼梦》《聊斋志异》《孙子兵法》《论语》等中国古典名著英文版。

伦敦书展落下了帷幕，但书展对中英两国文化交流所产生的重大推动意义。以往英方对中国文学的了解仅限于古典文学，像《红楼梦》等。中国一般读者，对英国的莎士比亚、狄更斯、勃朗特姐妹等，直到当代作家作品，如深受年轻人喜爱的《哈利·波特》等都非常了解。这次的文化交流

---

① 王学华. 微写作的命题形式与备考策略［J］. 语文教学通讯，2014（11）：8.

使促进彼此之间的文化交流面和交流深度。

(1) 请为上述消息拟一个标题并阐述理由。(6分)

(2) 根据上述消息,自选角度,写一段新闻短评。(6分)

这类微写作一般的外在形式表现为批注、续写、仿写、改写、读后感和评论等。它不仅考查考生的写作能力,对学生的阅读理解能力也有较高要求。

语言综合运用题式的微写作示例:

华南大学向南粤中学赠送了一批图书和电脑,南粤中学举行了全校师生参加的捐赠仪式。

下面是学生代表的致谢词,请你补出空缺的部分。

_____:

_____

我们知道,今天我们接受的不仅仅是物质上的捐赠和支持,更重要的是接受了一种鼓励、一种鞭策。这种精神力量将激励我们更加努力地学习,以更优异的成绩回报社会。

最后,_____

这类微写作属于情境写话。命题者精心设置特定的语言使用情境,用暗示的方法启发学生根据具体情境选择恰当的表达方式。这种题型注重考查学生根据具体情境使用语言工具的能力,注重语言使用的得体性。

②写作式。即根据给出的主题写一篇完整的文章,是最为常见的一种考查形式。

例:以"谈谈绿色食品"为题,写一篇200字以内的说明性短文。

这种题型注重考查学生的行文构思能力。它要求写作者用有限的字数写出具备完整结构的文章。相对来说,写作要求较高。

3. 高考微写作命题的主要优点与不足之处

(1) 高考微写作命题的主要优点

①篇幅短小,便于快速完成

由于微写作是继承和发展微博创作的特色,所以字数要求一般为不超过150字。这种微型化表达方式有利于记录学生短时间内的灵感火花。在我们这个快节奏的时代,忙碌的生活使得人们的表达习惯和阅读习惯都倾向于高效性,微写作既省时又省力。

高考语文检测是要求学生在有限的时间内采用笔答的方式独立解答考题

的一种人才选拔考试。语文高考的用时是两个小时。据部分学生反映，高考语文考试时间并不宽裕，常有学生写不完作文。而篇幅短小的微写作在用时上相对较大作文少，可以快速完成，备受学生喜欢。

②主题单一，便于准确把握

微写作的明显特征是内容高度集中。① 这是由于明确的字数要求和写作范围的限制造成的。考生必须用有限的字数快速切入主题，简洁清楚地表达自己的思想，这就使得文章的内容少了拖沓和冗长的赘述，主题鲜明，内容集中。

这在一定程度上减少了考生审题的难度，使考生都能动笔，且能轻松准确把握住主题。

③贴近生活，便于抒发真情

2014 年北京高考评卷语文科目负责人漆永祥表示，微写作让阅卷员看得很高兴，出现了不少感情真挚动人的好文章，尤其是写 18 岁青春的考生最让阅卷员欣喜。从这一鲜活的事例，我们可以看到微写作强调对生活的关照和对真情的表达。

微写作的写作主题和内容贴近生活。作文是学生描绘生活和倾诉情感的重要手段。写作命题若是脱离了生活，学生只能"被作文""被倾诉"，假、大、虚、空便会成为作文中的常见现象。微写作命题以学生的生活为基础，立足于学生的视角，有利于将生活的"活水"引入作文之中。

微写作的写作形式实用有趣，写作内容与现实生活紧密联系。快节奏的时代，短小精炼的微写作更能满足现实生活中的表达需要。所以，语文教学要与时俱进，就要重视微写作能力的培养。

④命题开放，便于展现个性

写作是写作主体运用语言文字准确而有条理地反映客观事物，间接或直接地抒发个人思想情感的一种高级思维活动，是极具个体特色的创造性活动。

微写作的命题内容具有开放性。任何一个事件、一本书、一句话，乃至一切有写作价值的事物都有可能成为命题的材料。这就充分展现了"大语文"的教育思想。微写作命题材料强调多元化价值取向，有利于引发学生的思维各放异彩。高考微写作是一项高度个性化的活动。微写作的文体要求

---

① 陈正燕. 中学微作文教学初探［J］. 大语文论坛，2008（5）：46.

相对宽松，这在某种程度上有利于改变"戴着镣铐跳舞"的现状。在 2014 年北京高考微写作的作文中就有一篇三字经体的"致青春"获得满分。北京市高考评卷语文科目负责人漆永祥用"花"字来形容考生的文字，称考生们写出了花样青春、花样年华，也写出了真实情感，有多样性、丰富性、个性美。

微写作的命题形式具有开放性。高考微作文命题采用自主选择，多选一的开放性命题形式，给予了考生更多的自由空间，突出了考生的主体性，有利于考生的个性化表达。

（2）高考微写作命题的不足之处

①思维碎片化

从写作的角度，写一篇"微作文"类似于发一篇微博。在较短时间内快速地组织有限的语言把你的思想观点表达出来。而这些所思所想、文章的布局谋篇都并非深思熟虑，久而久之，人的思维变成片断式思维，严重者可能无法进行连续性深度思考，这不利于写作思维的整体性的培养。

微写作会使我们的思维呈现碎片化趋势。思维碎片化是指人由于长期接受碎片信息而失去进行系统性、全面性的思考能力。这种碎片化的思维可能导致写作内容的凌乱、写作结构的无序、写作主题庸俗等写作方面的弊病。

例：根据漫画，对"梯子不用时请横着放"这一现象发表你的看法。字数 150 字以内。

学生作文：

你放，或者不放，梯子就在那里。不悲不喜。你买，或者不买，房子都在那里。不降不少。你吃，或者不吃，皮蛋都在那里。不咸不淡。所以，不用时，请把梯子横着放。买房时，请把棺材本拿出来。表白时，请把 RMB 亮出来。

以上微写作命题的写作要求强调"对'梯子不用时请横放'这一现象发表你的看法"，据此判断此次写作考查的写作类型是议论性微写作。议论性微写作最重要的是针对现象，结合实际生活，理清思路，有条不紊地把自己的观点用简洁的语言表达清楚。上例中，该生在写作过程中仿照了网络上流行的被讹传为仓央嘉措的情诗句式，形式较为新颖。但其写作内容凌乱无序，没有严谨的逻辑结构，并且字里行间显现出颓废消极的人生观、世界观。这样的作文反映了微写作时代写作主体深度思考能力的退化。思维碎片化导致写作内容的无序化和庸俗化，其消极影响不可小觑。

②文学性弱化

写作本是一种文学的创作，是一门"源于生活而高于生活"的艺术。而微写作似乎更为注重基于生活，为生活服务这一理念。它总是强调用精简的语言来准确地表达一个主题。由于其篇幅短小，所以立意往往求新不求深，构思求奇不求缜密，手法上的运用也只能点到为止，没有更多自由发挥的空间。

所以从整体上说，其文学性稍微弱化，应用性更为突出。

例：请你以一位热心公益的环保志愿者身份，给首都居民写一封倡议书，就改变现有的生活方式以及改善污染状况，提出自己的思考和建议。字数200字左右。

学生作文：

倡议书

亲爱的首都居民们：

您好。雾霾给我们带来了巨大的危害。我们每一位市民也应该行动起来了！在此，我们倡议：一、减少私车出行，多乘公交地铁；二、节约水电，不浪费纸张；三、垃圾分类，支持资源回收利用；四、适量点餐，参与"光盘"活动。以上举措能为改善首都大气环境发挥重要作用！让我们马上行动起来，从此时此地做起，从自身做起！

倡议人：一位环保志愿者

2014年3月

上例中的微写作命题考查的是应用性写作——倡议书的写作。倡议书是个体或团队对群众公开提出建议和呼吁，表达共同参与或开展某种活动的意愿所使用的专用文体。倡议书的写作有一定的格式规范，要求语言简洁，有呼吁性。上例中该考生的写作虽然格式符合倡议书的规范，但其语言过于干瘪，缺乏情感上的鼓动性。虽然是应用文的写作，但是适当的修辞可为文章增添一丝生机和力量。

③态度随意化

古人对待文学创作的态度是热情严谨的，为了追求文章的完美几乎陷入废寝忘食的写作状态。唐代诗人贾岛为了"推""敲"二字反复斟酌。《红楼梦》在面世之前被曹雪芹批改了五次。从后人的评价来看，他们的作品都是经得起岁月考验的经典之作。事实看来，认真严谨的写作态度才能诞生融入了作者智慧和情感的好作品。但是，现在的"文坛"参与者越来越广泛，抱有认真严谨写作态度的人却少之又少。

微写作降低了写作的门槛，把写作请下了"神坛"，却导致很多写作者写作态度的恶化。

例：以"火车巡逻员老计的故事"为题，展开想象，写一则微故事。字数150字以内。

学生作文：

高铁事故！敏感词，敏感词，敏感词，敏感词，敏感词，敏感词，敏感词，敏感词，敏感词，……对不起，你查看的内容已被屏蔽……

据笔者分析，出现此类现象的原因可能是写作篇幅短小、分值相比大作文较低，很多考生都抱有"轻敌"的思想。且由于时间紧迫，没有构思就匆匆下笔，语言随意不加雕琢。这些都是写作态度不端正的体现。

正因为微写作具有篇幅短小，便于快速完成、内容集中，便于突出主题、贴近生活，便于抒发真情实感、题材开放，便于体现个性等优点，它才能出现在高考作文的舞台上。又因为它具有思维碎片化、文学性弱化、态度随意化等缺点，决定它只能作为大作文的一般辅助形式出现。

4. 高考微写作命题的教育影响

在教育活动中，考试是评价手段，同时也是导向机制。国家通过控制教育考试调节教育标准。教育考试以各类各科课程标准为依据，通过与课程标准的一致和职能的独立，敦促教育按需设教，因需育才。因此，全国性的大规模教育考试对各地学校教育教学有重要影响。微写作命题的出现是考试永恒性和时代性的体现。它不但对教师的教有影响，而且对学生的学也有影响。

（1）高考微写作命题对教师的影响

①对写作教学理念的影响

微写作的出现为写作教学注入了一股巨大的写作推动力。从高考微写作命题中释放出来的积极因素促进了教师的写作教学理念的转化。

写作教学的理念从指向"结果"转为指向"过程"。在20世纪60年代，美国的托尼·席尔瓦提出了过程写作法一说。他认为当前写作教学专注于学生作文中的纠错，这并不能从根本上提高学生的写作能力。写作活动的本质是一种意念的表现、重组和进行明言化的自由转换过程。教师虽然无法代替学生进行言意的触发和转换，但是在语言材料重组的过程中还是可以有所作为。① 写作并不是简单的线性计划，而是伴随着思考和探索的活动，写作过程是丰富多样、变化多端的。"微写作"主张在课堂上通过写片段或写短文来教思维方法，激活个体的写作思路。其实就是强调教师不能只是在写作前或写作后进行指导和批阅，更重要的是在学生写作过程中要去关注和管理写作活动涉及的过程和步骤，包括预写作、打草稿、修改等环节。这就使得教学从指向"结果"转为指向"过程"。作文不是命题布置后自然产生的结果，写作过程才是最值得教师关注的。

写作教学的理念从关注"文"转为关注"人"。"微写作"教学充分关注写作过程中最为核心的要素——写作主体。不管是作文题的命制、写作过程抑或写作评价都尊重写作主体的特质，符合写作主体的特点，迎合写作主体的需要，契合写作主体的发展。以片段化、生活化呈现的"微写作"，规避了对"高大上"的全篇幅"文"的一味苛求，使学生敢于动笔，这也是对主体的写作心理的关注。以往写作的评价非常注重文辞，但微写作更注重文章传达出的情感是否真挚、思想是否健康正确。这一趋势也体现着对"人"的关注。在写作过程中，学生的主体地位、重要性变得清晰而明确。基于对学生写作主体地位的保障，"微写作"课程对教师角色有明晰的定位，教师必须是熟练型的写作者，是设计写作课程的设计师，是写作教学过程的参与者，是写作活动中的组织者。

关注"人"除了要尊重学生的主体地位，还要注重在写作教学中渗透育人理念。《普通高中语文课程标准（实验）》明确提出：要让学生"形成健康美好的情感和奋发向上的人生态度；应增进课程内容与学生成长的联系，引导学生积极参与实践活动，学习认识自然、认识社会、认识自我，规划人生"。简言之，语文教育必须是一种"全人"教育。而微作文的考查，正是对语文教学实现育人功能的一个有力推动。短信、倡议书、建议书等考查形式，传递出非常明确的"育人"导向：与父母、朋友产生矛盾冲突时，要学会积极、诚恳地交流沟通；生活与心灵遇到困境时，宜坦然面对，适当倾诉；看到不合理现象或需要解决的问题时，当积极出谋划策，乐于参与集体与社会生活……这样的表达与交流，对于培养学生的健全人格、正确生活

---

① 沈建军. 微型写作课程实践研究［M］. 上海：上海教育出版社，2014：10.

态度和社会责任感具有重大意义。

写作教学理念从"教"本位转为"学"本位。"微写作"课程中的"教"不是教学的霸权，而是一种因学情需要而设、因学情变化而随时调整的活性的"教"。如果写作课程中教师的"教"是脱离了写作实践的写作方法技巧的灌输，那么这种凌驾于学生的"学"之上的"教"就是徒劳无功的。写作教学应该是在学生写作过程中进行。教师考虑最多的是学生在写作过程中的需要，如学生思维局限、思路阻塞、素材缺失、行文不畅、话语无力、陷入雷同时如何应对等问题。伴随着学生写片段的过程，教师的"教"与学生的"学"融为一体，这样教给学生的方法就是学习写作中需要用的方法。而且写作进行时习得的方法才是及时、鲜活、实用的方法。写作教学的实效才能彰显出来。

②对写作教学内容的影响

教学内容是教师的教和学生的学所针对的对象，是与教学目标相关的一些内容因素。[①] 教学实践中的不确定性因素和语文学科的特征决定语文课堂中具体的教学内容具有不确定性。因而"写作怎么教"成了一线语文老师困惑的问题之一。依据研究者对这一问题的认识，可分为两派，"直觉主义"和"公式主义"。"直觉主义"认为写作主要靠学生自己的感悟，不可教。"公式主义"认为应该有序地系统地对学生进行写作技能训练。但是，教学实践表明不管是前者还是后者都无法改变当今写作教学低效甚至无效的现状。当前这种困难局面，与写作教学内容选择不当密切相关。目前的语文课程标准中缺乏"内容标准"部分，所以教师在教学过程中缺乏选择教学内容的依据，导致写作教学内容随意性太大。

"微写作"传递出来的新理念对语文教师如何确定写作教学内容有很大的启发意义。

写作教学内容的确定要紧密联系学情。微写作教学要依据学生学情，教学生真正需要的、有意义的写作知识。传统的写作课上什么内容由老师决定，而"微写作"课程聚焦于学生写作中的切实需要。以往的教学太过于重视陈述性知识教学，其实更重要的是程序性知识教学。语言模型（形式语言和生成语言）是可以教的，有助于规范学生的写作。写作技巧和写作

---

① 李山林，李超．语文教学内容理据例谈［J］．语文建设，2009（3）：10.

知识（陈述性知识）是教了也白教的，学生只记住概念，对真实的写作帮助不大。①

写作教学内容的确定要紧密围绕写作训练的目标，同时要注意对目标达成的检测。新课标规定了学生在某一具体阶段写作训练所要达到的总目标，但是课堂具体的目标需要由教师结合具体的学情来确定。课堂写作训练的目标的设置不能是随意零散的，应该具有系统化的特点，这样才能确保写作教学的高效性。

③对写作教学策略的影响

现代认知理论认为写作是一个复杂性的语言编码过程。整个过程可分为构思、提纲、成文、修改四个阶段。每一个阶段并不是线性发展，有可能出现往复跳级。当前的写作教学常常将重心放在了写作修改阶段，对写作过程中最可能出现问题的行文阶段视而不见。这种教学方法与《语文课程标准》中"应抓住取材、构思、起草加工等环节，让学生在写作实践中学会写作"的具体教学建议背道而驰，是急功近利的行为。新课标的建议与微写作倡导的教学理念"引导学生进行自我修改和相互评价，在评改的过程中锻炼写作能力"相符。微写作教学理念给传统写作教学带来了一系列变化。

其一，写作教学由教师"单独教"到"互相教"。微写作的教学具有开放性。在教学的过程中除了教师个人传授知识的单向教学活动外，还要组织师生间、生生间的多向交流活动。在学生之间的互动交流、段落写作观摩、互评互改等写作活动中，他们可以收获更丰富的写作信息源。

这种开放性的教能够在教师和学生的参与下营造一种集体写作氛围，这对个体的写作有一种推动和激励作用。久而久之，写作课堂将成为师生之间、生生之间进行写作探讨和经验交流的高效平台。

其二，变"教学""练习"各自分离为"教学""练习"高度融合。由于微写作篇幅短小，目标明确，用时少，这便于在课堂上同时完成"教"与"练"两项任务，更好地指导学生完成写作，并有效落实具体写作训练目标。

微写作的"教学"与"练习"紧密融合在一起的，教学目标具体而明确。教学具有即时性。第一，教后就练，练中有教。这样学生能及时将所学

---

① 沈建军. 微型写作课程实践研究［M］. 上海：上海教育出版社，2014：13.

写作知识和技巧运用于写作实践，并在实践中加深对知识的理解，提升写作能力。第二，练后就评。学生在写作后能在第一时间得到写作评价。及时的写作点评可以让学生更好地意识到自己的写作问题，并针对问题加以改进。此外，评价后可改，改后又可再互相分享议论，这又成为了相互之间的"教"，前后可构成往复的良性循环。

"教学"和"练习"不互相隔离脱节，不断层，才能更好地提高写作教学质量。

其三，变"教一时"为"教全程"。微写作的核心过程主要包括构思、立意、修改这三个主要环节。由于学生的个体差异性，每个学生在具体写作过程中遇到的问题会有所不同，而如果教师能在学生的写作过程中及时给予指导和协助，学生就能在教师的帮助下积累一些解决具体写作问题的实践经验，这种写作经验对学生以后的独立写作也是有帮助的。

其四，变"零散教"为"序列教"。写作教学的总目标是要求学生能清楚准确、文从字顺地表达个人的意思，能依据社会生活的需要，运用常用的几种主要表达方式写作。这是九年学制的宏观目标，要具体落实到每一堂写作课中还需要分解成具体可操作的微观目标。而目前写作教学存在的最突出的问题就在于教学目标没有形成一定的体系，凌乱无序。不堵住琐碎分析的路，就迈不出言语训练的步。只有把无序而随意的写作教学规范化，使之形成整合性的系统，才能确保写作训练的有效性。

"微写作"教学要注重有序列地"教"。① 教师依据学生情况、教材特点、学段特征、写作教学规律等诸多具体因素确定明确的课时目标。这个课时目标要是有教学价值的，是可操作、可描述的，前后彼此联系、循序渐进的，并且能构成系统的宏观目标。这样才能产生高效课堂，让学生学得扎实，从而达到"自能写作"的目的。

（2）高考微写作命题对学生的影响

①变"要我写"为"我要写"。

决定一个人写作水平的不仅包括写作知识和写作技能这一智力因素，还包括一系列非智力因素，比如动机、意志、感情和心态等。其中，兴趣是最为重要的。缺乏写作兴趣是大部分学生写作能力难以提升的首要原因。学生一提写作就感到畏惧，在写作过程中缩手缩脚。毫无疑问，在这样的写作状

---

① 何捷. 为儿童而教——写作教学进行时系列谈 [J]. 新课程研究，2013（10）：64.

态下是很难写出好的作品。

　　微写作命题的出现有利于消除学生的写作恐惧感。微写作的训练目标小而精确，学生在轻松地实现一个个小目标的过程中能够获得愉悦感和成就感，这就让他们明白写作并非陌生艰巨的任务。因此，学生敢于拿起笔来写作。微写作的写作形式和话题都很贴近生活，作文不再是"高大上"的存在，而是生活中的一种自由分享与表达，就和我们平时总忍不住写一条微博或登上 QQ 更新状态来分享最近的动态一般随意自然。久而久之，写作就像"渴了要喝水，饿了要吃饭"的本能一般，成为生活的一部分。写作兴趣自然也在这个过程中猛涨。

　　微写作是培养学生写作兴趣的有效法宝。微写作就像小日记一样能帮助学生养成勤于写作的良好习惯。最终，学生将由以前的"要我写"转变成"我要写"。

　　②"我手写我口，我手写我心"。

　　以往的高考写作中，学生为了得高分，常常有在作文中写空话和假话的现象。对广大学生来说，写作不应该成为他们学习生活中繁重的负担，而应该是饱满的精神生活的最重要组成部分。微写作的出现一定程度上解放了学生的心灵，让学生获得了更多表达自由和快乐的机会。

　　学生的写作状态对其作品有很大影响。教育家赞可夫曾说："只有在学生情绪高涨，不断要求上进，想把自己独立的想法自由地表达出来的气氛下，才能产生儿童作文丰富多彩的思想、感情和词语。"[1] 高考微写作命题开放性大，贴近学生生活，给学生一种亲近感，为他们营造了一种放松的写作状态。在这样一种写作状态下，学生能更真实而有创意地表达自我。

　　微写作出现有利于学生以个性化的语言来表达独特的思想；有利于用感情化的语言来展现个人的内心；有利于用生活化的语言来描绘真实的世界。

　　③关注生活，拥抱生活。

　　现在，学生的作文普遍存在"编"的现象，其根源在很大程度上是学生缺少生活积累。《礼记·乐记》说："情动于中，故形于声。"若是写作者对具体事物没有主观感受又何来写作中的个性化表达呢？在这种情况下当然也不可能有写作中的真实表达。

　　微写作命题逐步引领学生观察生活，思考人生。真实生活是写作之源，

---

　　① ［苏联］赞可夫. 教学与发展［M］. 杜殿坤，等，译. 北京：文化教育出版社，1983：106.

只有有心人才能通过观察生活获得有张力的写作语言和故事内容。比如：群众生活中就有很多值得挖掘的写作语言，像"喷香""雪白""漆黑"等民间的一些口头语言表达极具表现力，幽默生动，体现着老百姓的智慧。除了现实生活中生动的语言，生活中的人、事、物也是写作灵感的源头。所有的艺术都是基于生活的创造。所以，学生留心观察身边的事物，并对事物进行深度思考常常让他们迸发出写作的灵感。

微写作命题与生活息息相关，让学生明白不能再"两耳不闻窗外事，一心只读圣贤书。"

说到新世纪前后作文命题的创新变革，我们还不得不提及"新概念作文大赛"。1999 年 1 月，由上海《萌芽》杂志社和北京大学、复旦大学等七所全国重点大学联合举办的号称"挑战中国语文应试作文教育"的首届全国"新概念作文大赛"引起了全社会特别是语文教育界的极大关注，大赛被誉为中国"语文奥林匹克"，更有媒体称此为"中国语文教学制度改革的第一道曙光"。

"新概念作文大赛"标举"新思维、新表达、新体验"的理念。"新思维"——创造性、发散型思维，打破旧观念、旧规范的束缚，打破僵化保守，提倡无拘无束。"新表达"——不受题材、体裁限制，使用属于自己的充满个性的语言，反对套话，反对千人一面、众口一词。"真体验"——真实、真切、真诚、真挚地关注、感受、体察生活。参加初赛的作文不受任何约束，不拘一格，完全可以用自己的方式和语言叙事抒情。首届大赛，在短短一个半月中，组委会就收到 4000 多份来稿，其中有小说、诗歌、评论、剧本，最多的是散文。单从参赛学生的作文题（初赛为自由命题）：《一只堕落老鼠的手记》《人类你应该忏悔》《我不是女权主义者》《日子在发霉》《高三与我的交易》《图画，领导一场文学革命》……就可以猜出文章内容的创新程度。首届比赛复赛的作文题目是：1 2 3 4 5 6 7。参加复赛的选手，写什么的都有，怎么写的都有。有的写 7 件事，有的写 7 个人，有的写 7 个台阶，有的写 7 个音符，真是花团锦簇，仪态万千，群芳竞妍，多姿多彩。再看另一道复赛作文题目：一个老师走进教室，拿出一只苹果，咬了一口，放在桌上。这个考题也许会让我们中的大多数人不知所措，但参赛选手没有不知所措，他们除了想象还是想象，这只苹果已经不是一只苹果，它成了一个象征、一个载体，有人想到苹果电脑，有人想到残缺、悲壮的美，有人想到物质与精神之关系……选手思维的活跃，想象力的丰富，语言的活泼，出人意料，深得作家们的赞赏。

　　"新概念作文"的出发点是探索一条还语文教学以应有的人文性和审美性的道路，让充满崇高的理想情操、创造力和想象力的语文学科，真正成为提高学生综合素质的基础学科。① 与传统作文命题不同，新概念作文命题开放且新颖，极大地调动了学生的写作兴趣，激发了写作潜能，使学生长期以来被压抑的自己的话语系统得到鼓励，得以打开。新概念作文命题也开始促使语文教师以"新思维""新表达"和"真体验"为标准重新寻找作文教学的新方法。不过，新概念作文命题毕竟还不是非常成熟，由于发起者是文学期刊，主要侧重于文学形式命题，因而其"对于个体的意义远远超过了对整个写作教学的影响；对于文学界的意义，远远超过了对语文教育界的意义"。②

　　新世纪中学作文命题的回归与创新，促使中学生作文内容与形式发生了深化变化。这一时期，特别是进入 20 世纪 90 年代以后，中学生作文最显著的特征就是在自由、开放的心态下写作的主体意识得到进一步张扬，写作立意更趋向个性化。很多学生摆脱了条条框框的束缚，重视对精神完美和自身价值的追求，重视透过表象对事物本质的洞悉，视野无处不在，字里行间充满智慧思辨的灵光。语言风格各不相同，力求标新立异，独具一格，朦胧诗、意识流、现代主义、存在主义等现代文艺手法在写作中兼收并用，使作文洋溢着生机勃勃的表现力和创造力。学生在作文中天文地理旁征博引，诗词歌赋皆入文章，凿空而致远，微妙且通融，把写作主体的灵性与创造力发挥得淋漓尽致。请看一篇 1999 年高考满分作文片断③：

　　　　曾经幻想，如果有那么一天，人们的记忆真的可以复制，可以移植，可以播撒，可以传达，那么，我们的生活将会丰富多彩。珍存在脑海中的记忆将交织成一幅壮美的人生风景。假如，哪怕是假如呢？

　　　　假如记忆可以移植，我会毫不犹豫地移植钱钟书先生的大脑。平日闭上眼睛便可以畅游于智者的天国，感受那布泽于周身的书卷气息。从柏拉图到里尔克，从庄周到王夫之，我将一一叩问他们的心灵，整理他

---

　　① 周进芳. 中学作文教学研究 [M]. 武汉：华中科技大学出版社，2002：225.

　　② 叶黎明. 文学写作的意义——对新概念作文大赛的观察与思考 [J]. 语文教学通讯（初中刊），2007（2）：6.

　　③ 李文杨，苏文俊，张一虹，过洪石. 中国作文百年纵览 [Z]. 郑州：文心出版社，2001：1327 - 1328.

们岁月留下的思绪。我将像屈原那样仰天呼唤真理的回报，以充盈的智慧和学识关爱每一个人。当然，我的记忆可能蹚过时间的界河，去探访70年前的清华园，想象那份栏外山光，那片窗中云影。来去澹荡，独自回味诵读诗卷、挥毫疾书的潇洒与恬逸。

假如记忆可以移植，我将装上独行者余纯顺的头颅。跟着时间奔跑，回到那沟壑丛生的黄土地，回到那风沙刻骨的戈壁滩，去看看草原上的牧马，去欣赏沙漠中的驼铃，去寻找暗红色的夕照，去拥抱狂哮曲折的雅鲁藏布江。夜阑人静，我可以提着孤灯，去凭眼力前瞻：罗布泊的神秘，你竟在何方？

……

假如记忆可以移植——真的可以吗？

我虔诚地等待，以科学和希望的名义。

（北京一考生《假如记忆可以移植》）

第五章
中学作文命题的反思与前瞻

　　百年中学作文命题是一项既短暂又漫长的研究课题。相对于我国语文教育漫长的历史而言，独立设科至今的中学作文命题只不过是历史长河中的一瞬；但是，百年中学作文命题演进的道路是曲折的，其背后的制约因素是复杂的，所涉及的史料也是繁芜的，笔者的研究或仅揭开冰山之一角，要想完完整整地还原百年中学作文命题演进的真实面目，还得开展许多细致而深入的工作。本论文对百年历史进程中中学作文命题相关史料进行了梳理，在行文即将结束的时候，我们觉得有必要就几个重要的问题提出来加以讨论：百年中学作文命题大致经历了怎样的变革轨迹？其发展变革的主要制约因素是什么？中学作文命题的未来发展有哪些值得关注的问题？

第一节　百年中学作文命题演进的历史反思

　　上述四个阶段的中学作文命题内容不尽相同，命题样式也各具情态，但从中我们仍能发现百年中学作文命题的大致演进轨迹：

　　一是命题内容从功利性走向人文性。百年中学作文命题紧跟着时代变迁的步伐，历经曲折，命题内容由"仕途功利性""现代实用性""革命政治性"的外部观照转向了人的内心世界的独特感受和人的健康心理的完整构建，逐步由主体的困顿与自在走向了主体的自觉和自由。

　　二是命题形式从单一化走向多样化。语文独立设科以来，作文命题的类型先后历经了给题作文、材料作文和话题作文三次大的变化。每一次变化，每一种类型的出现都是因时而动，都是一种探索，虽然每一种类型各有所长、不能彼此取代，但总的趋势是前进的。作文文体也由单一的政论文向应用文、叙述文演进，今天中学生的作文几乎涵盖了所有的文章和文学体裁。

百年来，中学作文命题内容与形式的变化绝不是偶然的，每一道题目、每一项练习或考核设计都是特定思潮下的产物，每一阶段作文命题呈现出的特点，都与特定阶段下的政治文化思潮、教育思潮和写作思潮相关联，特别是与语文教育思潮有着深刻的联系。①

一、中学作文命题与社本语文教育思潮

20 世纪初，中国教育完成教育史上的重大变革，由传统的私塾教育迈向现代学校教育。就语文教育而言，在当时还是一种渐进式的改良。在不废除读经讲经的同时，教育的宗旨是"远法三代，近取泰西"② 和"以道德伦常为先"③。20 世纪 30 年代开始，国内阶段斗争趋于激烈，"五四"所倡导的"人性""自由"思想在残酷的斗争面前逐渐失去了其存在的现实基础。教育必须为政治服务、为战争服务，成为教育得以生存的重要条件。在国统区，蒋介石为巩固其专制独裁统治宣布三民主义"为中国唯一的思想"④，语文教育的党化色彩越来越浓厚。在解放区，强调语文教育必须以新民主主义革命的立场、观点、方法为指针，在具体教学目标上突出"提高学生的思想认识"⑤。中华人民共和国成立后，思想政治教育在语文教育中的地位不断提升，经过 1957 年的反右，1958 年的"大跃进"，直至"文化大革命"的十年浩劫，语文课逐渐变成了政治课，语文课堂变成了政治的讲坛，社会本位语文教育思潮达到了登峰造极的程度。

社会本位强调个体的社会化，这无疑是有道理的。任何社会为了保持社会稳定、延续和繁荣，都会对其社会成员的发展做出一定的规范。但同时我们也应看到，以社会规范个性与压制个性是不同的，培养个体的整体意识与把个体消融于整体之中是不同的，对社会的凝聚力与对社会的消极适应是不同的。社会本位观恰恰忽视了这些差别。社会本位语文教育在传播主流思想、传承民族精神等方面发挥了巨大的作用。但是，它把语文教育当成了政治的工具，甚至等同于政治，忽视了语文学科性质和育人功能，这对作文命

① 刘光成. 我国百年作文命题的考究与求索 [J]. 教育测量与评价, 2008（创刊号）: 45–46.
② 康有为. 康有为政论集 [C]. 北京: 中华书局, 1981: 313.
③ 舒新城. 中国近现代教育史料 [M]. 北京: 人民教育出版社, 1961: 204.
④ 荣孟源. 中国国民党历次代表大会及中央全会资料（上册）[Z]. 北京: 光明日报出版社, 1984: 542.
⑤ 陈黎明, 林化君. 20 世纪中国语文教学 [M]. 青岛: 青岛海洋大学出版社, 2002: 187.

题的影响是灾难性的。主要表现在以下几个方面：其一，主题先行，压抑了学生的写作个性。八股文写作（命题者出思想，作者只能用儒家的观点解说四书五经中的道理）及"文化大革命"的红色主题作文就是明证。其二，命题内容空洞、抽象，脱离了学生的认知和生活实际，致使假、大、空作文泛滥。其三，命题题型单一，给题作文与论说文体占据绝对主导地位，无法满足学生的个性化需求，不能充分调动学生写作积极性。

二、中学作文命题与知本语文教育思潮

现代语文教育思潮虽有继承传统的一面，但显示出生命活力的则是其变革的一面。1904 年《奏定高等小学堂章程》规定，"中国文学"科"其要义在使通四民常用之文理，解四民常用之词句，以备应世达意之用。"传授知识（日常生活中使用的文字、文章知识）以备谋生之用成为语文教育的主要目的。这也表明，语言学习已从传统语文教育中的幕后走到了前台。1912 年颁布《中学校令施行规则》更是明确地指出："国文要旨在通语言文字"。20 世纪三四十年代，知识本位成为语文教育主流思潮。在国统区，以叶圣陶、夏丏尊、朱自清、吕叔湘等人为代表的语文教育理论和语文教育实践，代表了三四十年代乃至整个 20 世纪现代语文教育的最高成就。而他们的语文教育观和语文教育实践的核心，就是以知识为本位。在解放区，以徐特立的语文教育实践为代表，语言教学得到了突出的强调。他认为：学习国文的目的分两个方面，"一个是主目的，即对语言、文字（文章）的理会和对语言、文字（文章）的发表。一个是副目的，即从语言、文字（文章）中获取知识，涵养德行，养成好的情趣。"①知识本体还体现在新中国成立后颁发的几个教学大纲中，如 1956 年的《初级中学汉语文教学大纲》提出："教给学生有关汉语的基本的科学知识"。1963 年的《全日制中学语文教学大纲（草案）》提出："中学语文教学的目的，是教学生能够正确地理解和运用祖国的文字"等。20 世纪 80 年代到 90 年代中期，知识教学一统中学语文课堂。

与社会本位相比，知识本位是一个巨大的进步，表明人们对语文教育的认识在不断加深，人们认识到语文能力的培养是语文教育最根本的目标之一。不过，在实践中，知识和能力的逻辑关系往往被异化，能力成了知识必

---

① 转引自李海林.1978—2005 语文教育研究大系［C］.上海：上海教育出版社，2005：454－455.

然的自然的结果，致使语文学习过程与学生言语能力，尤其是情意要素和谐健康的发展相疏离。受之影响的作文命题不可避免地存在缺陷：其一，随意性强，老师认为作文教学的关键在于传授文章章法和技法，不太重视从学生的心理需求和认知水平出发去命题。其二，作文体裁单一，多以生活实用为训练之目的，要么偏重于应用文，要么偏重于记叙文、议论文、说明文三大常用文章体裁，而文学体裁普遍被冷落。其三，命题多以训练和考查语言文字表达能力为目的，对于学生观察、体验生活的能力、创造性思维能力培养关注过少，不利于学生写作素养的整体提高。

三、中学作文命题与人本语文教育思潮

以"人"为中心的教育思潮是在近代欧洲文艺复兴时出现的，其实这种思潮在我国古代社会早已有之，比如西周"六艺"课程，孔子提倡的"有教无类"等都表现了浓郁的人本色彩。只是由于种种原因，"人本"终究未能成为传统语文教育的主流思潮。19世纪末20世纪初，一大批仁人志士在向西方学习，以图振兴中华民族时，他们注意到中国传统文化中对人的漠视，对人性的压抑。于是他们吸取西方的民主思想，倡导"人的解放"。以反帝反封建面目为目的的"五四"运动，更是揭开了现代文化建设崭新的一页，在这一页中，到处都是大写的"人"字，正如郁达夫所言，"五四"运动的最大成功就在于"人"的发现。在教育界，蔡元培等人提出了"新的教育本义"，以"养成健全人格，发展共和精神"① 为宗旨；叶圣陶指出："须认定国文是发展儿童心灵的学科。"② 但好景不长，在中国刚刚萌发的人本意识在以后的社会发展中逐步被阶级意识所淹没。20世纪60年代以后，在前苏联凯洛夫的教育理论的绝对统治下，再加上极"左"思想的严重桎梏，人本意识在语文教育中更是荡然无存。进入90年代以后，人们深深感到现代语文教育积弊深重，危机重重，于是重提语文的人文性，语文教育的人本意识逐渐觉醒。2001年《全日制义务教育语文课程标准（实验稿)》和2003年《普通高中语文课程标准（实验)》指出语文学科基本性质是"工具性和人文性的统一"，并在此基础上将语文教育定位在"全面提高学生的语文素养""形成良好的个性和健全的人格"上，这预示了现代语文

---

① 蔡元培. 蔡元培全集（第4卷）[M]. 杭州：浙江教育出版社，1997：82.
② 叶绍钧. 小学国文教授的诸问题 [A]. 顾黄初，李杏保. 二十世纪前期中国语文教育论集 [C]. 成都：四川教育出版社，1991：170.

人本教育的开始。

与知识本位相比，人本语文教育是一个革命性的飞跃。人本语文教育从人的发展的角度出发，把教育的重心放在人的语文素养的养成上，为人的终身学习、可持续发展做准备，这与知识本位语文教育所追求的通过短期内知识强化训练形成语文能力的功利性目标有很大区别。在人本语文教育思潮影响下，作文命题至少有下面几个显著变化：其一，认识到学生是作文的主体，作文命题重视调动学生的积极性。其二，尊重学生的个性差异，注意挖掘学生的内在需要，新概念作文和话题作文等开放性作文就是有益尝试。其三，作文体裁日渐丰富，更能凸显学生写作个性、更具有人文性的文学体裁进入学生作文。由于人们对人本语文教育的理解尚未深入，如何在语文教育中落实和解决"以人为本"并无共识，因而在实践中又有很多误区，比如否定社会责任、淡化文体训练、过分强调研究性作文、命题开放过度，等等，冲击了学生基本的写作能力。

纵观百年中学作文命题，我们发现，交错存在和发展着的三种语文教育思潮对中学作文命题产生了直接而深刻的影响，作文命题完整地演绎了语文教育思潮由"社会本位"向"以人为本"的演进，作文命题的发展轨迹深刻地反映了百年来人们对语文教育性质、功能认识的不断深入及反复。当今的中学作文命题似乎又有向第二阶段回归之势，但是这并不意味着历史的一种单纯循环，而是历史留给我们的一种有益反思。

第二节　中学作文命题未来发展的几点思考

回眸百年中学作文命题的演进轨迹，适视世纪之交中学作文命题思想的蜕旧更新，新世纪的中学作文命题理当高举"人本"的旗帜，这是作文命题发展规律使然，同时也是由制约其发展变化的语文教育思潮所决定的。但是，如何在中学作文命题中落实"以人为本"却是一个值得思考的问题，这需要语文教育工作者耗费更多的心智，付出更辛苦的努力。我们以为，下列三个问题理当受到重视。

一、客观认识中学作文命题的功用价值

中学作文命题的功用价值是有限的，却也是无限的。所谓有限，是针对

"人的发展"这一重大命题而言；所谓无限，是对于作文素养"养成"而言。我们知道，"人本"最初是一个哲学观念，哲学上所探讨的"人本"是普遍意义上的抽象的"人本"，所关注的"人"是抽象的思辨对象，不是具体历史条件下的人。而语文教育中"人"是真真切切、实实在在的个人，是教育的对象。哲学思潮中的"人本"，其实是一种价值观、方法论取向，它是以精神导引的方式进入语文教育的目标体系。明白了这一点，也就清楚了语文教育的目标实现，并不能解决"人的发展"的所有问题，"人的发展"的所有问题也不能都在语文教育中得到解决。作文教学亦然，它不仅不能解决"人的发展"的所有问题，即便是语文教育的任务，也不能全部落在作文教学身上。有人主张在中考、高考中用一道作文题目替代语文测评，用作文教学取代语文教学的做法显然是不科学的。作文教学的主要任务是促使学生作文素养的"养成"，作文教学当然有传播政治思想、提高科学素质的任务，但这些却不能成为作文教学的重点。这就意味着，人本作文命题要立足于作文，不可让作文题目附着太多的使命。新中国成立之初的政治化作文命题，当前受部分中学语文老师追捧的研究性作文命题（通过社会调查、科学实验等撰写研究报告），便是无限放大了中学作文命题的承载价值。另一方面，中学作文命题要充分发挥其作为"引信"或"诱因"的作用，引导、激励学生"养成"观察生活、思考人生、认识社会和自然的习惯，"养成"抒发真情实感、表达真知灼见的习惯，"养成"运用多种表达方式、注重交流与运用的习惯等。对于学生作文素养的"养成"而言，中学作文命题的功用价值又是无限的。如何创新中学作文命题的内容和形式，更好地发挥其作为"引信"或"诱因"作用，在这方面的追求也是永无止境的。

二、正确领悟中学作文命题的基本要求

这需要从对社会本位、知识本位、人本语文教育的特征和它们之间的关系认识入手。社会本位主张语文教育应促使人的社会化，知识本位强调语文知识的绝对地位，二者都导致了人在语文教育中地位的缺失，使语文教育远离了人。而人本语文教育把学生当成活生生的人，立足于语文素养的提高，它更切合语文教育的本质。不过，我们也要认识到，人生活在人群之中，生活在社会之中，人不能只顾自己，不顾社会，语文教育在促进人的个性发展的同时，也应当引导人更自觉地关心自然、关心社会、关心人类。并且，人之所以为人，其重要的特征就是有知识、有能力，当我们强调人在语文教育

中地位的时候，不能把人与社会、知识截然割裂开来，否则，就会使语文教育变得不真实而远离了人，远离了语文，从而陷入个人主义虚无的泥潭。人本与社会本位、知识本位语文教育是对立统一的。人本作文命题的根本要求应是从人的需要出发来命题，把作文变成学生的生活需要——生活实际的需要、情感宣泄的需要、心灵放飞的需要、发表见解的需要等。同时它也必然担负着陶冶情义人格和开发智力的使命，因而具有一定的导向性和限制性。

　　时下，有人强调作文命题要以人的自由和个性张扬为目标，反对思想导向性。这是一个颇新潮的迷人的观点，却是一个于"文"、于"人"都无益的观点。"文如其人"这一传统说法说明了"文"与"人"的密不可分。文章是作者思想境界、道德水准、人格品德的一定程度的反映，没有高尚的人格和品德，要想写出高水平的作文，可能也是痴人说梦。意大利诗人但丁有句名言："一个知识不全的人可以用道德去弥补，一个道德不全的人却难以用知识去弥补。"可见，德之于人，譬如阳光、空气一般重要。作文教学作为教育学科之一，对育人的任务就不能有半点轻视。特别是在今天复杂多变的社会，育人问题显得尤为重要。当然，我们主张中学作文命题要有适度的思想导向性，绝不是要中学作文命题回到科举八股命题和"文革"时期的红色革命命题上来，而是主张通过命题引导学生关注社会、热爱祖国、珍惜生活、关爱生命、立足现实、思考未来，使学生自觉地、积极地通过作文的形式不断修整精神和思想之树，以独立的形象展示风采，并扎根于社会这一广阔的沃壤。

　　也有人主张中学作文命题要淡化文体，取消文体限制。这种看法也是片面的。作文的文体属于形式范畴，但又不是简单的外在形式，而是反映了文本从内容到形式的整体特点。具体来说，作文的文体构成除了语言体式、结构类型、文体风格、修辞技巧等表层因素以外，还与时代精神、民族传统、交际语境、阅读经验等深层因素有关。写作者的文体素养是文体艺术思维趋向成熟的标志，是一种高度写作技能的体现。从孕育构思到动笔写作，从材料内容的摄取到结构运思的安排，从表达方式的灵活运用到语言风格、修辞技巧的多彩呈现，甚至文章的品评和修改等都离不开写作主体个性化的文体思维，文体素养对写作至关重要。此外，正如前文所述，淡化文体训练，势必淡化"传达社会信息的文章"，诸如记录、通讯、报告、评论文等，这对人的社会交往与发展是很不利的。"以美国为代表的西方国家强调写作文体的意识特别强……日本作文教学目标中虽然没有明确的作文文体要求，但在实际作文教学中像美英国家一样更加重视传达社会信息类的文体。"① 淡化文体的取向正好与国际强调文体的取向截然相反。

中学作文命题应该是开放与限制的统一，在坚持开放的同时又融进合理的限制。中学作文命题要做到开而不漫、放而不散，应该设置一些多元化的开放手段，以保证学生的思维在相对宽泛的范围内驰骋，而不是漫无边际地遐想。同时，还必须具有一定的限制性，要做到限而不死、制而不掣，也要采取一些行之有效的限制手段。总之，适度导向性和限制性是提高学生写作素养的必然要求。以往的给题作文（规定主题、限制文体）之所以束缚了写作者主体性的发挥，很大程度上是命题者在理念上和能力上存在着不足，使其起不到应有的作用，这就要求我们的命题，一定要从生活中来，千万不能从概念、从政治说教、从想当然中来。

三、切实把握中学作文命题的原则策略

正如笔者在"引论"中所言，作文并不是外在于人自身的某种特殊的东西，它是人的生命实践形式，是人的属性的必然体现。既然每个学生都有作文的需求，都有创造的能力，那么，我们的作文教学应当通过作文命题把学生的创造力解放出来。60 多年前陶行知先生所倡导的儿童"六大解放"，是他理想的教育民主的具体体现。我们拿来作为中学作文命题的指导原则，似乎也十分贴切。这"六大解放"是：解放眼，敲掉有色眼镜，教育大家看事实；解放头脑，撕掉精神的裹头布，使大家想得通；解放双手，摔掉无形的手套，动手向前开辟；解放嘴，使大家可以享受言论自由，谈出真理来；解放空间，让孩子们飞进大自然大社会去寻觅丰富的食粮；解放时空，使大家有空思考、学习、干事和娱乐。② 如果真能营造出这"六大解放"的写作氛围，学生写起作文来定能"下笔如有神"。

基于对中学作文命题的上述认识和理解，根据陶先生的"六大解放"，我们也可以提出几条中学作文命题的基本原则和策略。

（一）中学作文命题基本原则

1. 适宜性原则

作文命题应该符合学生的实际、符合中学作文教学的实际。中学作文教

---

① 范金豹. 中外作文教学目标取向的比较［J］. 中学语文教学，2005（2）：49.
② 方兴严. 陶行知教育论文选辑［C］. 上海：生活·读书·新知三联书店，1949：69-72.

学既有别于小学的起步作文教学和大学的写作学教学，也有别于阅读教学和其他学科的教学，基础性、训练性、人文性是其显著特征。教师命题一定要切合学生的生活经验，切合学生的心理特征，切合学生的能力实际，切合学生的思想认识，同时也要立足于中学作文教学本身。比如，过分地强调初中生撰写研究论文、实验报告就有悖于这一原则，这不仅与学生心理发育（初中生的思维发展处于从形象思维向抽象思维过度的特殊阶段）不相适应，而且与中学作文教学任务目标也不一致。我们可以让学生跳起来摘苹果，但不能让他们踮起脚尖摘星星。

2. 触发性原则

指作文命题要能触动写作者的心中之事，拨动情感之弦，打开记忆之门，使其思接千载，视通万里，激起强烈的表达欲望。学生作文往往是在不自由、不自然、不自觉的条件下进行的，作文命题的触发性就是要使这种不自然的事近于自然，化被动为主动。作文命题的触发性，来自于能够调动学生普遍而又个别化的生活体验，来自于材料自身的包容性或弹性，如《习惯》这个题目乍看起来很泛，但是细思之又是特别具体而鲜活的，能够激发学生个性化的联想和思索。

3. 计划性原则

作文命题要做到目的明确，训练系统，措施得力，力求克服主观性、盲目性和随意性。命题的计划性要从三个方面来考虑：一是按照课程标准和教材来安排命题；二是根据学生认识水平和生理心理发展，坚持由浅入深、由易到难、由简单到复杂的原则，比如，初中以记叙文为主，以应用文为辅；高中以议论文为主，以文学体裁为辅；三是考虑到学段、年级之间的衔接，使各阶段命题前后连贯等。人本命题的原则也许还能列出几条，比如新颖性、拓展性等，而上述三条则是主要的。

（二）中学作文命题的基本策略

1. 生活化策略

叶圣陶先生曾说："作文命题及选择读物，须认定作之者读之者为学生，即以学生为本位也。"① 他认为作文是"生活的一部分"，"生活是作文的源头"，他说："作文这件事，离不开生活，生活充实到什么程度，才会做成什么样的文字。"② 生活与作文关系如此密切，这就要求作文命题应着

---

① 叶圣陶. 怎样学写作 [M]. 北京：中华书局，2007：147.
② 叶圣陶. 怎样学写作 [M]. 北京：中华书局，2007：9、12.

眼于学生的学以致用，而非学以致考。所用的训练材料，应尽可能来自生活；即使是教材上的练习，也应尽量挖掘其与学生生活的联系。这样，学生在接受训练时，便会感到掌握知识、培养写作能力不只是为了应付考试，而是为了更好地生活。生活化作文命题还特别强调把学生的视线引向广阔的社会。

2. 个性化策略

培养人是教育的终极目标，也是作文命题所追求的终极目标。作文命题应始终高度关注具有鲜明个性的人的发展。个性化的作文命题能把学生从机械训练中解放出来，给学生以思维的空间和时间，使学生愉悦、主动地完成作文并真正从作文中受益，获取生动、活泼、完美的发展，使作文完成它应有的使命。个性化的作文命题既要面向全体学生，又要尊重个体差异，教师在命题时要做到"因材施教"，作文命题必须关注教学目标的客体要求和写作主体的主观需求，在命题内容与形式上应该丰富多彩，在难度层级上应该保持参差有别。

3. 多样化策略

同个性化策略相适应，教师要不断创新作文教学思路，更新和丰富作文命题形式。不但要注意作文命题类型（如给题作文、材料作文和话题作文等）和文体的多样化，更要注意命题方式的多样化。比如，教师可根据实际情况灵活采用情趣型作文、实践型作文、想象型作文、应用型作文、模仿型作文、信息型作文、体验型作文、调研型作文、综合型作文等等。

4. 审美化策略

从语文学科性质和写作特征的角度讲，作文命题必须讲究艺术性，诸如题目的构思创意、材料编制、语言运用等。艺术的特质是"美"，或者说给人美感。学生作文的第一步是审题立意，这是决定作文成败的关键一步，是认知和情感的互动。认知是理解题意，情感是审美感受。作文命题的艺术化就体现在追求试题的审美价值，包括意蕴美、哲理美、情趣美和语言美，唤起考生的美感体验，进而动心动情，神思飞扬。

展望中学作文命题的未来，我们有理由相信，随着研究和实践的深入，人本语文教育思潮下的中学作文命题必将极大地激发学生作文的兴趣，激活学生的写作思路，引发学生拥抱生活的激情。同时，我们也坚信，作文命题只要真正地体现了"以人为本"，作文终将成为人生的第一等快事，学生将在乐此不疲地写作中张扬他们的个性，放飞他们的心灵，并为此奉献出他们神圣的创意。

结　语

没有过去，不仅今天毫无意义，将来也没有希望。

　　　　　　　　　　　　　　　　　　——拉可斯丁

　　所谓"作文命题思想"是无形的，是看不见、摸不着的，但又是的的确确存在的。或许，通常人们看到的只是语文教科书中一道道作文题目，语文课程标准中一则则作文命题规范，语文教育著述中有关作文命题零零碎碎的论述而已。然而，如果我们将上述内容置于一定社会的政治、经济、文化条件下考察，我们仍能发现其背后交织着的思想，诸如政治文化思想、写作思想、教育思想，尤其是语文教育思想。从某种意义上说，这些纷繁复杂的思想就是作文命题思想。总体上看，百年来，我国中学作文命题在继承传统与追求创新的冲突中发展，在本土经验和外来思想的较量中变革，由此，也就形成了中学作文命题隐隐约约、灰蛇伏线般的思想发展轨迹。

　　虽然也有反思，但本书的重点不是对不同时期根植于特定历史条件下的中学作文命题优劣作出评判；虽然也有前瞻，但本书的目的显然也不在于拟定具体的可资借鉴的中学作文题目。本书只期望在尽可能详细占有大量史料的基础上，对百年中学作文命题思想发展轨迹和阶段特点进行梳理和总结，实现历史研究的"存史"功能，并在力所能及的范围内提出一些可资借鉴的经验与启示，即所谓"鉴今"。笔者始终认为，探索和改革我国中学作文命题，绝不能简单地拿之与国外作文命题作比较，并由此妄自菲薄，更不可采取"拿来主义"。这里，笔者想起 20 世纪两位著名国学大师的言论。陈寅恪说："必须一方面吸收输入外来之学说，一方面不忘本来民族之地位。此二种相反而适相成之态度，乃道教之真精神，新儒家之旧途径，而二千年吾民族思想接触史之所昭示者也。"① 钱穆说："惟知之深，故爱之切。若一

---

　　①　陈寅恪 . 金明馆丛稿二编［J］. 上海：三联书店，2001：284 － 285.

民族对其以往历史无所了知，此必为无文化之民族。此民族中之分子，对其民族，必无甚深之爱，必不能为其民族真奋斗牺牲，此民族终将无争存于并世之力量。……故欲其国民对国家有深厚之爱情，必先使其国民对国家以往之历史有深厚的认识。欲其国民之当前有真实之改进，必先使其国民对国家以往之历史有真实之了解。"① 要想对当下和未来的中学作文命题进行改革或创新，必须对我国中学作文命题的"以往历史有真实之了解"，否则，一切将无从谈起。

三百多年前，英国唯物主义哲学家弗兰西斯·培根将世上治学的人分为三类，并用"蚂蚁""蜘蛛"和"蜜蜂"来比拟。他说，经验主义者好像蚂蚁，他们只知收集起来使用；理性主义者好像蜘蛛，他们靠他们自己把网子造出来；但是蜜蜂则采取一条更好的道路，它从百花中采集材料，用它自己的一种力量来改变这种材料。我知道，我们不应该像蚂蚁一样只收集，也不应该像蜘蛛一样光会在肚里抽丝，而应该像蜜蜂一样采百花酿甜蜜。然而，由于学识和能力所限，本研究的最终结果或许只是蚂蚁式的。这正是笔者惶惑和忐忑之所在。史料的梳理可能并不"讨好"，但也绝非易事。几年来，笔者在史料中爬梳，在爬梳中归整，深感这是一件颇具挑战性的艰辛工作。回望这段学术历程，感觉自己在以下几个方面做出了努力：

第一，全景式梳理了中学作文命题的发展变革轨迹。目前中学作文命题研究大多侧重于命题技能、技巧，缺乏对我国语文独立设科以来中学作文命题思想发展演变的翔实梳理与整体呈现。本书在大量查询收集整理历史资料的基础上，根据各个历史时期中学作文命题的不同特点，把百年中学作文命题史划分为四个历史时期。由此，其历史面貌历历在目，其未来走向也清晰可感。

第二，发掘式揭示了中学作文命题的历史阶段特征。本书系统地展示了各阶段中学作文命题在课程标准层面、命题研究层面、教科书层面及命题实践层面的特点。既有理论思考，也有实践剖析；既有动机分析，也有效果阐述。这种多方位、多角度的发掘式研究既是本论文的难点，也是重要的创新之处。

第三，聚焦式探寻了中学作文命题的发展变革原因。本书将中学作文命题置放于时代政治、经济和文化背景之下，并结合政治学、教育学、写作学

① 钱穆. 国史大纲·引论 [M]. 台北：台湾商务印书馆，1985：3.

等相关学科的理论，对百年中学作文命题发展变革的文化根源作聚焦式探讨，力求勾勒出其思想变迁主线，体悟其变革的精神意蕴和文化内涵。这无疑只是一种尝试，当然也是一种创新。

此外，在"引论"中笔者着重探讨了作文的本质，重新界定了作文命题的内涵。笔者认为，作文与人的自然性、社会性和自为性之间有着天然的联系，作文是人的一种生命实践形式，是人的属性的必然体现。这样，消除了作文的神秘性，揭示了作文的必需性。笔者还把作文命题界定为作文训练或考核设计，拓展和丰富了作文命题的内涵，从而增强了其生命活力，使本研究更具普适性。

本书在资料收集上难免挂一漏万，如不同地域、不同年级、不同性别、不同性格的学生对待作文命题的差异等方面的探讨还不够深入。这有待于笔者在今后的研究中作进一步努力。

参考文献

（一）史籍史料汇编

[1] 陈学恂. 中国近代教育史教学参考资料［M］. 北京：人民教育出版社，1986.

[2] 陈元晖. 中国近代教育史资料汇编（戊戌时期教育）［M］. 上海：上海教育出版社，1992.

[3] 高时良. 中国近代教育史资料汇编（洋务运动时期教育）［M］. 上海：上海教育出版社，1992.

[4] 龚笃清. 明代科举图鉴［M］. 长沙：岳麓书社，2007.

[5] 顾炎武. 日知录集释（卷16）［M］. 郑州：中州古籍出版社，1936.

[6] 顾黄初. 中国现代语文教育百年事典［M］. 上海：上海教育出版社，2001.

[7] 顾黄初，李杏保. 二十世纪前期中国语文教育论集［C］. 成都：四川教育出版社，1991.

[8] 顾黄初，李杏保. 二十世纪后期中国语文教育论集［C］. 成都：四川教育出版社，2000.

[9] 课程教材研究所. 20世纪中国中小学课程标准·教学大纲汇编（语文卷）［M］. 北京：人民教育出版社，2001.

[10] 李树. 中学语文教学百年史话［M］. 济南：山东人民出版社，2007.

[11] 李文杨，苏文俊，张一虹，等. 中国作文百年纵览［Z］. 郑州：文心出版社，2001.

[12] 刘昕. 中国考试史专题论文集［C］. 北京：高等教育出版社，1998.

[13] 刘英杰. 中国教育大事典（1840年以前）［Z］. 杭州：浙江教育出版社，2004.

［14］李国均. 清代前期教育论著选（上册）［C］. 北京：人民教育出版社，1990.

［15］马端临. 文献通考·选举考［M］. 台北：台湾新兴书局，1965.

［16］欧阳修. 新唐书［M］. 北京：中华书局，1975.

［17］彭定求. 全唐诗［M］. 北京：中华书局，1960.

［18］全国中语会. 叶圣陶、吕叔湘、张志公语文教育论文选［C］. 上海：开明出版社，1995.

［19］邱汉生，等. 南宋教育论著选［C］. 北京：人民教育出版社，1992.

［20］舒新城. 中国近代教育史资料［M］. 北京：人民教育出版社，1981.

［21］脱脱，等. 宋史［M］. 北京：中华书局，1977.

［22］王丽. 名家谈语文学习［M］. 上海：华东师范大学出版社，2007.

［23］王溥. 唐会要［M］. 北京. 中华书局，1988.

［24］王定保. 唐摭言［M］. 上海：上海古籍出版社，1978.

［25］王道成. 科举史话［M］. 北京：中华书局，1988.

［26］王若钦. 册府元龟［M］（影印本）. 北京：中华书局，1960.

［27］文振庭. 文艺大众化问题讨论资料［M］. 上海：上海文艺出版社，1987.

［28］徐松. 宋会要辑稿［M］. 北京：中华书局，1979.

［29］朱有瓛. 中国近代学制史料［M］. 上海：华东师大出版社，1983.

［30］杨学为. 中国考试制度史资料选编［M］. 合肥：黄山书社，1992.

［31］杨学为. 中国考试史文论集成［C］. 北京：高等教育出版社，2003.

［32］语文出版社. 新中国中学语文教育大典［Z］. 北京：语文出版社，2001.

［33］张廷玉，等. 明史［M］. 北京：中华书局，1974.

［34］赵尔巽. 清史稿［M］. 北京：中华书局，1976.

［35］钟叔河. 过去的大学［Z］. 武汉：长江文艺出版社，2005.

［36］钟叔河. 过去的中学［Z］. 武汉：长江文艺出版社，2006.

［37］中央教科所教育史研究室. 中华民国教育法规选编［M］. 南京：江苏教育出版社，1990.

［38］中华人民共和国教育部. 全日制义务教育语文课程标准（实验稿）［S］. 北京：北京师范大学出版社，2001.

［39］中华人民共和国教育部. 普通高中语文课程标准［S］. 北京：人民教

育出版社，2003.

［40］中国语文教学研究会作文研究中心. 中国作文年鉴［Z］. 郑州：文心出版社，1989.

（二）专著、教材

1. 哲学类、思想类

［1］曹而云. 白话文体与现代性［M］. 上海：三联书店，2006.

［2］丁守和. 中国近代启蒙思潮（上、中、下）［M］. 北京：社会科学文献出版社，1999.

［3］冯契. 哲学大词典［M］. 上海：上海辞书出版社，2001.

［4］冯天瑜，等. 中华文化史［M］. 上海：上海人民出版社，1990.

［5］高瑞泉. 中国近代社会思潮［M］. 上海：华东师范大学出版社，1996.

［6］高力克. 五四的思想世界［M］. 北京：学林出版社，2003.

［7］葛兆光. 中国思想史（第一、二卷）［M］. 上海：复旦大学出版社，2005.

［8］李泽厚. 中国近代思想史论［M］. 北京：人民出版社，1979.

［9］李泽厚. 中国现代思想史论［M］. 天津：天津社会科学院出版社，2003.

［10］李泽厚. 美的历程［M］. 北京：中国社会科学出版社，1986.

［11］李欧梵. 追求现代性［M］. 北京：三联书店，2000.

［12］林毓生. 中国传统的创造性转化［M］. 北京：生活·读书·新知三联书店，1988.

［13］刘小枫. 现代性社会理论绪论［M］. 上海：三联书店，1998.

［14］刘禾. 跨语际实践——文学，民族文化与被译介的现代性［M］. 北京：三联书店，2002.

［15］梁启超. 饮冰室合集［M］. 上海：中华书局，1935.

［16］毛泽东. 毛泽东选集［M］. 北京：人民出版社，1966.

［17］苗枫林. 中国用人思想史［M］. 济南：齐鲁书社，1997.

［18］邱若宏. 传播与启蒙——中国近代科学思潮研究［M］. 长沙：湖南人民出版社，2004.

［19］唐明邦. 中国近代启蒙思潮［M］. 南昌：江西人民出版社，1993.

［20］彭明，程嘯. 近代中国的思想历程：1840—1949［M］. 北京：中国人民大学出版社，1999.

［21］钱永祥. 纵欲与虚无之上——现代情境里的政治伦理［M］. 北京：生活·读书·新知三联书店，2002.

［22］熊月之. 中国近代民主思想史［M］. 上海：上海人民出版社，1986.

［23］熊月之. 西学东渐与晚清社会［M］. 上海：上海人民出版社，1994.

［24］徐宗勉，张亦工. 近代中国对民主的追求［M］. 合肥：安徽人民出版社，1996.

［25］易健. 人的诗化与自然人化［M］. 海口：南方出版社，2000.

［26］张岱年. 中国文化概论［M］. 北京：北京师范大学出版社，1994.

［27］张君劢，丁文江. 科学与人生观［M］. 济南：山东人民出版社，1997.

［28］张汝伦. 现代中国思想研究［M］. 上海：上海人民出版社，2001.

［29］张汝伦. 现代西方哲学十五讲. 北京：北京大学出版社，2003.

［30］中共中央马克思恩格斯列宁斯大林著作编译局. 马克思恩格斯全集（第47卷）［M］. 北京：人民出版社，1979.

2. 教育史类、社会史类

［1］陈东原. 中国教育史［M］. 台北：台湾商务印书馆，1980.

［2］陈必祥. 中国现代语文教育发展史［M］. 昆明：云南教育出版社，1987.

［3］陈黎明，林化君. 二十世纪中国语文教学［M］. 青岛：青岛海洋大学出版社，2002.

［4］陈景磐. 中国近代教育史［M］. 北京：人民教育出版社，1983.

［5］丁致聘. 中国近七十年来教育史［M］. 上海：国立编译馆，1935.

［6］董宝良. 中国近现代教育思潮与流派［M］. 北京：人民教育出版社，1997.

［7］樊洪业，王扬宗. 西学东渐——科学在中国的传播［M］. 长沙：湖南科学技术出版社，2000.

［8］顾长生. 传教士与近代中国［M］. 上海：上海人民出版社，1981.

［9］胡适. 白话文学史［M］. 北京：团结出版社，2006.

［10］李华兴. 民国教育史［M］. 上海：上海教育出版社，1997.

［11］李桂林. 中国现代教育史［M］. 吉林：吉林教育出版社，1991.

［12］李杏保，顾黄初. 中国现代语文教育史［M］. 成都：四川教育出版社，2006.

［13］刘秀生，杨雨清. 中国清代教育史 ［M］. 北京：人民出版社，1994.

［14］刘钝，王扬宗. 中国科学与科学革命 ［M］. 沈阳：辽宁教育出版社，2002.

［15］刘海峰. 中国考试发展史 ［M］. 武汉：华中师范大学出版社，2002.

［16］潘新和. 中国现代写作教育史 ［M］. 福州：福建人民出版社，1997.

［17］桑兵. 晚清学堂学生与社会变迁 ［M］. 桂林：广西师范大学出版社，2007.

［18］申晓云. 动荡转型中的民国教育 ［M］. 郑州：河南人民出版社，1994.

［19］孙培青. 中国教育史 ［M］. 上海：华东师大出版社，2000.

［20］唐德纲. 晚清七十年 ［M］. 长沙：岳麓书社，1999.

［21］田正平. 留学生与中国教育近代化 ［M］. 广州：广东教育出版社，1996.

［22］田建荣. 中国考试思想史 ［M］. 北京：商务印书馆，2004.

［23］王炳照，阎国华. 中国教育思想通史 ［M］. 长沙：湖南教育出版社，1996.

［24］吴洪成. 中国近代教育思潮研究 ［M］. 重庆：西南师大出版社，1993.

［25］熊明安. 中华民国教育史 ［M］. 重庆：重庆出版社，1990.

［26］杨学为. 中国高考史述论 ［M］. 武汉：湖北人民出版社，2007.

［27］张隆华. 中国语文教育史纲 ［M］. 长沙：湖南师范大学出版社，1991.

［28］张隆华，曾仲珊. 中国古代语文教育史 ［M］. 成都：四川教育出版社，2006.

3. 课程与教学类、教育原理类

［1］曹明海，潘庆玉. 语文教育思想论 ［M］. 青岛：青岛海洋大学出版社，2002.

［2］曹明海. 语文教学本体论 ［M］. 济南：山东人民出版社，2007.

［3］曹明海. 语文教育观新建构 ［M］. 济南：山东人民出版社，2007.

［4］陈果安. 湖南高考优秀作文 ［M］. 上海：华东师范大学出版社，2006.

［5］程大琥. 语文学科论 ［M］. 长沙：湖南教育出版社，1998.

［6］丁钢. 历史与现实之间：中国教育传统的理论探索 ［M］. 北京：教育

科学出版社，2002.

［7］董小玉. 现代写作教程［M］. 北京：高等教育出版社，2001.

［8］董菊初. 叶圣陶语文教育思想概论［M］. 北京：开明出版社，1998.

［9］杜成宪，丁钢. 20 世纪中国教育的现代化研究［M］. 上海：上海教育
出版社，2004.

［10］范守纲. 作文题型研究［M］. 上海：华东师范大学出版社，1988.

［11］方智范. 语文教育与文学素养［M］. 广州：广东教育出版社，2005.

［12］顾远明. 中国教育的文化基础［M］. 太原：山西教育出版社，2004.

［13］顾明远. 教育：传统与变革［M］. 北京：人民教育出版社，2004.

［14］郭思齐. 教育走向生本［M］. 北京：人民教育出版社，2002.

［15］郭声健. 艺术教育的审美品格［M］. 长沙：湖南师范大学出版社，
2005.

［16］郝德永. 课程研制方法论［M］. 北京：教育科学出版社，2000.

［17］韩立群. 中国语文革命：现代语文观及其实践［M］. 北京：中央编
译出版社，2003.

［18］黄济. 教育哲学通论［M］. 太原：山西教育出版社，1998.

［19］黄忠敬. 知识·权力·控制——基础教育课程文化研究［M］. 上海：
复旦大学出版社，2003.

［20］黄甫全，王本陆. 现代教学论学程［M］. 北京：教育科学出版社，
1998.

［21］黄耀红. 百年中小学文学教育史论［M］. 长沙：湖南师范大学出版
社，2008.

［22］黄孟轲. 中学作文教例剖析与教案研制［M］. 南宁：广西教育出版
社，2005.

［23］黄建成，袁立庠. 中学作文教学法［M］. 合肥：安徽大学出版社，
1999.

［24］胡绪阳. 语文德性论［M］. 长沙：湖南师范大学出版社，2010.

［25］蒋伯潜. 中学国文教学法［M］. 上海：中华书局，1941.

［26］靳玉乐. 现代课程论［M］. 重庆：西南师范大学出版社，1995.

［27］靳玉乐，于泽元. 后现代主义课程理论［M］. 北京：人民教育出版
社，2005.

［28］江明. 问题与对策——也谈中国语文教育［M］. 北京：教育科学出

版社，2000.

[29] 金生鈜. 规训与教化 [M]. 北京：教育科学出版社，2004.

[30] 孔庆东，摩罗，余杰. 世纪末的尴尬：审视中学语文教育 [M]. 汕头：汕头大学出版社，1999.

[31] 黎锦熙. 国语学讲义 [M]. 上海：商务印书馆，1919.

[32] 黎锦熙. 新著国语教学法 [M]. 上海：商务印书馆，1933.

[33] 李秉德. 教学论 [M]. 北京：人民教育出版社，2001.

[34] 李维鼎. 语文言语论 [M]. 上海：上海教育出版社，2000.

[35] 李吉林. 小学语文"情境教学——情境教育" [M]. 济南：山东教育出版社，2000.

[36] 李海林. 言语教学论 [M]. 上海：上海教育出版社，2000.

[37] 李海林. 1978—2005 年语文教育研究大系 [C]. 上海：上海教育出版社，2005.

[38] 李山林. 语文课程研究 [M]. 北京：中央文献出版社，2006.

[39] 廖哲勋，田慧生. 课程新论 [M]. 北京：教育科学出版社，2002.

[40] 吕达. 中国近代课程史论 [M]. 北京：人民教育出版社，1994.

[41] 刘要悟. 教育评价导论 [M]. 兰州：甘肃文化出版社，1995.

[42] 刘铁芳. 生命与教化 [M]. 长沙：湖南大学出版社，2004.

[43] 刘铁芳. 走向生活的教育哲学 [M]. 长沙：湖南师范大学出版社，2005.

[44] 刘淼. 作文心理学 [M]. 北京：高等教育出版社，2001.

[45] 刘永康. 西方方法论与现代中国语文教育改革 [M]. 北京：人民教育出版社，2007.

[46] 刘建琼. 语文的境界与追求 [M]. 长沙：湖南师范大学出版社，2007.

[47] 柳士镇，洪宗礼. 中外母语教材比较研究论集 [C]. 南京：江苏教育出版社，2000.

[48] 倪文锦. 语文考试论 [M]. 南宁：广西教育出版社，1996.

[49] 倪文锦，欧阳汝颖. 语文教育展望 [M]. 上海：华东师大出版社，2002.

[50] 倪文锦，何文胜. 祖国大陆与香港、台湾语文教育初探 [M]. 北京：高等教育出版社，2001.

［51］潘新和. 中国写作教育思想论纲［M］. 北京：人民教育出版社，1998.

［52］潘新和. 语文：表现与存在［M］. 福州：福建教育出版社，2004.

［53］钱理群. 语文教育门外谈［M］. 桂林：广西师范大学出版社，2003.

［54］钱理群，孙绍振. 对话语文［M］. 福州：福建人民出版社，2005.

［55］阮真. 中学国文教学法［M］. 南京：正中书局，1936.

［56］阮真. 中学作文题目研究［M］. 上海：民智书局，1930.

［57］施良方. 课程理论——课程的基础、原理与问题［M］. 北京：教育科学出版社，2005.

［58］石鸥. 教学病理学基础［M］. 济南：山东人民出版社，2006.

［59］石鸥. 教育困惑中的理性追求［M］. 长沙：湖南师范大学出版社，2005.

［60］石中英. 教育哲学导论［M］. 北京：北京师范大学出版社，2002.

［61］石中英. 教育学的文化性格［M］. 太原：山西教育出版社，2005.

［62］田慧生. 教学环境论［M］. 南昌：江西教育出版社，1996.

［63］王森然. 中学国文教学法概要［M］. 上海：商务印书馆，1929.

［64］王策三. 教学论稿［M］. 北京：人民教育出版社，1985.

［65］王策三，孙喜亭，刘硕. 基础教育改革论［M］. 北京：知识产权出版社，2005.

［66］王啸. 教育人学——当代教育学的人学路向［M］. 南京：江苏教育出版社，2003.

［67］王伦信. 清末民国时期中学教育研究［M］. 上海：华东师大出版社，2002.

［68］王建军. 中国近代教科书发展研究［M］. 广州：广东教育出版社，1996.

［69］王尚文. 语感论［M］. 上海：上海教育出版社，2000.

［70］王尚文. 语文教学对话论［M］. 杭州：浙江教育出版社，2003.

［71］王尚文. 走进语文教学之门［M］. 上海：上海教育出版社，2007.

［72］王富仁. 语文教学与文学［M］. 广州：广东教育出版社，2006.

［73］王荣生. 语文科课程论基础［M］. 上海：上海教育出版社，2003.

［74］王荣生. 语文教学内容重构［M］. 上海：上海教育出版社，2007.

［75］王丽. 名家谈语文学习［M］. 上海：华东师范大学出版社，2007.

［76］王爱娣. 美国语文教育［M］. 桂林：广西师范大学出版社，2007.

［77］汪霞. 课程研究：现代与后现代［M］. 上海：上海科技教育出版社，2003.

［78］吴永军. 课程社会学［M］. 南京：南京师范大学出版社，1999.

［79］吴小鸥. 教学场论［M］. 长沙：湖南师范大学出版社，2007

［80］韦志成. 作文教学设计论［M］. 南宁：广西教育出版社，1998.

［81］尉天骄. 探寻写作的奥秘［M］. 南京：南京师范大学出版社，1998.

［82］夏丏尊，叶圣陶. 文章讲话［M］. 北京：中华书局，2007.

［83］夏丏尊，刘熏宇. 文章作法［M］. 北京：中华书局，2007.

［84］夏正江. 教学理论哲学的反思：关于"人"的问题［M］. 上海：上海教育出版社，2001.

［85］熊川武. 反思性教学［M］. 上海：华东师范大学出版社，1999.

［86］肖川. 教育的理想与信念［M］. 长沙：岳麓书社，2002.

［87］肖川. 教育的视界［M］. 长沙：岳麓书社，2003.

［88］辛继湘. 教学价值的生命视界［M］. 长沙：湖南师范大学出版社，2005.

［89］闫苹，段建宏. 中国现代中学语文教材研究［M］. 郑州：文心出版社，2007.

［90］闫萍，周鸳. 语文比较教育［M］. 南宁：广西教育出版社，2006.

［91］叶澜. 教育概论［M］. 北京：人民教育出版社，2001.

［92］叶圣陶. 怎样写作［M］. 北京：中华书局，2007.

［93］叶圣陶. 叶圣陶论语文教育［M］. 郑州：河南出版社，1986.

［94］叶苍岑. 中学语文教学通论［M］. 北京：北京教育出版社，1984.

［95］于漪. 语文教学谈艺录［M］. 上海：上海教育出版社，1997.

［96］于漪. 中学作文教学导论［M］. 济南：山东教育出版社，2001.

［97］于源溟. 预成性语文课程基点批判［M］. 北京：社会科学文献出版社，2007.

［98］曾天山. 教材论［M］. 南昌：江西教育出版社，1997.

［99］章熊. 中国当代写作与阅读测试［M］. 成都：四川教育出版社，1995.

［100］张震南. 中学国文述教［M］. 上海：商务印书馆，1925.

［101］张志公. 传统语文教育初探［M］. 北京：人民教育出版社，1961.

[102] 张志公. 传统语文教育初探［M］. 上海：上海教育出版社，1962.

[103] 张楚廷. 教育哲学［M］. 北京：教育科学出版社，2006.

[104] 张楚廷. 教学论纲［M］. 北京：高等教育出版社，1999.

[105] 张楚廷. 课程与教学哲学［M］. 北京：人民教育出版社，2003.

[106] 张中行. 作文杂谈［M］. 北京：中华书局，2007.

[107] 张承明. 中文语文教育比较研究［M］. 昆明：云南教育出版社，2004.

[108] 张传燧. 中国教学论史纲［M］. 长沙：湖南教育出版社，1999.

[109] 张良田. 语篇交际原理与语文教学［M］. 长沙：湖南师范大学出版社，2003.

[110] 周谷平. 近代西方教育理论在中国的传播［M］. 广州：广东教育出版社，1996.

[111] 周庆元. 语文教育研究概论［M］. 长沙：湖南人民出版社，2005.

[112] 周庆元. 语文教学设计论［M］. 南宁：广西教育出版社，1996.

[113] 周庆元. 中学语文教育心理研究［M］. 长沙：湖南师范大学出版社，1999.

[114] 钟启泉. 现代课程论［M］. 上海：上海教育出版社，1989.

[115] 钟启泉，崔允漷，张华. 基础教育课程改革纲要（试行）解读［M］. 上海：华东师范大学出版社，2002.

[116] 郑国民. 从文言文教学到白话文教学——我国近现代语文教学的变革历程［M］. 北京：北京师范大学出版社，2000.

[117] 郑国民. 当代语文教育论争［M］. 广东教育出版社，2006.

[118] 朱小蔓. 情感教育论纲［M］. 南京：南京出版社，1993.

[119] 朱自清. 朱自清语文教学经验［M］. 北京：教育科学出版社，2007.

4. 语文教材类

[1] 安徽省教育局教材编写组. 安徽省初级中学试用课本·语文（第六册）［M］. 合肥：安徽人民出版社，1975.

[2] 陈椿年. 初中国文（第一册、第二册、第三册）［M］. 上海：新亚书店，1932.

[3] 戴叔清. 初级中学国语教科书（第一册、第二册、第三册、第四册、第五册）［M］. 上海：文艺书局，1933.

[4] 范祥善，吴研因，周予同，辑；胡适，王岫庐，朱经农，叶绍钧，等，

　　校订. 新学制国语教科书（第一册）［M］. 上海：商务印书馆，1925.

［5］范祥善，吴研因，周予同，辑；胡适，王岫庐，朱经农，叶绍钧，等，
　　校订. 新学制国语教科书（第二册）［M］. 上海：商务印书馆，1924.

［6］范祥善，吴研因，周予同，辑；胡适，王岫庐，朱经农，叶绍钧，等，
　　校订. 新学制国语教科书（第三册）［M］. 上海：商务印书馆，1923.

［7］广西教育学院教研室. 全日制十年制学校初中课本语文教学参考资料
　　（第五册、第六册）［M］. 南宁：广西人民出版社，1981.

［8］傅东华. 复兴初级中学国文教科书（上）［M］. 上海：商务印书馆，
　　1933.

［9］傅东华. 复兴初级中学国文教科书（中）［M］. 上海：商务印书馆，
　　1933.

［10］傅东华. 复兴初级中学国文教科书（下）［M］. 上海：商务印书馆，
　　1935.

［11］傅东华. 复兴高级中学教科书国文（第一册、第二册、第三册、第五
　　册）［M］. 上海：商务书局，1934.

［12］河南省革命委员会教育局中小学教材编辑室. 河南省初中试用课本·
　　语文（第三册）［M］. 郑州：河南人民出版社，1972.

［13］何炳松，孙俍工. 复兴高级中学国文课本［M］. 上海：商务印书馆，
　　1935.

［14］湖北省教育学院教学教材研究室. 全日制十年制学校初中语文课本教
　　学参考资料（第六册）［M］. 武汉：湖北人民出版社，1980.

［15］江西省中小学教材编写组. 江西省初级中学试用课本·语文（第七
　　册）［M］. 南昌：江西人民出版社，1974.

［16］江西省中小学教材编写组. 江西省初级中学试用课本·语文（第二
　　册）［M］. 南昌：江西人民出版社，1973.

［17］江西省中小学教材编写组. 江西省高级中学试用课本·语文（第三
　　册）［M］. 南昌：江西人民出版社，1975.

［18］江西省上饶地区中小学语文教材编写组，江西省中小学教材编写组.
　　江西省二二制中学试用课本·语文（高中第一册）［M］. 南昌：江西
　　人民出版社，1976.

［19］江西省萍乡市语文教材编写组，江西省中小学教材编写组. 江西省中
　　学试用课本·语文（高中第一册、第二册）［M］. 南昌：江西人民出

版社，1978.

［20］课程教材研究所，中学语文课程教材研究中心. 义务教育课程标准试验教科书·语文（七年级上册）［M］. 北京：人民教育出版社，2001.

［21］课程教材研究所，中学语文课程教材研究中心. 义务教育课程标准试验教科书·语文（九年级上册）［M］. 北京：人民教育出版社，2003.

［22］马厚文，辑；柳亚子，吕思勉，校对. 初中国文教科书（第三册、第五册）［M］. 上海：光华书局，1932.

［23］人民教育出版社. 初级中学课本·语文（第三册）［M］. 北京：人民教育出版社，1959.

［24］人民教育出版社. 初级中学课本·语文（第四册）［M］. 北京：人民教育出版社，1960.

［25］人民教育出版社. 高级中学课本·语文（第六册）［M］. 长沙：湖南人民出版社重印，1960.

［26］人民教育出版社. 十年制学校初中课本试用本·语文（第一册、第三册、第四册）［M］. 南昌：江西人民出版社重印，1961.

［27］人民教育出版社中学语文编辑室. 高级中学课本·语文（第一册）［M］. 北京：人民教育出版社，1983.

［28］人民教育出版社中学语文编辑室. 六年制中学高中课本·语文（第六册）［M］. 北京：人民教育出版社，1983.

［29］人民教育出版社中学语文编辑室. 五年制中学高中课本·语文（第三册）［M］. 北京：人民教育出版社，1981.

［30］人民教育出版社中学语文室. 高级中学课本·语文（第二册、第四册、第五册）［M］. 北京：人民教育出版社，1995.

［31］人民教育出版社中学语文室. 九年义务教育三年制初级中学教科书（试用修订本）·语文（第二册）［M］. 北京：人民教育出版社，2000.

［32］人民教育出版社中学语文室. 全日制普通高级中学教科书（必修）·语文（第一册、第二册）［M］. 北京：人民教育出版社，2003.

［33］人民教育出版社中学语文室. 全日制普通高级中学教科书（必修）·语文（第三册、第四册）［M］. 北京：人民教育出版社，2004.

［34］人民教育出版社中学语文室. 全日制普通高级中学教科书（必修）·语文（第五册、第六册）［M］. 北京：人民教育出版社，2005.

［35］人民教育出版社语文二室. 高级中学课本·语文（第一册、第三册）（必修）［M］. 北京：人民教育出版社，1990.

［36］人民教育出版社语文二室. 高级中学课本·语文（第四册）（必修）［M］. 北京：人民教育出版社，1991.

［37］人民教育出版社语文二室. 高级中学课本·语文（第六册）（必修）［M］. 北京：人民教育出版社，1995.

［38］人民教育出版社语文一室. 九年义务教育三年制初级中学教科书·语文（第三册）［M］. 北京：人民教育出版社，1993.

［39］人民教育出版社，课程教材研究所，中学语文课程教材研究开发中心，北京大学中文系，语文教育研究所. 普通高中课程标准实验教科书·语文1、3（必修）［M］. 人民教育出版社，2007.

［40］人民教育出版社，课程教材研究所，中学语文课程教材研究开发中心，北京大学中文系，语文教育研究所，编著. 普通高中课程标准实验教科书·语文2、4、5（必修）［M］. 人民教育出版社，2006.

［41］沈一星辑；黎锦熙，等校. 新中学教科书初级国语读本（第三册）［M］. 上海：中华书局，1925.

［42］孙俍工. 国文教科书（共六册，初级中学用）［M］. 上海：神州国光社，1932.

［43］孙俍工. 国文教科书（共六册，高级中学用）［M］. 上海：神州国光社，1932.

［44］孙怒潮. 初级中学国文教科书（共六册）［M］. 上海：中华书局，1934.

［45］宋文翰. 新编初中国文（六册）［M］. 上海：中华书局，1937.

［46］朱剑芒；徐蔚南，校订. 高中国文（第三册）［M］. 上海：世界书局，1929.

［47］王伯祥. 开明国文读本（六册）［M］. 上海：开明书店，1933.

［48］吴增祺. 中学国文教科书（二集）［M］. 上海：商务印书馆，1908.

［49］夏丏尊，叶圣陶，陈望道，等. 开明国文讲义［M］. 上海：开明书店，1934.

［50］谢蒙. 新制国文教本［M］. 上海：中华书局，1914.

［51］许国英，蒋维乔，校订. 共和国教科书国文读本评注（第三册）

［M］. 上海：商务印书馆，1920.

［52］叶圣陶，郭绍虞，周予同，等. 开明新编国文读本（甲种本）［M］. 上海：开明书店，1946.

［53］叶除伧. 高级中学国文（六册）［M］. 南京：中正书局，1935.

［54］张毕来，蔡超尘，主编；叶圣陶，吴伯萧，朱叔文，校订. 高级中学课本·文学（第一册）［Z］. 北京：人民教育出版社，1956.

［55］中小学通用教材中学语文编写组. 全日制十年制学校初中课本·语文（试用本）（第五册、第六册）［M］. 北京：人民教育出版社，1978.

5. 国外学者专著

［1］［古希腊］柏拉图. 理想国［M］. 郭文武，张竹明，译. 北京：商务印书馆，1995.

［2］［巴西］保罗·弗莱雷. 被压迫者教育学［M］. 顾建新，等译. 上海：华东师范大学出版社，2001.

［3］［美］杜威. 民主主义与教育［M］. 王承绪，译. 北京：人民教育出版社，2001.

［4］［日］多贺秋五郎. 近代中国教育史资料（清末编、民国编）［M］. 台北：文海出版社，1976.

［5］［英］恩斯特·卡西尔. 人论［M］. 上海：上海译文出版社，1988.

［6］［英］霍克斯. 结构主义和符号学［M］. 瞿铁鹏，译. 上海：上海译文出版社，1997.

［7］［德］海德格尔. 存在与时间［M］. 陈嘉映，王庆节，译. 上海：三联书店，2000.

［8］［德］胡塞尔. 现象学的方法［M］. 倪梁康，译. 北京：商务印书馆，1994.

［9］［美］吉尔伯特·罗兹曼. 中国的现代化［M］. 南京：江苏人民出版社，2003.

［10］［英］吉登斯. 现代性与自我认同［M］. 北京：三联书店出版社，1998.

［11］［德］伽达默尔. 真理与方法［M］. 洪汉鼎，译. 上海：上海译文出版社，1999.

［12］［英］麦克. F. D. 扬. 知识与控制——教育社会学新探［M］. 谢维和，等译. 上海：华东师大出版社，2002.

［13］［瑞士］皮亚杰. 发生认识论原理［M］. 王宪钿，等译. 北京：商务印书馆，1995.

[14]［德］舍勒. 知识的形式与教育［M］. 刘小枫, 译. 上海：三联书店, 1999.

[15]［瑞士］皮亚杰. 结构主义［M］. 倪连生, 王琳, 译. 北京：商务印书馆, 1996.

[16]［德］卡·西勒. 启蒙哲学［M］. 济南：山东人民出版社, 1996

[17]［荷兰］斯宾诺莎. 伦理学［M］. 贺麟, 译. 北京：商务印书馆, 1983.

[18]［美］托马斯·库恩. 科学革命的结构［M］. 金吾伦, 胡新和, 译. 北京：北京大学出版社, 2003.

[19]［奥］维特根斯坦. 逻辑哲学论［M］. 贺绍甲, 译. 北京：商务印书馆, 2002.

[20]［美］小威廉姆. E. 多尔. 后现代课程观［M］. 王红宇, 译. 北京：教育科学出版社, 2000.

[21] A. D. Alan Baddeley. Working Memory［M］. Oxford：Oxford University Press, 1986.

[22] J. Britton, T. Burgess, N. Martin, A. Mcleod & H. Rosen. The development of writing abilities［M］. London：Macmillan, 1975.

[23] R. Dreeben. The Nature of Teaching［M］. Dallas：Foresman and Company, 1970.

[24] K. Francis. Education Reform for Social Justice［M］. New Delhi：Discovery PUB, 1993.

[25] J. David cooper, Jone J. Pikulski. Reading Expeditions［M］. Boston：Houghton Mifflin Company, 2006.

（三）论文部分

1. 博士论文

[1] 高明扬. 科举八股专题研究［D］. 杭州：浙江大学博士学位论文, 2005.

[2] 黄明光. 明代科举制度研究［D］. 杭州：浙江大学博士学位论文, 2005.

[3] 李大圣. 百年语文育人功能检讨［D］. 重庆：西南师范大学博士学位论文, 2006.

[4] 李学. 从对立到和合——语文课程基本问题研究［D］. 长沙：湖南师范大学博士学位论文, 2009.

［5］史成明. 中国现代语文教育的早期路向［D］. 上海：华东师范大学博士学位论文，2006.

［6］吴小鸥. 清末民初教科书的启蒙诉求［D］. 长沙：湖南师范大学博士学位论文，2009.

［7］张伟忠. 现代中国文学话语变迁与中学语文教育［D］. 济南：山东师范大学博士学位论文，2005.

［8］曾毅. 20世纪中国语文教育批判研究［D］. 上海：华东师范大学博士学位论文，2006.

［9］郑晓霞. 唐代科举诗研究［D］. 上海：华东师范大学博士学位论文，2005.

［10］杨云萍. 审美与审丑——感性学意义下的语文美育研究［D］. 长沙：湖南师范大学博士学位论文，2008.

［11］俞钢. 唐代文言小说与科举制度［D］. 上海：上海师范大学博士学位论文，2004.

2. 硕士论文

［1］樊新龙. 高考作文试题研究［D］. 上海：华东师范大学硕士学位论文，2005

［2］康海燕. 二十世纪前期与新时期语文教育思想比较研究［D］. 贵阳：贵州师范大学硕士学位论文，2002.

［3］李珺. 中学语文考试发展研究（1906—1949）［D］. 兰州：西北师范大学硕士学位论文，2008.

［4］马艳峰. 命题，让学生握住你的手——对中学作文命题现状的调查与考究［D］. 福州：福建师范大学，2007.

［5］夏雄峰. 当代文化变迁与作文命题的变革［D］. 武汉：华中师范大学硕士学位论文，2004.

［6］杨兴芳. 高考作文命题的人文价值研究［D］. 武汉：华中师范大学硕士学位论文，2008.

［7］易武. 20世纪上半期语文教育思想研究［D］. 长沙：湖南师范大学硕士学位论文，2003.

［8］易灿辉. 古今语文考试比较研究［D］. 昆明：云南师范大学硕士学位论文，2006.

［9］张所帅. 新时期以来高考作文的改革与发展研究［D］. 南京：南京师范大学硕士学位论文，2006.

［10］周妍. 回望新时期三十年高考作文变革［D］. 上海：上海师范大学

硕士学位论文，2008.

3. 公开发表论文

[1] 曹国庆. 高考命题的反思、前瞻及适应性策略 [J]. 中学语文教学，2000 (3).

[2] 范守纲. 中外作文命题的显异与趋同（上）[J]. 语文教学通讯，2002 (4).

[3] 范守纲. 中外作文命题的显异与趋同（下）[J]. 语文教学通讯，2002 (5).

[4] 范金豹. 中文作文教学目标取向的比较 [J]. 中学语文教学，2005 (2).

[5] 韩向东. 魏书生与苏霍姆林斯基作文命题思想之比较 [J]. 语文教学通讯，1996 (9).

[6] 何世英，陈斌. 简论高考作文的命题特点和应试对策 [J]. 山东师大学报，1996 (3).

[7] 付文昌. 高考命题与写作训练的"虚"与"实" [J]. 现代语文，2004 (11).

[8] 顾振彪. 21 世纪高中作文教材的改革 [J]. 现代语文（理论研究版），2005 (1).

[9] 黄行福. 从我国语文教育的历史看语文教育本体的演变 [J]. 江西教育科研，1997 (5).

[10] 黄厚江. 高考作文命题要追求真性开放 [J]. 中学语文教学，2002 (6).

[11] 黄牧航. 论唐代的经学和史学考试 [J]. 华南师范大学学报（社科版），1998 (5).

[12] 金生鈜. 教育的多元价值取向与公民的培养 [J]. 教育理论与实践，2000 (8).

[13] 李海林. 评当前语文课程改革的非理性倾向 [J]. 中学语文教学，2006 (2).

[14] 李广连. 中国文章考试的世纪回眸与前瞻 [J]. 宁波职业技术学院学报，2001 (1).

[15] 李乾明. 作文本质的多元化阐释 [J]. 辽宁师范大学学报（社会科学版），2004 (3).

[16] 李乾明. 作文教学规律的信息论阐述 [J]. 课程·教材·教法，2003 (10).

［17］李乾明. 国外作文教学：危机、对策及启示［J］. 课程·教材·教法，2004（7）.

［18］刘海峰. 科举学发凡［J］. 厦门大学学报，1994（1）.

［19］刘海峰. "科举学"——21世纪的显学［J］. 厦门大学学报，1998（4）.

［20］刘海峰. 科举术语与"科举学"的概念体系［J］. 厦门大学学报（哲学社会科学版），2000（4）.

［21］刘正伟. 现代性：百年语文的价值诉求［J］. 教育研究，2008（1）.

［22］刘晓伟. 作文教学的目标定位与价值取向［J］. 中学语文教学，2005（8）.

［23］倪文锦. 我国语文教材建设的历史轨迹［J］. 中学语文教学参考，1997（7）.

［24］潘新和. "写话"、"习作"与"写作"辨正［J］. 语文建设，2002（2）.

［25］潘涌. 21世纪作文教学新视野［J］. 天津市教科院学报，2004（2）.

［26］任富强. 科学性、人本性、前瞻性——高考作文命题的新走向及其启示［J］. 中学语文教学，2000（4）.

［27］石鸥. 关于基础教育课程改革的几点认识［J］. 教育研究，2005（9）.

［28］孙绍振. 睁着研究看不见人——说今年全国高考语文试卷［J］. 语文学习，2003（9）.

［29］孙绍振. 关于高考作文［J］. 语文学习，2003（10）.

［30］田建荣. 科举学：理论、体系与方法［J］. 广西大学学报（社科版），2000（2）.

［31］涂木年. 近几年高考作文命题的特点与趋势［J］. 语文教学与研究，2001（3）.

［32］屠友祥. 语文教育与人文浸透［J］. 中国教育学刊，2004（4）.

［33］王荣生. 评我国近百年来对语文教材问题的思考路向［J］. 教育研究，2002（3）.

［34］王本华. 现代语文教育百年历史回眸［J］. 课程·教材·教法，2004（10）.

［35］王本朝. 毛泽东文艺思想与中国当代文学的发生［J］. 西南师范大学学报，2004（3）.

［36］闻友. 作文命题可以不注重科学吗——与余闻同志商榷高考作文

［J］. 语文教学通讯, 2000 (1).

［37］吴康宁. 社会变迁对教育变迁的影响: 一种社会学分析 ［J］. 华东师范大学学报 (教育科学版), 1997 (2).

［38］徐文明. 论状元殿试对策的文体特征 ［J］. 山东理工大学学报 (社会科学版), 2006 (6).

［39］阎立钦. 我国语文教育与近代以来社会变迁的关系及其启示 ［J］. 教育研究, 1998 (3).

［40］杨学为. 中国需要 "科举学" ［J］. 厦门大学学报, 1999 (4).

［41］杨学良. 高考作文命题的回顾与前瞻 ［J］. 中学语文教学, 2000 (3).

［42］杨启亮. 论基础教育中教学的准备性 ［J］. 教育研究, 2001 (7).

［43］叶澜. 让课堂焕发出生命活力——论中小学教学改革的深化 ［J］. 教育研究, 1997 (9).

［44］叶黎明. 文学写作的意义——对新概念作文大赛的观察与思考 ［J］. 语文教学通讯·初中刊, 2007 (2).

［45］叶丽新, 陈英敏. 写作能力三问——对 20 世纪 80 年代以来写作能力研究的思考 ［J］. 当代教育科学, 2005 (1).

［46］俞美玉. 论命题作文的题目应有之特性 ［J］. 牡丹江师范学院学报 (哲社版), 2006 (2).

［47］张楚廷. 全面发展的九要义 ［J］. 高等教育研究, 2006 (10).

［48］张楚廷. 课程的 "五 I" 构想 ［J］. 课程·教材·教法, 2003 (11).

［49］张传燧, 等. 教育到底应如何面对生活 ［J］. 教育研究, 2007 (8).

［50］张传燧. 教育的主体与主体性教育散论 ［J］. 教师教育研究, 2004 (3).

［51］张亚群. 科举学的文化视角 ［J］. 厦门大学学报, 2002 (4).

［52］张晓萍. 走出认识误区, 推进应用写作 ［J］. 语文学刊, 2004 (3).

［53］钟启泉. 知识论研究与课程开发 ［J］. 外国教育资料, 1996 (2).

［54］周庆元. 浅谈作文教学的思路开拓 ［J］. 湖南师院学报 (哲学社会科学版), 1981 (1).

［55］周庆元. 21 世纪中国语文教育的全方位突破 ［J］. 湖南师范大学社会科学学报, 1996 (3).

后 记

　　拙著是在我的博士论文基础上修改而成的。终于画上一个句号，却并非圆满，内心的窘迫与不安一言难尽。因工作繁杂，我的研究时断时续，时写时停。心不静笔难平，研究自然留下了许多遗憾，但也使我知道在未来的岁月中该怎样努力。毕业之际，回首求学之路，只有以感谢来面对生命中被赋予的一切。

　　感谢恩师周庆元先生。先生学识宏富，治学严谨，为人谦和，甘于淡泊，师从先生十余载（先生是我大学老师、硕士导师）使我受益匪浅。毕业论文能够顺利完成，无一不是先生细致耐心指导的结果，在此谨以微薄之辞向先生致以衷心感谢！感谢湖南师范大学教育科学学院的张楚廷教授、石鸥教授、张传燧教授、刘要悟教授、郭声健教授等。他们以身在学界的前沿姿态、各具性情的卓尔真率，春风化雨，润物无声。我常常用心仰望他们，如同仰望头上的星空。感谢湖南师范大学文学院张良田教授、湖南省教育科学研究院刘建琼教授等多年来给予的无私帮助和真诚鼓励。

　　感谢于源溟、胡绪阳、周敏、李宣平、王健康、黄耀红、杨云萍、李霞、胡虹丽、王建峰、谢东、唐智芳等师兄师姐师弟师妹们以及李学、吴小鸥、刘斌、姜新生、任平、聂劲松、邹琼、邓兰、资利萍、赵荷花等博士同学，特别是黄耀红、李学同学对我的生活和写作给予了诸多帮助。浓浓同学情意，深深手足之情，定当铭记在心。感谢江西九江学院陈梦然教授、现任教于海南师范大学的阳利萍教授、上海师范大学陈雪康博士、湖南师范大学蔡水清博士等在资料搜集方面给予的帮助。

　　感谢我的研究生徐红艳、邓娟同学的支持！她们参与了本书个别章节的研究工作。

　　感谢我的母亲，年逾七旬的她在遥远的湘西时刻挂念着儿子。感谢我的妻子肖群，在艰苦的生活条件下，无怨无悔地同我走过了十多年；为了我的学业，她独自承担起培养孩子、料理家务的重任。感谢我的女儿佩璐，我入学之初，她刚牙牙学语，初稿完成时她已能够半懂不懂地读我的论文，而如今，她长成亭亭玉立的大姑娘了。这个顽皮可爱的女儿，为我的生活增添了无尽的乐趣。

感谢生活。生活给了我欢笑和苦涩，我的人生因此而丰满而绚丽。

本书得以顺利出版，离不开湖南师范大学出版社黄林总编辑、编辑部李阳主任在选题立项上的鼎力支持，离不开责任编辑的辛苦操持，谨向他们致以诚挚的感谢和崇高的敬意！

二十多年的工作学习中，我得到了许多师长、领导、亲友、同学、同事和学生的关爱、扶助和支持，在学术研究过程中，吸纳了广大语文教育教学理论工作者和实践者的成果，借此机会一并致以由衷的感谢！

刘光成

2010 年 5 月初稿于麓山名园

2016 年 10 月二稿于岳麓山下向阳村